英汉文化
与
翻译探究

张青 张敏 著

中国水利水电出版社
www.waterpub.com.cn

内 容 提 要

　　本书主要围绕英汉文化与翻译展开探究。本书开头从理论入手，对相关理论做了总的讨论，如什么是文化、什么是翻译，文化与翻译的关系，文化差异对翻译的影响，以及英汉文化翻译的相关问题。本书的重点在于对英汉不同文化的比较与翻译等问题进行研究，如语言文化、物质文化、社会文化、生态文化、宗教文化、习俗文化、人名文化、地名文化、习语文化、典故文化等。总之，本书对英汉文化对比与翻译的探究做到了论述全面、客观，语言使用精准、平实，是一本极具参考价值且能辅助相关教学的书籍。

图书在版编目（CIP）数据

　　英汉文化与翻译探究 / 张青，张敏著. -- 北京：
中国水利水电出版社，2015.6（2022.9重印）
　　ISBN 978-7-5170-3269-4

　　Ⅰ. ①英… Ⅱ. ①张… ②张… Ⅲ. ①文化语言学－
对比语言学－英语、汉语②英语－翻译－研究 Ⅳ.
①H0-05②H315.9

　　中国版本图书馆CIP数据核字(2015)第131730号

策划编辑:杨庆川　责任编辑:陈　洁　封面设计:马静静

书　　名	英汉文化与翻译探究
作　　者	张 青 张 敏 著
出版发行	中国水利水电出版社
	（北京市海淀区玉渊潭南路 1 号 D 座 100038）
	网址：www. waterpub. com. cn
	E-mail:mchannel@263. net（万水）
	sales@ mwr.gov.cn
	电话：(010) 68545888（营销中心）、82562819（万水）
经　　售	北京科水图书销售有限公司
	电话：(010) 63202643、68545874
	全国各地新华书店和相关出版物销售网点
排　　版	北京鑫海胜蓝数码科技有限公司
印　　刷	天津光之彩印刷有限公司
规　　格	170mm×240mm　16 开本　15.75 印张　282 千字
版　　次	2015年9月第1版　2022年9月第2次印刷
印　　数	2001-3001册
定　　价	49.00 元

前　言

　　随着世界经济一体化进程的不断加快,中国与世界上其他国家间的沟通与交流也变得愈加频繁。在进行跨文化交流的过程中,交际双方都代表着不同国家的文化,因此可以说跨文化交流的过程就是文化不断碰撞与融合的过程。在这个过程中,翻译是沟通的桥梁和中介,直接影响着交际的顺利进行。英语是现在国际上的通用语言,社会亟需实用性的英语人才进行跨文化沟通与交流。为了迎合社会对英语人才的需求,提高跨文化交际的质量,以及更好地宣扬我国文化,在英语学习过程中,学习者应该了解英汉文化的内涵并努力提高自身的翻译能力。鉴于此,作者在查阅中外众多资料的基础上,精心撰写了《英汉文化与翻译探究》一书。

　　本书共包含九个章节。第一章总领全书,主要对文化与翻译展开了介绍,并探讨了文化与翻译的关系以及文化差异对翻译产生的影响。第二章从文化翻译的角度出发,分析了英汉翻译中的文化误读,总结了翻译的原则与策略,从而为下文具体文化翻译的展开打下基础。第三章从语言文化的对比与翻译着手,分别从词汇、句式、篇章、修辞文化的对比与翻译展开论述。第四章到第九章为本书的主要部分,对东西方的服饰文化、饮食文化、居住文化、颜色词文化、数字词文化、价值观文化、动物文化、植物文化、山水和东西风文化、宗教文化、习俗文化、人名文化、地名文化、习语文化、典故文化等进行了对比与翻译探究。

　　纵观全书可以发现,其在章节的展开时逻辑清晰,对英汉文化的对比与翻译进行了层层深入的探究。同时本书在撰写过程中,力图使用平实的语言进行叙述,避免了因为理论冗长而造成的文章晦涩现象,提高了读者的阅读兴趣。全书对英汉诸多文化现象进行了对比与翻译,内容详实、全面,涵盖范围广,因此增加了与现实的联系性,提高了本书的实用性。本书既可提高学生的翻译能力和文化感知力,同时也可为广大从事英语教学的工作者提供教学材料,又对英汉文化与翻译的研究者及其他各界人士具有很强的实用参考价值。

《英汉文化与翻译探究》在成书过程中参阅了大量相关的文献资料,并借鉴了许多专家与学者的研究成果,所参考文献均在书后列出,若有遗漏,敬请谅解。此外,作者还得到了许多专家与学者的宝贵意见和建议,在此对他们表示衷心的感谢。鉴于作者水平有限且时间仓促,书中难免有疏漏之处,恳请同行专家和读者批评指正。

作　者
2015 年 4 月

目　录

第一章 文化与翻译

翻译作为跨文化交际的媒介和行为,对两种语言和文化问题都会涉及。民族语言交流的实质是文化间的交流,且这种交流需要通过翻译来实现。本章先来对文化、翻译进行探讨,接下来分析文化与翻译的关系以及文化差异对翻译的影响,以期为英汉语言间的文化对比与翻译提供理论上的指导。

第一节 文化

一、文化的内涵

关于"文化"一词,在汉英两种语言中都有很深的历史渊源。随着社会和近代科学的不断发展,人们对文化内涵研究的兴趣仍然非常浓厚,并赋予"文化"新的内涵,文化也日益成为人们专门探讨的一门学问。

(1)"文"与"化"两字最早使用出现在古代典籍《周易·贲卦》:"观乎天文、以察时变;观乎人文,以化成天下。"其中,"观乎人文,以化成天下"是指要观察人文,把握社会中的人伦秩序,使天下之人均能遵从文明礼仪,并进而推及天下,以成大化。句中"人文"与"化成天下"相结合,实际上已经具备了"文化"一词的基本含义,即通过人伦教化使人们自觉行动。

(2)在我国20世纪70年代出版的《辞海》中,广义文化的概念是指人类社会历史实践过程中所创造的物质财富和精神财富的总和;狭义上的文化概念是指社会的意识形态以及与之相适应的制度和组织机构。

(3)英国文化人类学家爱德华·泰勒(E. B. Tylor)在《原始文化》(1871)一书中,首次把文化作为一个概念提出,并且将它系统地表述为:"文化是一种复杂体,它包括知识、信仰、艺术道德、法律、风俗以及其余社会上学得的能力与习惯。"[1]

---

[1] 李建军. 文化翻译论[M]. 上海:复旦大学出版社,2010:6.

(4)社会语言学家戈德朗夫和本尼迪克特(Goodenough & Benedict)则从跨文化语言交际的角度进行研究,他们直接将文化定义为:"文化是由人们为了使自己的活动方式被社会的其他成员所接受、所必须知晓和相信的一切组成。作为人们不得不学习的一种有别于生物遗传的东西,文化必须由学习的终端产品'知识'组成。"

(5)在《中西文化之鉴》一书中,语言学者莉奈尔·戴维斯(Linell Davis)给 culture 的定义是:"Culture is the total of beliefs, customs, values, behaviors, institutions and communication patterns that are shared, learned and passed down through the generations in an identifiable groups of people. This is probably the most widely accepted definition of culture."[①]

(6)根据 1974 年美国出版的 *The New World Encyclopedia* 一书中给 culture 的定义,文化是一定群体所共享的精神、知识、艺术观点的总和,其内容包括传统、习惯、社会规范、道德伦理、法律秩序、社会关系等。从社会学上的意义而言,任何社会和阶层都有属于其本身的文化。

由此可见,中西方关于文化内涵的说法可谓见仁见智。但总而言之,文化就是人们所觉、所思、所言、所为的总和,在不同的生态环境下,不同的民族创造了自己特有的文化,也被自己的文化所塑造。

二、文化的构成与分类

(一)文化的构成

由上述文化的内涵可知,文化的构成很复杂。具体包括民族的个性、感知认识、时间和空间观念、言语和非言语的符号、思维方式、价值观、行为规范、社会群体及其相互关系等,如图 1-1 所示。

(二)文化的分类

按照不同的分类标准,可以对文化进行不同的分类。

1. 按照文化内涵进行分类

根据文化内涵的特点,可将其分为知识文化和交际文化。

(1)知识文化。它是指非语言标志的,在跨文化交际中不直接产生影响的文化知识,其主要的表现形式为物质形式,如文物古迹、艺术品等。

---

① 闫文培. 全球化语境下的中西文化及语言对比[M]. 北京:科学出版社,2007:26.

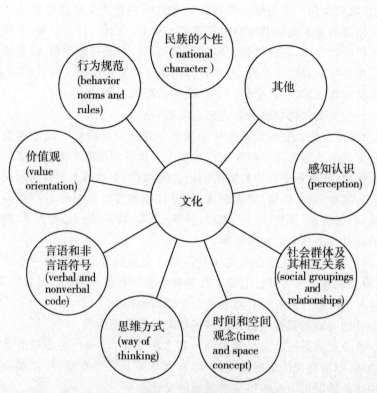

图 1-1 文化的构成

(资料来源:李建军,2010)

(2)交际文化。它主要是指在跨文化交际中直接发生影响的文化因素,它主要以非物质为表现形式。具体而言,交际文化又可分为外显交际文化和内隐交际文化。

①外显交际文化是指那些比较外显,易于察觉和把握的文化,如生活方式、社会习俗等。

②内隐交际文化则往往不易觉察和把握,如世界观、价值观、思维方式、民族个性特征等,因而它更为重要且需要人们给予更多的关注。只有对内隐交际文化进行深入研究,了解和把握交际对方的价值取向、心理结构、情感特征等,才能满足一些深层次交往的需要,如政治外交、学术交流、商务往来等。

2. 按照表现形式进行分类

根据表现形式可将文化分为物质文化、制度文化、心态文化和行为文化。

（1）物质文化。它是指人类在社会实践中的物质生产活动以及产品的总和。用来满足人类最基本的生存需要——衣、食、住、行为目标，直接对自然界进行利用改造，最终以物质实体反映出来。它是可感知的、具有物质实体的文化事物，如建筑、工具、器皿等。物质文化直接反映人与自然的关系，反映人类对自然界认识、把握、利用、改造的深入程度，反映社会生产力的发展水平。物质文化构成整个文化创造的基础。

（2）制度文化。它是人类在社会实践中建立的各种社会规范和组织以及逐渐形成的一定的规章制度或行为准则。这些制度既对物质财富创造者有约束作用，又服务于物质财富的创造。例如，用于规范人们行为的制度如社会经济制度、婚姻制度、家族制度、政治法律制度等以及随之产生的大量组织结构，如国家、民族、政治、宗教、科技、艺术、教育等。总而言之，制度文化指的就是人类社会的制度法则。

（3）心态文化。它是指人类在长期的社会实践和意识活动中形成的价值观、审美观和思维方式。它是文化的核心部分和最高层次。具体而言，心态文化又可以被分为社会心理和社会意识两个层面。

①社会心理是指社会群体的精神状态以及思想面貌。

②社会意识是比社会心理更高一层次的文化，是在社会心理的基础上进行总结、归纳而来的思想文化结晶，即著作或是艺术作品，可以说心态文化层构建的情况可以反映出一个民族的文化水平。

（4）行为文化。它主要是指人类在长期的实践交往过程中约定俗成的一些行为模式。行为文化在民风、民俗方面体现得较为突出，并具有鲜明的民族、地域特色，如待人接物的礼仪、婚葬嫁娶等。

3. 按照文化层次进行分类

根据文化层次的高低，可以将其分为高层文化、深层文化与民间文化。

（1）高层文化又称"精英文化"，是指相对来说较为高雅的文化内涵，如哲学、历史、文学、艺术等。

（2）深层文化又称"背景文化"，是指那些隐而不露，但起指导和决定作用的文化内涵，如世界观、态度情感、价值观、思维模式等。深层文化和前面所提到的内隐交际文化类似。

（3）民间文化又称"通俗文化"，是指那些与人们生活密切相关的文化内涵，如风俗习惯、生活方式、社交准则等。

4. 按照对语境的依赖程度进行划分

根据文化对语境依赖程度的不同，可将其分为高语境文化和低语境文化。这种分类也是根据美国人类学家爱德华·霍尔(Edward T. Hall,1977)在其所著的《超越文化》(*Beyond Culture*)对文化的分类标准进行划分的。

(1)高语境文化是指对语境的依赖程度较高,主要借助非语言符号进行交际的文化。在高语境文化中,人们在生活体验、信息网络等方面都几乎是同一或同质的,大量的信息已经蕴含在语境中或内化在交际参与者的头脑里。其主要代表国家有中国、日本、韩国等。

(2)低语境文化则是指对语境的依赖程度较低,主要借助语言符号进行交际的文化。在这种文化中,人们之间的差异或异质性较大,人们在进行彼此交往时需要较为详尽的背景或语境信息,因为语境或交际参与者身上所蕴含的潜在信息很少。其主要代表国家有美国、瑞士、德国等。

由于高、低语境文化的人群对语境依赖程度的不同,其成员间在交际时对语言表达效果的期待也会有所不同。因此,当来自这两种文化的成员在进行交际时,必须充分了解彼此的文化,并灵活地调整自己的交际策略和交际方式,这样才能有效弥合彼此的差异,使沟通顺利进行。

三、文化的属性与特征

(一)文化的属性

1. 文化的历史属性

不同的时代有着不同的文化,这是因为任何文化都是在历史发展演变的过程中产生并逐渐累积起来的精神成果。换句话说,不同时代产生的自然文化、人文文化和科学文化构成人类文化的生态结构。例如,在人类的远古时代、步入农业以后以及欧洲工业革命之后三个不同的阶段,其所展现的自然文化、人文文化以及科技文化就有所不同。人们对于事物的名称、观念也会随着历史的发展发生变化,一般情况下,可以根据文化词对特定的历史时期大致进行推断。

文化的历史属性还在于它动态地反映了人类社会生活和价值观念的变化过程。并且文化发展的基本趋势是随着历史的前进而不断进步的,但偶尔也会在某个历史阶段上出现文化“倒退”的现象。例如,欧洲黑暗的中世纪对文化的专制。但这只是文化发展过程中的暂时现象,不会改变文化随着时代的发展而不断进步的历史趋势。

2. 文化的民族属性

任何一种文化都与本民族的生产、生活关系密切。同时由于不同民族的发展历程、生产和生活方式、生活环境和生活态度的差异性而衍生出民族文化的独特之处。斯大林(Joseph Stalin)也曾指出,"一个民族,一定要有共同的地域,共同的经济,共同的语言及表现共同心理的共同文化。"具体而言,文化的民族属性主要体现在物产的民族化、习俗的民族化以及观念的民族化。

(1)物产的民族化往往受制于其所处的地理位置、气候等客观环境。例如,具有中国特色的"茶"根据其产地命名的"普洱茶"、"高山云雾茶"等,这些在西方文化中往往找不到完全对应的表达。同时,还有很多物产,如汉语中的"粽子"、"瓷器"以及英语中的 bread,bun, bunn, cookey, cookie, bread, stuff, breadstuffs 等在对应翻译时也很难找到完全对应的表达。

(2)习俗的民族化是指由于不同民族受到各自发展历程的影响,而形成独具其民族特色的习俗。例如,西方社会婚庆的颜色为白色,丧色为黑色,而汉族丧葬习俗中丧色为白色。

(3)观念的民族化。思想观念属于意识形态的范畴,它往往是由社会教育如家庭教育、学校教育等逐步形成的人生观和价值观。例如,阿拉伯国家的妇女往往要穿盖住脚的长裙,有身份的妇女要求戴上面纱。又如,西方人看重"功利"的观念,而中国人则很看重"面子",这些都具有很强的民族观念。

3. 文化的地域属性

文化的地域属性是指由于不同民族所生活地域上地理环境的差异,与之相关的气候、地形、生物以及生产、生活方式、社会结构、风俗习惯等自然、社会背景也会有所不同。例如,海边生活的民族,其物产以水产品为主,其习俗"开鱼节"也与水产品相关。又如,我国藏族在藏历六月举行的"当吉仁"赛马节等。

此外,文化的这三种属性还有一个共同点,都常常导致跨文化交际中文化缺位的现象,从而给英汉文化对比翻译带来困难。

(二)文化的特征

1. 社会性特征

文化作为一种社会现象,其社会性特征主要包括以下两个方面的含义。

(1)文化可以规范人的行为。人作为组成社会的重要份子,其言谈举止受到特定文化环境的影响。社会文化环境会影响一个人的性格以及言谈举止等一系列的行为习惯。人在社会中接触相应的文化规范,并掌握一些基本的处事交往的规则。因而人既是社会中的人,又是文化中的人。

(2)文化并不是自然就有的,它是人类通过创造性的活动而逐渐形成的。这个过程就如同树根、贝壳、西瓜等自然物品经过人们的加工之后可以变成树雕、贝雕和瓜雕,经过人类活动的影响,一些自然的东西才成为了富有文化内涵的文化物品。

2. 阶级性特征

文化的发展是一个历史演变的过程,可将历史分为两个阶段进行分析。

(1)在无阶级社会里,文化活动是由群体创造的,因而反映这些群体活动的人类文化也带有该群体的共同特征,并为群体所共享。

(2)进入阶级社会后,很多重要的文化现象(主要反映在意识形态领域)都在不同程度上带有阶级的色彩,某些文化被部分利益集团所占有,有的甚至带有"反文化"性质。例如,在资本主义社会里,教育、科技等文化成果不仅成为资产阶级的专利品,甚至成为其剥削工具。

由此可见,在阶级社会中,部分文化具有"阶级性"。不过,人首先要成为人,是一个合乎人的标准的人,然后才能由于受到后天环境的影响而打上阶级的烙印。因此,在阶级社会里,大部分文化现象仍然具有人类共同性。

3. 宗教性特征

文化具有显著的宗教特征。在人类的发展史上,宗教与政体长期共生共存,两者有时互相利用,有时则政教合一。基督教有过相当长时间的教会统治,而伊斯兰教也曾经在相当大的地域中以教立国。宗教对政治具有不可忽视的影响,因而对文化的影响也很深远。

物质文化、制度文化、行为文化、心态文化等各种类型的文化,都与宗教有着密不可分的联系。例如,建筑、服饰、饮食等物质文化由于受到不同宗教的影响而具有明显不同的风格;宗教对人们的思维、信仰、意识形态有极大的影响力,宗教文化统治了整个欧洲中世纪社会文化的各个方面;基督教、伊斯兰教都曾经长期渗透于社会规章制度、组织形式以及其他形式之中。

4. 共同性特征

文化是人类改造自然、改造社会的实践活动在物质、精神方面取得成果的综合体现。文化是全人类共同创造的,又为全人类所享有、继承,因而文化具有人类共同性。物质文化以物质实体反映人对自然界进行的利用和改造,因而具有非常明显的人类共同性。

除物质文化之外,在不同社会环境中形成的制度文化、行为文化、心态文化,彼此之间也具有一些共性和相互可借鉴性。例如,科学技术发明、科技产品以及先进的管理方式等,已经成为全人类共有的文化;具有永恒生命力的文学艺术作品,会受到东西方人们的普遍欢迎和喜爱,如西方莎士比亚的作品、我国曹雪芹的《红楼梦》等文学艺术作品受到古今中外读者的喜爱;一些净化生存环境、维护公共卫生等的社会公德与行为规范也普遍得到人类接受。

5. 继承性特征

文化是社会历史的沉淀物,是特定历史时期的时代反映,是一种历史现象。因为历史是随着时间的发展而变化发展的,故文化具有很强的历史继承性。人类的每一代人都会继承原有的文化,并在此基础上发展自己的新文化,对社会文化的发展做出应有的积极贡献,由此也导致了历史上文化的不断扬弃和更新。例如,各个国家都有自己的节日、喜庆日,中国在这样的日子里挂红灯就是中华民族数千年来传统文化延续的表现。再如,中国历史上有科举取士的制度,如今人们保留了通过考试选拔人才的形式而扬弃了旧八股文的考试内容,改用现代科学知识来检测人们的知识掌握水平。

四、文化的功能

(一)社会性功能

社会性功能主要满足的是人与人以及人与社会之间的各种需求,文化的社会性功能可以分为以下几个方面。

1. 规范功能

具有规范作用的文化主要指的是维护社会治安以及人与人之间关系的伦理制度、政治制度、婚姻制度以及亲属制度等。社会的不断发展也带来了同样多的社会问题,随着生产力水平的提高,社会也变得很复杂,因此也就更加需要一些法律制度。相应的法律制度、政治制度等的出台可以有效保证社会公正,每个人都希望行政以及执法公正,使人们实现共同发展。鉴于此,文化的规范作用对社会的发展具有重要影响。

2. 教化功能

文化的教化功能主要体现在文化对于人的影响上。不同文化下成长的人们具有截然不同的性格特征和价值观以及为人处世的标准等。中国人受到中华文化的熏陶，形成典型的华夏人的性格特点。西方人在西方文化的影响下，形成了完全不同的特征。每一个人都会受到本民族文化的熏陶，进而形成具有本民族性格特征的人。中国文化提倡人们应该善良、本分、老实厚道。而西方人则培养公民的守法意识为基本准则。由此可以看出，中国注重道德建设，而西方则注重法制建设。这在人们生活中也有明显的体现，即中国人还钱是处于良心和道德观念，而西方人归还所借的钱是担心惹上官司。这就是文化的教化功能的具体体现。

3. 凝聚功能

文化具有巨大的凝聚功能，其主要表现在对内和对外两个方面。对内人们高度团结，共同发展。对外则团结起来，一致对外。具有相同文化背景的人或族群往往具有很强的文化认同感。

4. 整合功能

文化的整合功能可以使文化各部分密切联系并构成一个有机统一的整体。文化通过整合可以达到三个方面的目的。

(1)协调各部分，使风俗习惯、生产力的发展等都和谐统一，实现共同发展。

(2)整合同一国家的不同民族的文化，使其成为一个有机的整体。

(3)规范同一国家或同一民族的观念、意识等，使其成为一种共同的文化模式。

(二)心理性功能

心理性功能指的是文化满足心理需求的能力。心理需求主要指尊重、抚慰等，因为人类具有心理性需求随之也产生了很多相关的宗教、神话、艺术、伦理以及道德、理想等不同的精神文化。这些精神文化可以陶冶人的心性，还可以养神。

人的心理需求还有很多，如艺术的需求、尊重的需求、认知的需求、自我实现的需求、信仰的需求等，文化的心理性功能可以很好地满足这种心理需求。

（三）生理性功能

人的生理性需求也就是生存需要或基本要求，与人类的衣、食、住、行具有密切的关系。人的需求主要可以分为以下三种。

（1）基本需求，包括住所、食物、人身保护等。

（2）派生需求，包括食品分配、工作或生产组织、防卫、社会监控等。

（3）综合需求，包括心理上的安全感、生活目标、社会和谐等。

其中生理性需求是人的最基本的需求，满足生理性需求的文化大多属于物质文化。社会生产力水平的不断提高使得人们的生理性需求越来也高，人们开始追求更高层次的物质享受。

第二节　翻译

一、翻译的定义

关于翻译定义的叙述，中外翻译界、文化界呈现出百家争鸣的局面，随着翻译事业的发展，从新的视角对翻译定义的探讨版本多样，层出不穷。国内外专家和学者对翻译的理解也可谓仁者见仁，智者见智。

（1）牛津高阶英语词典 *Oxford Advanced Learner's Dictionary* 对翻译的解释是："express(sth. spoken or esp. written) in another language or in simpler words to turn into one's another language."

（2）英国翻译研究界的元老彼得·纽马克（Peter Newmark）这样给翻译下定义："Translation is a craft consisting in the attempt to replace a written message and or statement in one language by the same message and/or statement in another language. Translating is rendering the meaning of a text into another language in the way the author intended the text."根据其观点，翻译是一门富于创造性的艺术，它是把一个文本的意义按作者所想的方式移译入另一种语言。

（3）根据王克非的观点，翻译是一种文化活动，旨在将一种语言文字所蕴含的意思用另一种语言文字表达出来。

（4）著名翻译家沈苏儒认为："翻译是把具有某一文化背景的发送者用某种语言（文字）所表达的内容尽可能充分地、有效地传达给使用另一种语言（文字）、具有另一种文化背景的接受者。"

（5）我国著名翻译家及翻译理论家孙致礼给翻译下的定义是："翻译是把一种语言表达的意义用另一种语言传达出来，以达到沟通思想情感、传播文化知识、促进社会文明，特别是推动译语文化兴旺昌盛的目的。"

（6）著名的翻译理论家张今则认为，翻译事实上是两种语言社会间的交际过程和工具，其任务是将原作中包含的现实世界的逻辑映像或艺术映像完美地在两种语言之间进行转换，它还具有促进本语言社会的政治、经济和文化进步的目的。

（7）钟书能在英汉翻译技巧中也对翻译进行了概述，认为翻译具体来说是一种翻译实践活动，是一种跨越时空的语言活动，是通过运用一种语言把另外一种语言所表达的内容重新表达出来而达到不同语言民族之间的沟通交流的脑力劳动。翻译作为一种语言活动，它包括理解和表达两个方面。理解是指对源出语（source language）文本进行分析和彻底了解原文的意义，表达是以目的语（target language）再现在原文中所理解的内容。[①]

二、翻译的分类

翻译有很多种分类标准和方法，在此主要结合美国著名语言学家雅各布逊（Roman Jakobson）符号学的三分法和翻译所涉及的语言对其分类加以分析。

（1）按照涉及的语言符号即翻译所涉及的两种代码的性质给翻译进行分类，可以分为语内翻译、语际翻译和符际翻译。

①语内翻译是指在同一种语言内部用一种语言的符号对另一种语言的符号所做出的阐释，如汉语与维语、方言与方言、古代语与现代语之间的语言转换都属于语内翻译。

②语际翻译是指一种语言文字的意义用另一种语言文字表达出来，如汉英语、德语、俄语等。

③符际翻译是用语言符号解释非语言符号或用非语言符号系统阐释语言符号，如小说改编成为电影，就是文字符号转换成影像符号的符际翻译。

（2）按照所涉及的语言给翻译进行分类，这种翻译标准是从译出语和译入语的角度而言，翻译可分为母语译成外语、外语译成母语两大类，如英译汉、汉译英等。

除了以上所列几种划分标准和方法外，在实际应用中还有许多具体的分类标准和方法，这里不再一一赘述。本书中所讲的翻译，主要是从英汉文

---

①　钟书能．英汉翻译技巧［M］．北京：对外经济贸易大学出版社，2010：2.

化对比翻译的意义上来谈英汉的文化翻译。

三、翻译的过程

翻译作为一种复杂、艰苦的思维过程,它有别于其他任何的语言活动的过程。对其过程的理解和阐释见仁见智、不一而足。

(1)有学者从符号学的角度将翻译过程描述为信息输入、黑箱、信息输出三个阶段,如图1-2所示。

图1-2　符号学角度的翻译过程描述图
(资料来源:王恩科、李昕、奉霞,2007)

其中"黑箱"阶段很难有具体而确切的描述,因而对翻译过程的描述并没有实质性的突破。

(2)奈达在《论翻译》中将翻译分为准备、工作和核校三阶段,并在 *The Theory and Practice of Translation* 一书中将翻译过程描述为如图1-3所示。

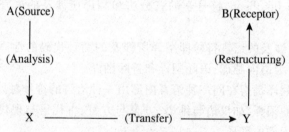

图1-3　奈达翻译过程图
(资料来源:王恩科、李昕、奉霞,2007)

其中 A 是原文的表层结构,表示源语文本。译者通过对源语文本的分析进入语言的深层结构得到信息 X,然后将这一信息从源语转移到目的语中得到 Y,译者得到信息 Y 后根据目的语自身规律将其塑形为目的语文本 B,这也就完成了翻译任务。其不足之处在于,他的翻译过程并未涉及翻译中的非语言因素,但却给我们勾勒了翻译过程的基本框架。

(3)王宏印在《英汉翻译综合教程》中将翻译作为完整的交际过程,并认为创作是翻译的先导和基础,翻译是创作的发展和继续。

(4)根据杨自检的观点,翻译的思维过程包含了形象思维、灵感思维的交错运用,翻译的思维过程不是一维的抽象思维,它是理解原作和对原作加以表达的过程。

（5）黄成洲、刘丽芸基于对一些学者观点的理解，从创作过程出发对翻译过程模式表示如图 1-4 所示。

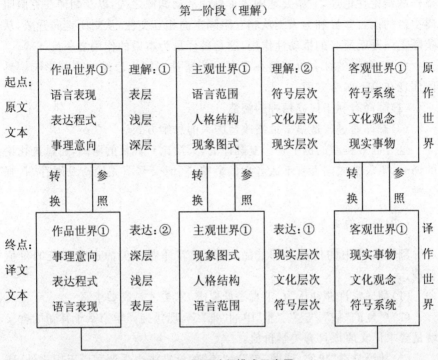

第一阶段（理解）

| 起点：原文文本 | 作品世界①
语言表现
表达程式
事理意向 | 理解：①
表层
浅层
深层 | 主观世界①
语言范围
人格结构
现象图式 | 理解：②
符号层次
文化层次
现实层次 | 客观世界①
符号系统
文化观念
现实事物 | 原作世界 |

| | 转换 | 参照 | 转换 | 参照 | 转换 | 参照 | |

| 终点：译文文本 | 作品世界①
事理意向
表达程式
语言表现 | 表达：②
深层
浅层
表层 | 主观世界①
现象图式
人格结构
语言范围 | 表达：①
现实层次
文化层次
符号层次 | 客观世界①
现实事物
文化观念
符号系统 | 译作世界 |

图 1-4　翻译过程模式示意图

（资料来源：黄成洲、刘丽芸，2008）

由此可见，翻译是以语言为媒介、以译者为主体的创造性活动。在此过程中，其翻译客体是具有整体性、系统性、可读性、稳定性、可译性、可读性、外伸性等特征的文本。为了获得理性的译文，翻译过程尤其是理解和表达阶段也必定是错综复杂的。

四、翻译的价值

（一）翻译的社会价值

翻译的社会价值与时代的变化和发展共存。翻译的社会价值具体体现在翻译对社会交流与发展的推动作用，它取决于翻译活动的社会性。

下面一段话能更加清楚地阐释翻译的社会价值："翻译是人类社会历史最悠久的活动之一，几乎与语言同时诞生。从原始部落的亲善交往，文艺复兴时代古代典籍的发现和传播,直至今天世界各国之间文学、艺术、哲学、科学技术、政治、经济的频繁交流与往来,维护世界的稳定和持久和平,翻译都发挥了不可估量的作用。"①这段话是廖七一在《当代英国翻译理论》一书开篇作的结论性论述,它精要地阐述了翻译活动渊源之久,以及翻译在克服阻碍交流的语言差异和为人类从相互阻隔走向相互交往,从封闭走向开放,从狭隘走向开阔所起的推动性作用,这是翻译最为本质的作用之一。

此外,翻译的社会价值还在于对民族精神和国人思维的深刻影响。具体体现在以下两个方面。

(1)翻译有利于民族精神的塑造。

(2)翻译通过改造语言最终改造国人的思维方式。

这方面最典型的例子是严复翻译的《天演论》,其目的明确,通过进化论的译介,不仅警戒国人有不适者亡的危险,同时又号召人民奋发图存,自强保种。

(二)翻译的美学价值

翻译实践中的任何一部佳品,都体现着译者对美的追求和美的价值呈现。

(1)翻译家许渊冲认为:求真是低要求,求美才是高要求。

(2)严复的"信"、"达"、"雅"中的"雅"字,现代翻译学家赋予其新的含义就是要求译文应该具有美学价值。

(3)林语堂在"忠实、通顺、美"对"美"的标准中也强调翻译于用之外,还有每一方面须兼顾的,理想的翻译家应当将其工作当作一种艺术。以爱艺术之心爱它,以对艺术谨慎不苟之心对它,使翻译成为美术之一种。他提倡的"美"的翻译标准实际上是与自身的性格气质,生活态度相统一的。

就翻译本身而言,它不仅是单纯的对语言进行转换的过程,而且还是译者解读原作的美并将其转化,移植到译文中的一种审美和创造美的过程。翻译的美学价值体现人们对美的追求和人文理念。

美学价值可以指导翻译的理论与实践,借以在翻译领域发展其自身;美学的价值分析和判断还可以帮助译者对原文和译文进行全方位多层次的分析,找出那些隐含于字句之外,却又可感知的要素。

(三)翻译的文化价值

就目前而言,人们对翻译的认识与理解也在不断深入与提高。同时,翻

---

① 武锐. 翻译理论探索[M]. 南京:东南大学出版社,2010:11.

译也在不断地促进文化的积累与创新。翻译与民族之间的交往共生,与文化间的互动同在。因此,翻译的文化价值也备受重视,其文化价值指的是应该从文化的高度去认识翻译,去理解翻译。

翻译因人类相互交流的需要而生,以寻求思想沟通,促进文化交流为其翻译的目的或任务。一个民族或个人的文化价值观也会影响其对其他文化的态度。例如,对待异族文化的融合或排斥、宽容或狭隘、友好或敌对的态度。甲午后,上至朝廷士大夫,下到民间读书人,个个反思洋务。中国知识界对西方文化的态度发生了较大的变化,"中学为体,西学为用"被证明难以担负救国强国的重任,维新派取代洋务派走上了历史舞台。进而一些仁人志士意识到要救亡图存,只有从政治制度上去学习外国,当时就有人重视翻译外国的"政事之书",即政治、法律、教育、哲学等社会科学方面的书籍。尽管数年之后,文学翻译尤其是以政治小说、科学小说和侦探小说为代表的通俗文学的翻译在数量和影响上都大大超过了科学著作的翻译。当时的译者就带有明确的翻译目的和价值判断,这些价值判断符合新的文化价值观,服务于当时政治改良、文化改良以及启迪民智的需求。并且当时的人们迫切想在政治小说中祈望新的民主制度,在科学小说中领略科技的魅力,在侦探小说中获得公平的法制。总而言之,当时的译者对翻译的文化价值已经有所认识。

(四)翻译的创造价值

张泽乾认为:"好的文学翻译不是原作的翻版,而是原作的再生。它赋予原作以新的面貌、新的活力、新的生命,使其以新的形式与姿态面对新的文化与读者。"①此句中的"再"字,连接着具体翻译过程中所涉及的出发语与目的语、原作与译作,说明了翻译是一个继承和创新的过程。翻译的创造价值具体可以体现在以下三个层面。

(1)从社会层面而言,翻译作为一种以交流为基础的社会活动,不同语言间的交流有利于思想的拓展和解放,但同时也为译者的创造力奠定了基础。

(2)从语言层面而言,为了真正导入新的事物、观念和思路,翻译中就不可避免地要进行大胆的创造。例如,文学语言艺术的翻译就是在源语的基础上对语言符号的转换并创造的过程。

(3)从文化层面而言,翻译中导入的任何异质因素,都是激活目的语文化的因子,具有创新性。其创造价值蕴藏着一种求新求异的敢于打破自我

---

① 许钧.翻译价值简论[J].外语与外语教学,2004,(1):38.

封闭局限的创造精神。在与"异"文化的交流、碰撞与融合中完善、丰富和发展自我本身,这也是翻译的精髓所在。

(五)翻译的历史价值

纵观人类文明发展史,不难发现历史的每一次重大进步与发展都和翻译有着密切关系。重大的文化复兴也往往伴随着翻译的高潮,如古罗马、古希腊文化的复兴就以翻译作为先导。然而翻译作为跨文化的人类交际的活动,也有着不可避免的历史局限性。

乔治·穆南(George Mounin)在其《翻译的理论问题》一书中认为:"翻译活动的成就是相对的,它所能达到的交流思想的水平是变化发展的。"也就是说,翻译活动很大程度上受制于人类认识水平和世界认识水平等诸多因素。这句话指出了翻译的历史价值观,包含以下两方面的含义。

(1)可以基于人类的翻译实践去考察人类的历史发展进程。

(2)可从历史发展的角度来看翻译活动不断丰富和发展的内涵以及不断扩大的可能性。

就具体的翻译活动来说,翻译对原文的理解和阐释都不是译者一次就能彻底完成的,需要一代又一代的译者去不断挖掘。在翻译实践中,既要清醒地意识到翻译活动的历史局限性,又要以辩证发展的眼光来看待这种局限性。

第三节　文化与翻译的关系

有史以来,资深的翻译研究者都比较重视文化与翻译的关系。文化与翻译作为两种社会现象,两者之间关系密切,文化促进和制约翻译活动,翻译实践也丰富和利于文化的发展。本节将对两者的关系做进一步阐述。

一、翻译对文化的作用

一个民族的文化发展不仅要依靠自身文化,还应以辩证的眼光吸纳外来文化。翻译作为吸纳外来文化的有效手段,其对译语文化的作用主要表现在以下几个方面。

(1)翻译对译语文化的丰富和促进作用。有史以来,翻译作为促进民族文化发展的一个重要手段,在知识和文化的多维传播方面起着重要的作用。例如,五四时期的翻译就为我国引入很多先进的思想和理论。

(2)翻译在引入新思想、新知识的同时,无形中丰富了译语文化的语言和文学,有时甚至对本民族语言的形成起到了促进作用。例如,马丁·路德(Martin Luther)在对德语译本的《圣经》翻译时,对德语的发展和统一影响很大,对新词汇和语法结构的引进都很有帮助。

二、文化对翻译的作用

(一)文化对翻译过程的干预

翻译作为两种文字间的转换和两种语言体系的接触活动,也是一种文化传输和移植甚至不同程度文明的接触过程。因此,翻译过程不仅取决于语言因素,而且还取决于心理因素和社会因素。译者作为受到所属文化影响的个体,即使在文化中极力克服其个人的主观因素,但仍带有译语文化的烙印。文化对翻译过程的干预在很大程度上受制于译者在特定社会所形成的独特的文化取向。具体体现在以下几点。

(1)译者心态的开放和保守对翻译风格和内容都有很大的影响。翻译是两种不同文化语言间的转换,在客观上就保存原作风姿或吸收外来语等异化或归化的方式对待所译内容。同时,译者在翻译过程中采取哪种翻译方法也都受到特定时代人们观念的影响。

(2)译本的更迭是文化发展和变迁的结果。无论从历时还是共时的角度来看,不同的译作会对原作有不同的阐释,不同年代的译作对原作的阐释也会给读者不一样的效果。

文化对翻译过程的干预也大都通过译作来体现。根据王佐良的观点,各时期的译本对当时的语言、出版、读者要求、文学风尚以及社会文化总的情况都会有所透露。还可以通过这些方面的对比来观察该地区或国家文化的发展程度和社会面貌。

(二)文化对翻译形式的影响

文化对翻译形式的影响具体体现在以下几个方面。

(1)隶属于制度文化的政治制度在某种程度上对翻译活动进行的方式造成影响。例如,在苏联时期,其翻译家从事翻译的目的是为人民和社会主义建设服务。

(2)文化的强势、弱势影响着翻译活动方式。这里所指的强势和弱势是指在某一文化领域或文化整体的强与弱。例如,晚清时期的西学东渐就是西方来华的传教士表现出要拯救落后和衰败的中国晚清社会的思想,想在政治和文化上进行渗透。

（3）翻译过程在很大程度上受制于民族心理的开放程度。民族的思想观念开放越高越有利于开展翻译活动,在吸收其他民族文化的过程中使本民族文化得以发展。

（4）翻译活动的规模受制于对文化的需求程度。需求程度越高,其领域内的翻译活动就会更加活跃。

总之,文化与翻译关系密切,翻译中涉及的文化因素非常复杂,情况也千变万化,译者只有对两种语言熟练驾驭并深化对两种文化的对比和理解才能有效提高翻译质量,增强翻译的最佳效果。

第四节 文化差异对翻译的影响

文化的内涵极为丰富,涉及两种文化间的活动也更为复杂。其诸多构成因素都会对翻译产生影响。译者只有对两种语言在文化和语言构成方面的差异有所了解,才能力求翻译的准确表达。在此主要针对语言结构差异、宗教文化差异、思维模式差异、社会文化差异以及意识形态差异对文化差异对翻译的影响加以分析。

一、语言结构差异对翻译的影响

不同的语言因其所属的汉藏语系和印欧语系的语言结构的不同而存在差异。各种语言文字的语音、词汇和句法等都具有独特的特点,当语言表达形式上的这些特点本身作为信息的内容传达时,因为语言文化的差异,可译性受到一定限制。主要表现在三个方面。

（1）从语音层面而言,英语是拼音文字,属于表音体系;汉语是象形文字,属于表义体系。例如,语音方面的谐音、口音、英语中的头韵、汉语中的双声和叠韵等。

（2）从词汇层面而言,英语有词形的屈折变化,基本依赖语法手段;汉语句子中的时、数、态等则全靠词汇手段解决。在词汇方面文化色彩浓厚的语言成分如成语、习语、谚语和汉语的歇后语等,使语言生动活泼,原作者使用这类表达法目的在于取得一定的效果,如果全部舍去不译,必然失去原有的文采。

（3）从句子结构层面而言,汉语句子结构"主题—述题"特征明显要靠意念建构衔接,汉语没有关系代词和关系副词,主题或主语变换频繁,句子直线推进,线性特征明显,词序十分重要,且句子一般短小;英语却是"主语—谓语"结构特征突出的语言。英语的关系代词和关系副词使英语句子伸缩自如,句子结构复杂而且较长。

(4)从文体风格层面而言,其内容涉及各种体裁、时代特征、民族特征和个人特征等因素。由于英汉两种语言分属于不同的语系,有些语言文化上的差异如头韵、双声叠韵、双关语、拆字技巧几乎是不可译的。

在英汉语言互译的实践中,译者应当学会判断,原作价值越高,其中的语言文化因素的价值也越高,有必要尽可能地传达给译文读者。但有时语言文化因素的价值对整个译文并不重要,译者可以根据需要灵活处理。

二、宗教信仰差异对翻译的影响

自古以来,宗教信仰对民族文化的影响也不容忽视,宗教文化甚至渗透着语言的方方面面。汉语文化中的宗教因素主要体现在佛教和道教的影响,英语文化则主要受基督教的影响。英汉语言中的大量习语都和宗教信仰有关。《圣经》对英语语言的影响是不言而喻的。许多词汇、短语、圣经典故对汉语读者而言也是有理解障碍的。例如,Beam in one's eye 意为"自己眼中的梁木",来源于《新约·马太福音》比喻自身存在的严重缺陷。因此,在英汉翻译中,一定要考虑到宗教因素对语言的影响,加上必要的解释才能进透彻原文中的宗教文化。

三、思维模式差异对翻译的影响

思维模式的差异属于心态文化层面的差异,表现在语言上就是英语的功能性和汉语的形象性。在此先对中国人和英美人的思维模式进行对比分析,如表1-1所示。

表1-1 中国人和英美人的思维模式差异对比表

人种	思维形式	思维方法	思维路线	思维顺序	思维倾向
中国人	形象思维	归纳法	螺旋型	由大到小	集体本位、趋同
英美人	抽象思维	演绎法	直线型	由小到大	个体本位、求异

(资料来源:闫文培,2007)

(1)从思维形式的角度而言,中国人注重形象思维,而西方人注重抽象思维。例如,汉语中象形字"从"好像一个人紧跟另一个人走路的情景。汉语成语"势如破竹"也颇具形象思维。而英语的抽象思维对语言的功能性特点比较重视,一般突出数量和所描述客体,相比而言没有汉语的直观形象性强。

(2)从思维倾向的角度而言,汉语中对整体比较注重,而英语则更加重视个体。这种思维模式的差异在词义的笼统和具体程度、篇章结构以及句法结构的严谨性以及完备性等方面都会有体现。例如,汉语中用"损坏"一词来表示,英语中却根据损坏程度的不同,用 damage, destroy, ruin 等词来表示,这些在翻译时都应具体问题具体分析。

(3)从思维方法的角度而言,汉语一般先想到具体物象、事实、数据等,并通过归纳法从中归纳出规律,而英语大多采用演绎式推理的方法来解决问题。

(4)从思维路线的角度而言,中国人的思维呈曲线形或环形循环上升,具有较强的立体感和间接性,其在思考或运用语言时甚至不厌词语的重复,而西方人的思维路线呈直线型,开门见山,直奔主题。这些都会具体体现于其语言和文化中。

(5)从思维顺序的角度而言,中国人思维由大到小,从宏观到微观。西方的思维则恰恰相反。这种在地址中尤为明显,如中国的依照国名、省名、市名、县区名、街道名、门牌号的顺序进行排列,西方则依照门牌号、街道名称、行政区名、市名、省州名、国家名依次排列,在英汉对比翻译时应加以注意。

四、社会文化差异对翻译的影响

社会文化包括一个民族或社会的价值观、人际关系、政治经济关系、传统观念、风俗习惯等,社会文化差异也是影响应用英语翻译实践的重要因素之一。处理好翻译中的社会文化因素难度更大一些。社会文化大致可以分为以下几个方面。

(1)价值取向不同。汉语社会文化价值推崇谦虚、低调,所以汉语中有较多的谦辞,如在下、鄙人、犬子、拙文等,在写文章的时候也常常用"浅谈"、"刍议"等表示自己的观点还不成熟的谦辞。英语的社会文化推崇自信、善于表现自我,很少有这类自谦的说法。

(2)英汉民族对颜色的喜好和禁忌。在英语中红色象征着血腥、暴力;汉语中红色象征欢乐、喜庆、美好、热闹等内涵。例如,"The thief was caught red-handed."译为"小偷当场被捕"。在英语里 red-handed 指的是"当场"而不是"红手"。

（3）人际关系的差异。中国封建社会历时漫长，尤其重视长幼尊卑、血缘关系，对姻亲和血亲分辨清晰。在封建大家族中，常常几代同堂，家庭人口众多，所以称谓上的词汇数量丰富，语义明确，如爷爷、奶奶、外公、外婆、叔叔、伯伯、舅舅、姑妈、姨妈、婶婶等。而西方国家家庭成员居住分散，崇尚个人独立，对于长幼、血缘关系不太看重。例如，仅 aunt 就可以表示姑妈、姨妈、舅妈、婶婶等含义。

此外，社会文化还包括其他的内容，如风俗习惯、道德观念、经济、政治等领域，这里就不再一一赘述。

五、意识形态差异对翻译的影响

翻译是在特定的社会政治和文化历史语境下进行并受制于意识形态因素，意识形态的差异对翻译的影响无处不在。具体主要表现在以下两个方面。

（1）意识形态的差异影响着翻译文本的选择。换句话说，源语所表达的意识形态上的信息要符合或基本符合译语意识形态的要求，这样翻译的目的才能得以实现。

（2）意识形态的差异影响着翻译策略的选择。英汉翻译涉及英汉两种文化的交流和碰撞，不同翻译翻译策略会使译文出现汉化或西化的现象。归化法是尽可能迎合译文读者以求得读者对译文的接受；而异化法是在引导读者去接近原文本。

总之，在翻译实践中，译者在充分理解和认识文化差异的基础上以民族平等文化的立场来进行文化的传播和信息的传递，将信息来源置于首位，并忠实于原文的信息内涵。此外，还应将信息接受者的因素和译文效果考虑在内，找到两种文化间的制衡点，也唯有此才能实现两种语言和文化的灵活转换，力求译文的准确、完美。

第二章　英汉文化的翻译

当今世界,随着科技的迅猛发展,经济全球化的快速发展,跨文化间的交流日益频繁,而翻译表面上是两种语言文字之间的转换,实际上还是传播文化信息的有利工具,语言、文化与翻译之间有着密切的关系。因此,为了更好地了解英汉语言的文化差异,对英汉文化翻译的研究就变得日趋重要。本章就英汉文化翻译的相关内容进行探讨,包括英汉翻译中的文化误读、英汉文化翻译的原则、英汉文化翻译的策略。

第一节　英汉翻译中的文化误读

文化误读是指译者在阅读时,由于受本国文化的影响,习惯性地按照自身熟悉的文化来理解其他国家和民族的文化。英汉语言具有不同的文化内涵,翻译的过程中,不仅是传递语言信息的过程,也是传递英汉文化的过程,由于英汉两种语言之间的文化现象并不是完全对等的,甚至一种语言的文化现象在另一种语言中是不存在的,这样的文化差异必定会导致文化误读现象。本节主要对英汉翻译中文化误读产生的原因、表现以及影响进行探讨。

一、英汉翻译中文化误读产生的原因

(一)文化空缺

任何一种文化的出现都是有一定的渊源的,不是随意产生的,而是与一定的地域、习俗、历史、价值观有着紧密的联系,随着时代的发展、历史的变迁,中西各个民族形成了独具特色的文化,在对英汉语言进行翻译时,会发现源语与目标语在翻译中会出现不对等的情况,也就是在目标语中没有适当的词语与源语的文化相对应,译者如果无法意识到"文化空缺"的现象,仅仅按照原文进行翻译,则会导致文化"误读"。例如,汉语中的"功夫"、"气

功"、"麻将"、"太极"、"磕头"、"衙门"、"牌九"等就很难找到与之相对的译语形式。再如：

他在戏中扮演包公。

He played the role of Bao Gong in the opera.

包公由于为官刚正不阿、执法如山，成为中国家喻户晓的历史人物，但"包公"一词在英语文化中属于"空缺词汇"，没有具体的词汇与之对应，对此进行翻译时，若只将其名字音译为 Bao Gong，则会给英语读者带来很大的阅读障碍，根本无法理解包公这一正直的形象，从而导致文化误读现象的发生。

Mr. Kingsley and his Redbrick boys will have to look to their laurels.

金斯利先生和他那些红砖大学的学生们必须小心翼翼地保持已经取得的荣誉。

Redbrick 又称 Redbrick university，指英国 19 世纪以来所建、大多位于伦敦以外城市的地方性大学，其地位远不及牛津大学和剑桥大学。因其建筑主要由红砖砌成，不像牛津、剑桥这两个老牌大学的建筑均由古色古香的巨石建成，故有此名。这一文化在中国是空缺的，中国读者对"红砖大学"的背景知识所知甚少，翻译时译者如果不对其做出相应的解释的话，则会令中国读者对此产生文化误读。

（二）文化内涵差异

众所周知，语言与文化之间有着密切的关系，语言是文化的反映，语言中包含着一定的文化信息，而不同民族的文化之间也存在着差异，因此，字面意义相同的语言有时会产生不同的文化联想意义。由于在翻译的过程中，译者对英汉语言的文化内涵缺乏一定的了解，从而导致文化误读现象的发生。例如：

I have never felt such a wet blanket before or since.

　　　　　　　　　（J. Galt：*Lawrie Todd，or the Settler in Woods*）

以前我从未用过这样的湿毯子。

wet blanket 源于苏格兰民间的一个典故，指的是"扫兴的人或事物"（a person or thing that keeps others from enjoying life），可见，wet blanket 与"湿毯子"没有一点关系，同样的词语却有不同的文化内涵，而译文仅仅译出了字面含义，这就是英汉文化内涵差异导致的文化误读现象。

三十六计，走为上。

Of the thirty-six plans the best is to get away at once.

该译文传达的信息是：在 36 个计谋中，最好的是"走"。由于译者对这个典故的背景知识以及其文化内涵缺乏一定的了解,译文只是将字面意义翻译了出来,并没有传递出原文的真实内涵,甚至还歪曲了原文的含义。

二、英汉翻译中文化误读的表现

(一)文化形象方面的误读

英汉文化中都有其独特的文化意象,因此在翻译过程中,由于译者缺乏对该文化意象的理解,导致翻译中出现了误读的现象。例如:

"You chicken!"He cried,looking at Mark with contempt.

他不屑地看着马克,喊道:"你是个小鸡!"

chicken 在英语中暗指"胆小鬼",但是对于中国学生来说,看到 chicken 则立刻会想到"小鸡",这是因为在汉语中,没有"胆小如鸡"的概念,只有"胆小如鼠",因此在翻译时,译者如果对这一文化意象的差异不了解的话,会引起文化误读。

Mary was as merry as a cricket when we saw her at Christmas.

昨天我们见到玛丽时,她像蟋蟀一样快乐。

西方文化中,在圣诞夜的晚上听到蟋蟀的叫声则预示着幸运即将来临。然而在汉民族文化中,蟋蟀则代表着悲凉、烦恼等心理感受。因此根据汉语的习惯,可以将其译为"快活如百灵鸟"。

(二)伦理道德方面的误读

由于地域文化的差异,中西文化在伦理道德方面也存在着一定的差异,译者在翻译的过程中使用目标语的伦理道德文化来理解源语文化的伦理道德,也会导致在翻译过程中出现文化误读。例如,"孝"是中国的传统文化,朱生豪在翻译莎士比亚的著作《李尔王》时,为了顺应中国传统的伦理道德文化,将原著中表示血源关系的概念 nature 和 love,翻译成了"孝",这样的翻译容易使中国的读者产生困扰和误解,会错误地以为莎士比亚的作品宣扬儒教的伦理道德观。而孙大雨在翻译《李尔王》时,为了更好地符合西方伦理道德文化,将 love 和 nature 译为"爱",成功地克服了文化翻译中伦理道德方面的误读。

(三)文体风格方面的误读

英汉文化翻译中,文体风格方面的误读是一个值得研究的问题。这主要是由于源语与目的语之间的表达方式方面的差异引起的。这一方面的误读在英汉诗歌文化的翻译中尤为明显。汉语的语言没有严格规定的结构，对于句子间的逻辑关系问题没有一定的侧重，反而更为侧重句子间的意合，这一特点充分地体现在汉语的古诗词中。汉语的古诗追求的是从诗歌的言语中激发出对诗歌所描述的情、景、物的意境与韵味，可谓是言有尽意无穷。然而英语是一门结构严谨、逻辑性强的语言，因此对汉语诗歌进行翻译时，为了能清楚、准确地传达出古诗中的内涵，不得不逐字、逐句地对其进行翻译。虽然这样的翻译可以译出古诗中的含义，却导致了文体风格的改变，无法令读者体会到古诗中所呈现出的诗的意境，丧失了古诗词中语言美和意境美，出现误读甚至误译的现象。例如：

姑苏城外寒山寺，夜半钟声到客船。

（张继《枫桥夜泊》）

From the Cold Hill Bonzary outside

The city wall of Gusu town,

The resounding bell is tolling its clangour

At midnight to the passenger ship down.

原文选自一首脍炙人口并充满深远意境的唐诗，原诗通过运用"寒山寺"、"钟声"、"客船"传达出夜晚的宁静与空寂。然而将其翻译成英文，这种意蕴则荡然无存。

此外，对于原文中的"寒山"，如果不了解其中的文化背景，很容易将其理解为一座名叫 Cold Hill，将"寒山寺"理解为 Cold Hill Bonzary，即为寒山上的一座寺庙。但是实际上，苏州城外没有叫"寒山"的山，却有一座名为"寒山寺的寺庙，"寒山"是一位得道高僧的名字，因此将"寒山"译为 Cold Hill 是误读导致的误译，从而给读者的阅读造成一定的理解障碍。在这里，将其译为 Hanshan 似乎更为合适。

（四）学术术语方面的误读

英汉语言中各个领域都有其学术术语，范围涉及政治、经济、文学、艺术等研究领域，学术术语的翻译不仅对学术研究的顺利进行有一定的影响，还会对政治、经济、文学、艺术等领域的发展起着重要的作用。长期以来，英汉语言中很多的学术术语在翻译的过程中由于文化误读导致不少译名缺乏准确性，甚至是误译或者滥译，学术术语的误读和误译给社会现实中的政治文化生活带来了很多的消极影响。

政治、历史和哲学术语的误读和误译是我国学术界存在的一个突出问题。例如，revision 译为修正，这是一个褒义词，指改正错误；如果将 revision 译为篡改,则成为一个贬义词,指的是随意乱改。再如,马列著作中有一个重要术语 revisionism,列宁曾经用 revisionism 对考茨基和伯恩斯坦进行过批判,因为他们试图用社会主义的民主思想篡改马克思主义的阶级斗争学说。在这样的社会文化背景下,本应将 revisionism 译为"篡改主义",可是在翻译马列著作时,译者将这个术语误译为"修正主义",这样的译文则会误导读者的理解,使读者错误地以为考茨基和伯恩斯坦要对马列主义学说进行修正和改进,如此则严重地丧失了革命的立场,因此董乐山认为,将 revisionism 译为中性词的"修改主义"较为合适。

第二节 英汉文化翻译的原则

英汉文化的翻译不是毫无章法可循的,而是需要遵循一定的原则,本节就对英汉文化翻译的原则进行探讨。

一、文化翻译原则的研究

谈及翻译的原则问题,众人的说法不一。有人对翻译提出"译学无成规"的说法,认为翻译只是一种纯粹的实践活动,不需要遵循一定的原则。然而大多数学者则认为,"翻译有其理论原则,并且翻译是一门科学。"金缇和奈达在共同编著的《论翻译》(On Translation)中指出,"在每一个人的翻译实践中,区别于自觉和不自觉,都会有一定的原则指导,关键在于那些原则是否符合客观规律。"

由此可见,翻译原则是指导翻译实践的科学依据,是一种客观存在。历史上大量的翻译实践也证明,合理采用翻译原则对翻译实践活动进行指导会收到事半功倍的效果。早在 18 世纪 90 年代,英国翻译家泰特勒(Alexander Fraser Tytler)在他的著作《论翻译的原则》(Essay on the Principles of Translation)里便提出了翻译的三条原则。[①]

(1)译文应和原作一样流畅。

(2)译文应完全复写出原作的思想。

(3)译文的风格和笔调应与原文的性质相同。

在我国翻译界中,著名翻译家严复在《天演论》(1898)的"译例言"中提出了著名的"信、达、雅"三条翻译标准。所谓信,即译文要忠实于原著;所谓

---

① 白靖宇. 文化与翻译(修订版)[M]. 北京:中国社会科学出版社,2010:7-8.

达,即译文表达要通顺流畅;所谓雅,即译文的文字要典雅。严复的这三条标准和泰特勒的三大原则在意思上基本是一致的。

20世纪80年代,张培基先生在《英汉翻译教程》中依据"信、达、雅"把翻译的标准概括为"忠实、通顺"四个字。所谓忠实,指不仅忠于原作的内容,还保持原作的风格。所谓通顺,即指译文符合常规、通俗易懂。

随着现代文化信息传递理论的发展,翻译的原则也在不断地发展。奈达在《语言·文化·翻译》这本书中提出,翻译中的文化因素应该受到更多的重视,他进一步发展了"功能对等"理论。当奈达把文化看作一个符号系统的时候,文化在翻译中获得了与语言相当的地位。翻译不仅是语言的,更是文化的。因为翻译是随着文化之间的交流而产生和发展的,其任务就是把一种民族的文化传播到另一种民族文化中去(白靖宇,2010)。因此,翻译是两种文化之间交流的桥梁。

二、文化再现原则

文化再现原则包括两个方面的内容:再现源语文化信息和再现源语文化特色。具体分析如下所述。

(一)再现源语文化信息

翻译的过程实质上就是信息传递的过程。因此,译者在翻译的过程中要深刻理解原文中所承载的文化信息,并在译文中完整地再现出来,切忌不能只拘泥于原文的字面意思。[①] 例如:

It is Friday today and they will go out and get drunk soon.

今天是星期五发薪水的日子,他们马上就会出去喝得酩酊大醉。

此句中,如果按其字面意思则为"今天是星期五,他们马上就会出去喝得酩酊大醉。"虽然译文忠实通顺,但目的语读者看后肯定会感到不知所以然,为什么星期五到了人们就会出去买醉呢?很显然这句话承载着深层的文化信息:在英国,Friday是发薪水的固定日期,所以到了这一天,人们领完工资之后就会出去大喝一场。译者在翻译时可将Friday具体化,加上其蕴含的文化信息,可把这句话译为:"今天是星期五发薪水的日子,他们马上就会出去喝得酩酊大醉。"如此一来,使Friday一词在特定的语境中所承载的文化信息得以完整地理解和传递。

---

① 白靖宇. 文化与翻译(修订版)[M]. 北京:中国社会科学出版社,2010:9.

(二)再现源语文化特色

再现源语文化特色是指译者在文化翻译的过程中,必须忠实地把源语文化再现给译语读者,力求保持源语文化的完整性和统一性,尤其不得随意抹杀或更改源语的民族文化色彩。例如:

While it may seem to be painting the lily, I should like to add somewhat to Mr. Alistair Cooke's excellent article.

阿利斯太尔·库克先生的作品很好,尽管是吃力不讨好的事情,但我还是要稍加几笔。

此例子中,如果仅从字面层面进行翻译,译为"阿利斯太尔·库克先生的作品很好,但我还是要稍加几笔,而这似乎是给百合花上色。"很显然,译文的内容很含糊、不明确,并没有将原文的真实文化内涵译出来。因此,译者需要超越字面含义去寻求其文化内涵,在西方人心目中百合花(lily)象征着贞洁和高贵,而 paint the lily 的字面意义是"为百合花上色",其内涵则是指做吃力不讨好的事情。可译为"阿利斯太尔·库克先生的作品很好,尽管是吃力不讨好的事情,但我还是要稍加几笔。"这样就可以将原文的真实内涵表达出来了。

贾芸对卜世仁说:"巧媳妇做不出没有米的粥,叫我怎么办呢?"

(《红楼梦》第二十四回)

译文 1:

Even the cleverest housewife can't cook a meal without rice. What do you expect me to do?

(杨宪益、戴乃迭 译)

译文 2:

And I don't see what I am supposed to do without any capital. Even the cleverest housewife can't make bread without flour.

(霍克斯 译)

在此例子中,"巧媳妇做不出没有米的粥"即我们所熟知的俗语"巧妇难为无米之炊",意思是即使聪明能干的人,如果缺少必要条件也是难以做成事的。译文 1 中,译者保存了原作中"米"的文化概念,再现了源语的民族文化特色,符合作品的社会文化背景。译文 2 中,"没米的粥"译成没有面粉的面包(bread without flour),译者的出发点是考虑到西方人的传统食物是以面包为主,故将"米"转译成"面粉"(flour)有利于西方读者接受和理解,虽然西式面包不符合中国传统文化的格调,与整个作品中所要表达的文化氛围不协调,在一定程度上损害了原作的民族文化特色,但是译文已经能够传达了原文的文化内涵"即使聪明能干的人,如果做事缺少必要条件也是难以办成的。"并且提高了译文的可接受性,是应该值得提倡的。

可以看出,恰当使用文化再现的翻译原则可以很好地完成任务,很好地实现文化的交流与传播。译者应该切记翻译的实质是交流文化信息,其真正的归宿是通过语际转换再现源语文化的信息内容。这一原则可以成为信息化时代语境下的翻译实践的指导原则。

三、可读性原则

可读性原则不仅要求译文通顺,还要求译文中可适当地增添文采,便于译语读者的阅读和理解。

（一）译文通顺

可读性原则是指译者要确保译文通俗易懂,能为译文读者完全理解。无论是英译汉还是汉译英,译者都要确保译文的语言通顺、地道,避免出现"中式英语"、"西式汉语"等现象,如果译文内容枯燥乏味,读起来拗口别扭,给读者带来很大的阅读障碍,必然会减少读者的阅读兴趣。这样的译文也是没有意义的。例如:

An old,mad,blind,despised,and dying king——

译文1:一位衰老的、疯狂的、瞎眼的、被人蔑视的、垂死的君王——

译文2:又狂又盲、众所鄙视的垂死老王——

原文中使用了 old,mad,blind,despised, dying 修饰 king,这是英语的表达习惯,译文1按照原文的形式,也采用了一系列的形容词修饰名词king,在表达内容方面也完全地遵循并传达了原文的信息,然而对于中国的读者来说,没有可读性。因为这样的译文完全不符合汉语的表达习惯。而译文2则进行了适当的调整,显然,增强了译文的可读性。

（二）适当增添文采

译文除了通顺之外,还应根据英汉语言的文化特点适当添加一些文字进行润饰,从而为译文增添文采。例如:

Circumstances and people are constantly changing. Some friendship last "forever";others do not.

译文1:环境和人都在不断改变。有些友谊永恒,有些则不。

译文2:环境和人都在不断地改变。有些友谊地久天长,有些则如昙花一现。

四、风格再现原则

文化翻译的过程中还需要遵循风格再现原则。通常而言,风格包含以下几个方面的内容。[①]

(1)文体的风格,如诗歌、小说、法律、新闻、科技文等不同的文体有着不同的风格,要求译者在进行文化翻译时,做到文体风格再现。在风格的各个方面中,文体风格是最主要的。例如,绝对不能将严肃、庄重的法律条文翻译成口语文体的白话。

(2)人物的语言风格,也就是见到什么人说什么话,这在文学作品中尤为显现。

(3)作家个人的写作风格,译文应尽量体现原作者的风格,或简洁或华丽、或庄重或俏皮等。下面我们以王佐良所译培根的散文《论学习》(*Of Studies*)为例。

Studies serve for delight, for ornament, and for ability. The chief use for delight, is in privateness and retiring; for ornament, is in discourse; and for ability, is in the judgment and disposition of business. For expert men can execute, and perhaps judge of particulars, one by one; but the general counsels, and the plots and marshalling of affairs, come best from those that are learned.

(Francis Bacon: *Of Studies*)

读书足以怡情,足以傅彩,足以长才。其怡情也,最见于独处幽居之时;其傅彩也,最见于高谈阔论之中;其长才也,最见于处世判事之际。练达之士虽能分别处理细事或一一判别枝节,然纵观统筹、全局策划,则舍好学深思者莫属。

(王佐良 译)

原文中的思维严谨、文笔洗练,是一篇脍炙人口的传世佳作。而王佐良的译文也是相当完美,从形式到内容,从文字到风格,都很好地再现并忠实了原文信息。译文与原文实现了珠联璧合、水乳交融。可谓是一代经典。

---

① 兰萍. 英汉文化互译教程[M]. 北京:中国人民大学出版社,2010:4.

第三节　英汉文化翻译的策略

归化和异化是英汉文化翻译的两种主要策略。二者之间是相互影响、相辅相成的。译者要根据具体语境,带着辩证的眼光灵活地运用这两种策略。① 除此之外,还有归异互补和文化调停策略,本节对其逐一进行详细分析。

一、归化策略

(一)归化的概念

归化是指源语的语言形式、文化传统和习惯的处理以目的语为归宿,换言之,用符合目的语的文化传统和语言习惯的"最贴近自然对等"概念进行翻译,以实现功能对等或动态对等。②

尤金·奈达(Eugene A. Nida)是归化理论的代表。尤金·奈达指出,"翻译作品应是动态对等的,不仅表达形式而且文化都应符合目的语规范"(郭健中,2000)。他认为最佳的译文无论在表达方式、遣词造句,还是在行文风格等方面,都应完全纳入译文读者的文化范畴,符合译文读者的阅读习惯和阅读心理。

从语言文化共核来看,人类语言有 90% 是相通的,这就为归化翻译奠定了基础。归化作为一种思想倾向,表现在对原文的自由处理上,要求译文通顺,以符合目的语读者兴趣。因此,翻译时仅仅追求词汇上的对等是不够的,翻译的最终目的是通过将深层结构转换成表层结构或通过翻译"文章内涵"来获得"文化"对等(郭建中,2000)。③ 例如,在翻译英语小说《永远的尹雪艳》时,译者使用了归化的方法来翻译其中的文化内容。Lyceum 的原义是指希腊人们观赏歌舞、戏剧、交流学术经验的场所。在进行英译汉的过程中,为了顺应中国读者的阅读习惯将其译为"兰心剧院"。在中国文化中"兰"源于"梅、兰、菊、竹",是一个极富中国文化底蕴的词汇,这种译法使译文的内涵更加深刻;另外,四字格属于典型的汉语特征,因此"兰心剧院"的

---

① 宿荣江. 文化与翻译[M]. 北京:中国社会出版社,2009:53.
② 武锐. 翻译理论探索[M]. 南京:东南大学出版社,2010:128.
③ 宿荣江. 文化与翻译[M]. 北京:中国社会出版社,2009:55.

翻译做到了以汉语为归宿。

由此可见,归化法要求译者向译语读者靠拢,译文的表达方式采取译语读者习惯的译语表达方式来传达原文的内容。

(二)归化法

在翻译过程中,由于语言文化的差异经常导致译者碰到种种障碍,有些障碍甚至是难以逾越的。如果选择方法错误势必导致译文晦涩难懂,影响读者接受效果,因此译者需要采用归化法进行翻译。前面已经提到,归化法是以译语文化为归宿的,它要求顺应译语读者的文化习惯,强调读者的接受效果,力求译文能被译语读者接受并确保通顺易懂。

归化的一般做法是抓住原文语用意义,从目的语中选取与原文语用意义相同的表达来翻译。也就是说,归化法是将原文独具特征的东西采取"入乡随俗"的方法融化到目的语中的转换方法。① 归化是语言形式上或者语言形式所负载的文化内涵倾向于目的语的翻译策略。总的说来,就是反对引入新的表达法,使语言本土化。例如:

The cold, colorless men get on in this society, capturing one plum after another.

那些冷冰冰的、缺乏个性的人在社会上青云直上,摘取一个又一个的桃子。

原文中的 plum 指的是"李子",在西方文化中,"李子"代表着"福气"、"运气",然而在汉语文化中,"李子"却没有这一寓意。为了便于读者接受,译者将其换成汉语中同样具有表示"福气"、"运气"的"桃子",这样的译文会令汉语读者体会到原文所要表达的真实含义。

从上述例子中可发现,归化法从目的语出发,更为读者考虑。其长处就是能使译文表达更为通顺、地道,能给读者带来一种亲切感。

归化法具有一定的优点,即它不留翻译痕迹。由于英汉语言在社会环境、风俗习惯等方面存在一定的差异,导致文化也有很大的不同。由于同一种事物在不同的文化中有着不同的形象意义,因此翻译时需要将这些形象转换为译语读者所熟悉的形象进行翻译。尽管归化中的形象各异,但是却有着相似或对应的喻意,这样的译文也能保持所描述事物固有的鲜明性,达到语义对等的效果。例如,as poor as a church mouse 译为"穷得如叫化子"而不是"穷得像教堂里的耗子";to seek a hare in hen's nest 归化翻译成"缘木求鱼",而不是"到鸡窝里寻兔"。再如,汉语中用来比喻情侣的"鸳鸯",不

---

① 宿荣江. 文化与翻译[M]. 北京:中国社会出版社,2009:56.

能将其译为 Mandarin Duck,这是因为这样的译文不能令英语读者联想到情侣间的相亲相爱,而将其译为英语中已有的词汇 lovebird,则会令目的语读者很容易理解。再如:

领如蝤蛴,齿如瓠犀。

Her swan-like neck is long and slim. Her teeth like pearls do gleam.

原文出自《诗经》"卫风·硕人",是对美人的描写,"蝤蛴"指的是一种名为长白虫的虫子,这种虫子生长在木中,比喻脖颈白而长。"瓠犀"是葫芦籽,一般用来形容牙齿的清白整齐。译文中,译者则没有利用原文的文化形象,直接用 swan,pearls 等英语读者习惯的形象作喻,清晰、明了地传达了原文的真实含义。

然而,归化译法也存在着一定的缺陷,即它滤掉了原文的语言形式,只留下了原文的意思。这样一来我们有可能失去很多有文化价值的东西。如果每次遇到文化因素的翻译,译者都仅仅使用自己熟悉并习惯的表达方式,那么将会给译文读者带来一定的阅读障碍,导致译文读者无法了解源语文化中那些新鲜的、不同于自己文化的东西。长此以往,则不利于跨文化间的交流与沟通。

以霍克斯对《红楼梦》的翻译为例,从他的译文中可以感受到好像故事发生在英语国家一样,具有很强的可读性,在一定程度上促进了《红楼梦》在英语世界的传播,但它也改变了《红楼梦》里丰富的中国传统文化内涵。例如,将带有佛教色彩的"天"译为西方读者更容易接受的 God(神);把"阿弥陀佛"译成"God bless my soul!"这就很容易使英语读者误认为中国古人也信奉上帝,从而阻碍了中西方在文化上的交流。再如:

It's as significant as a game of cricket.

这事如同板球比赛一样。

由于中国读者对板球这项运动不是很熟悉,很难了解板球的文化内涵,因此译者在翻译时,最好能够突出原文要表达的重要内容,从而译为"这件事很重要",尽管这种译法简单易懂,但是却造成了文化内涵的损失,令中国读者无法体会到其中的文化意蕴,更无法了解板球赛在西方文化中的重要性。

综上所述,在使用归纳法进行翻译时,需要充分地考虑目标读者、原文的性质、文化色彩等方面的因素。

二、异化策略

(一)异化的概念

异化是以源语文化为归宿的一种翻译理论,在英语中可称作 alienation

或 foreignization。异化理论的主要代表是美籍意大利学者韦努蒂(Lawrence Venuti),他是结构主义思想的主要倡导者。他在作品《翻译的策略》(*Strategy of Translation*)中将异化翻译定义为"偏离本土主流价值观,保留原文语言和文化差异"。

Dictionary of Translation Studies(《翻译研究字典》)将异化定义为:在一定程度上保留原文的异域性、故意打破目标语言常规的翻译。[①]

由此可见,异化法要求译者向作者靠拢,译文的表达方式相应于作者使用的原语表达方式来传达原文的内容。

对于赞成异化理论的译者而言,翻译的目的是推崇文化交流,是让目的语读者理解和接受源语文化。所以译者不需要为使目的语读者看懂译文而改变原文的文化意象。相反,译者应将源语的文化"植入"到目的语的文化中,以使译文读者直接理解并接受源语的文化。《红楼梦》的翻译中,杨宪益就采用了异化法,保留了源语的文化因素。例如:

真是天有不测风云,人有旦夕祸福。

Truly, storms gather without warning in nature, and bad luck befalls men overnight.

译文中,杨宪益在英译"风云"和"祸福"时,对文化意象采用了异化法的处理方法,即将富含中国文化意象的词汇 storm 和 luck 转换到了英语中。因为 storm 和 luck 在汉语中就是"风云"和"祸福"的意思,然而这两个词汇在英语中却失去了对等的含义。这样的处理保留了源语的文化特色,便于读者更好地感受到源语文化信息。

(二)异化法

异化法一般出现在存在文化差异的语境中,其特点就是鲁迅提出的"保留异国情调,就是所谓洋气"。在翻译中,译者传递给读者的源语文化信息越多,其译文越忠实于原文。异化法多用于下列语境(彭仁忠,2008)。[②]

1. 用于不同的历史文化背景中

译者在传译具有丰富历史文化色彩的信息时,要尽量保留原文的相关背景知识和民族特色。例如:

"It is true that the enemy won the battle, but theirs is a Pyrrhie victory," said the General.

---

① 宿荣江. 文化与翻译[M]. 北京:中国社会出版社,2009:57.
② 魏海波. 实用英语翻译[M]. 武汉:武汉理工大学出版社,2009:20.

将军说:"敌人确实赢得了战斗,但他们的胜利只是皮洛士的胜利,得不偿失"。

译文中采用了异化法,保存了原文的民族特色和文化背景知识,有效传递了原文信息,有利于文化交流。

2. 用于不同的宗教文化中

由于不同民族都有着各自的宗教信仰,宗教在各民族长时间的历史沉淀下保留了许多固定的关于宗教的词汇、句式,因此翻译时要尽可能反映出来。采用异化法是较好的选择。例如:

谋事在人,成事在天。

Man proposes, Heaven disposes.

上述译文更能传达文化差异,更忠实于原文。

3. 用于不同的心理与思维方式中

中西方人的心理与思维方式因社会的影响、文化的熏陶导致其存在一定的差异。对于这类翻译,译者应优先选择异化法。例如:

胆小如鼠 as timid as a mouse

脚踩两只船 straddle two boats

译文中,采用异化法进行翻译,保留了源语文化形象,有效地传达出了原文的信息,利于西方读者加深对中国文化的了解和理解,也有利于促进跨文化间的交流与沟通。

又如 crocodile tears 一词,用异化译法可以译成"鳄鱼的眼泪",汉语保留了原文"鳄鱼"和"眼泪"的意象。

将 crocodile tears 译成"鳄鱼的眼泪",在汉语里原本没有这种表达法,因为它不是中国文化里的一个意象,所以这个译法完全可能不被中国读者所接受而成为死译的例子。但是实践证明,中国人最终接受了这个译法,"鳄鱼的眼泪"也就成了佳译。再如:

blue print 蓝图

honeymoon 蜜月

hot dog 热狗

soap opera 肥皂剧

ivory tower 象牙塔

half the sky 半边天

golden age 黄金时代

a corner of an iceberg 冰山一角

a stick-and-carrot policy 大棒加胡萝卜政策

扣头 kow tow

纸老虎 paper tiger

保全面子 keep face

综上可发现,异化法的翻译具有以下几个优点。

(1)可以提高源语表达在译入语中的固定性和统一性,利于保持译语表达与源语表达在不同语境中的一致对应。

(2)异化法的翻译可以实现译语表达的简洁性、独立性,保持源语的比喻形象。

(3)异化法的翻译还有助于提高表达语境适应性,提高译文的衔接程度,同时也有利于不同语言之间的词语趋同。

三、归异互补策略

(一)归异互补策略的概念

作为翻译的两大主要翻译策略,归化法和异化法二者之间是对立统一的,都有其各自的适用范围,然而在很多语境中,仅仅使用归化或者异化是无法传达出原文的真实内容的,这就需要采取归异互补策略。

归异互补策略的概念得到郭建中博士的支持,他曾指出,"翻译中的归化和异化不仅是不矛盾的,而且是相互补充的,文化移植需要多种方法和模式。"翻译过程中采取"归异互补"的策略,有利于中国文化的繁荣与传播。

(二)归异互补策略的方法

在具体分析归异互补策略之前,首先分析归化法和异化法两个方面的极端。

1. 过分地归化

过分地归化,是指不顾源语的民族文化特征,不顾原文的语言形式,一味地追求译文的通顺和优美,甚至在译文中使用一些具有独特的译语文体色彩的表达手段,这就有可能会导致"文化误导"。例如:

Doe…a deer. a female deer. Ray…a drop of golden sun. Me…a name I call myself. Far…a long long way to run. Sew…a needle pulling thread. La…a note to follow sew. Tea…a drink with jam and bread. That will bring us back to doe.

朵,美丽的祖国花朵。来呀,大家都快来!密,你们来猜秘密。发,猜中我把奖发。索,大家用心思索。拉,快点猜莫拖拉。体,怎样练好身体,做苗壮成长的花朵。

上例是影片 *Sound of Music* 中的一首歌词。译文虽然也表现出一种轻松、活泼、诙谐的情调,但其内容与原文却风牛马不相及。这种归化把原文"化"得面目全非,失去了翻译应有的意义(兰萍,2010)。

2. 过分地异化

过分地异化,是指不顾译语的语言习惯,不顾读者的需要,一味追求跟原文的形式对应,往往造成了译文的晦涩难懂,影响译文的可读性。例如:

What a comfort you are to your blessed mother, ain't you, my dear boy, over one of my shoulders, and I don't say which!

(Charles Dickens: *David Copperfield*)

你那位有福气的妈妈,养了你这样一个好儿子,是多大的开心丸儿。不过,你可要听明白了,我这个话里可有偏袒的意思,至于是往左偏还是往右偏,你自己琢磨去吧!

(张谷若 译)

你是你那幸福的母亲多么大的安慰,是不是,我亲爱的孩子,越过我的肩头之一,我且不说是哪一个肩头了!

(董秋斯 译)

上例中,董秋斯刻意追求对原文的异化,虽然保持了和原文的对应,但汉语读者读来却是不知所云。而张谷若采用归化的策略,清楚地译出了原文内在的含义,为汉语读者扫清了语言理解方面的障碍。

3. 归异互补法

结合以上的论述可得知,好的翻译即是在异化和归化之间找到一个合理的折中点。这需要译者仔细研究原文,弄清原文的意蕴,遵循在对翻译目的、作者意图、文本类型和读者对象等因素分析的基础上审慎地做出选择,准确把握好"化"的分寸。例如:

I gave my youth to the sea and I came home and gave her(my wife) my old age.

我把青春献给了海洋,等我回到家中见到妻子的时候,已经是白发苍苍。

译文综合运用了归化法和异化法,其中,将 I gave my youth to the sea 译为"我把青春献给了海洋",采用了归化法;而 I came home and gave her (my wife) my old age 译为"等我回到家中见到妻子的时候,已经是白发苍苍",采用了异化法。如果仅仅采用归化或者异化其中一种方法,则无法清楚地传达原文的真实含义。

·（三）归化与异化的关系处理问题

在处理归化法与异化法的关系时,孙致礼(2003)曾指出,应将异化法作为首选的翻译方法,归化法作为辅助方法。也就是说,"可能时尽量异化,必要时尽管归化"。具体包括以下几个方面的内容。[①]

(1)一般情况下,尽量采用异化法。要让译文达到"形神兼备"的效果,通常需要异化法来完成,因此在翻译过程中,如果异化法能够令译文晓畅达意,则应坚持使用异化法。

(2)如果单独使用异化法不能令译文完全达意,或者译文不能完全通畅,那么需要综合采用归化法和异化法。

(3)如果异化法完全行不通,译者也不必勉强,而应采取归化译法,舍其表层形式,传达其深层含义。

总之,译者在处理异化法与归化法的关系时,还必须掌握适度原则,也就是说,异化时不妨碍译文的通顺易懂,归化时不改变原作的"风味",力求做到"文化传真",避免"文化失真"。从这个意义上说,归化法主要表现在"纯语言层面"上,而异化法主要表现在"文化层面"上。

四、文化调停策略

（一）文化调停策略的概念

所谓文化调停,就是省去部分或全部文化因素不译,直接翻译原文的深层含义。现在以鲁迅先生的《祝福》的英译为例。

回头人出嫁,哭喊的也有,说要寻死觅活的也有,抬到男家闹得拜不成天地的也有,连花烛都砸了的也有。

（鲁迅《祝福》）

Some widows sob and shout when they are forced to remarry; some threaten to kill themselves; refuse to go through with the wedding ceremony after they've been carried to the man's house; some smash the wedding candlesticks.

---

① 魏海波. 实用英语翻译[M]. 武汉:武汉理工大学出版社,2009:24.

"拜天地"是中国婚俗文化中的特有现象,"天"和"地"两个意象具有特定的含义,中国读者都知道这里的"拜天地"指的是婚礼。如果坚持用异化法将"拜不成天地"译成 refuse to bow to heaven and earth,则会令英语读者摸不着头脑。通过文化调停法将其译为 refuse to go through with the wedding ceremony,化去了意象,将其内在的文化意义直接翻译出来就明确了。

(二)文化调停法

当归化和异化均无法解决翻译中的文化差异问题时,译者可采用文化调停的方法。这种方法具有使译文通俗易懂、可读性强的优点,但是也有一定的缺点,即不能保留文化意象,不利于文化的沟通和交流。例如:

刘备章武三年病死于白帝城永安宫,五月运回成都,八月葬于惠陵。

Liu Bei died of illness in 233 at present-day Fenjie County, Sichuan Province, and was buried in Chengdu in the same year.

上例原文句子很短,然而文化因素丰富,有很多古年代、古地名。对这些词的翻译不可采用归化法,因为在英语中很难找到与之相应的替代词。若采用异化法全用拼音直接译出或加注译出,不仅译文繁琐,而且英语读者也会茫然不知其解。不如省去部分文化因素,增强其可读性。

当他六岁时,他爹就教他识字。识字课本既不是《五经》、《四书》,也不是常识国语,而是从天干、地支、五行、八卦、六十四卦名等学起,进一步便学些《百中经》、《玉匣记》、《增删卜易》、《麻衣神相》、《奇门遁甲》、《阴阳宅》等书。

(赵树理《小二黑结婚》)

When he was six, his father started teaching him some characters from books on the art of fortune-telling, rather than the Chinese classics.

上例原文中含有十几个带有丰富的汉语文化的词汇,如《五经》、《四书》、天干、地支、五行、八卦、六十四卦名、《百中经》、《玉匣记》、《增删卜易》、《麻衣神相》、《奇门遁甲》、《阴阳宅》,要把这些内容全部译成英文非常困难,同时也没有必要,因为即使翻译成英文,英文读者也很难理解,故可采用文化调停的方法,省去不译(兰萍,2010)。

此外,在归化、异化、归异互补、文化调停四种翻译策略中,归化和异化是主要的,也是对立统一的。归化是为了照顾译语文化,取悦译文读者;而异化却是以源语文化和原文作者为归宿。在具体的翻译实践中,要讲究分寸和尺度,适当地采用归异互补策略,不可走极端。当归化和异化都无法解决文化问题时,则需采用文化调停策略。[①]

---

① 兰萍. 英汉文化互译教程[M]. 北京:中国人民大学出版社,2010:72.

例如,在日常生活中为了产生好的交流效果的材料(广告、通知、公告、对外宣传资料、新闻报道等)宜使用译语的地道表达,采用归化手法。不能使用归化手法的时候就采用文化调停,目的是让译文清晰易懂,符合译文读者的阅读习惯。而对于那些介绍异国文化的政治论文、哲学著作、历史、民俗及科技论著,宜采用异化的策略,因为其目的是为了填补译语文化中的知识空缺,强调源语和译语文化的相异之处。异化的策略可以令译文读者更多地了解原文以及异国文化。

需要重点说明的是,即使是在同一篇文章中,翻译的策略也不是单一的,不能从头到尾机械地用同一种方法。在面对翻译中的文化问题时,好的译者应该具有敏锐的跨文化意识,不管采用什么方法来翻译,都应该做一个尽心尽力的文化使者。

第三章 英汉语言的文化对比与翻译

众所周知,语言与文化息息相关,由于中西地域环境、历史文化、风土民情、思维方式、价值观念、宗教信仰等方面的差异,使得中西语言也呈现出巨大的差异。本章就针对英汉语言所渗透的文化进行对比分析,并在此基础上研究英汉语言文化的翻译。

第一节 英汉词汇文化对比与翻译

词汇是语言的基本构成单位,它是构词组段成篇的基础,所以中西语言的差异性在词汇上表现得最为突出。本节就对中西词汇文化差异及其翻译进行分析。

一、英汉词汇文化对比

英汉语言词汇差异在很多方面都有体现,这里就重点针对英汉构词法和词义两个方面的文化差异进行解析。

（一）英汉构词法对比

语言随着社会的发展而不断发展和变化,在这期间总会出现一些符合社会发展需要的新词,同时也会有些不合时宜的旧词淡出人们的视野。但是新词的创造并不是随机进行的,而是有一定的规律可循。实际上,语言的这种"弃旧创新"不断发展的过程体现的就是一种规律——构词法。虽然英汉构词法有着某些相似之处,但更多表现出的是一些差异。

1. 派生法对比

由词缀(前缀、后缀)和词根相结合来构成单词的方法就是派生法。英语属于粘附性语言,词缀数量很多。英语中的词缀主要分为前缀和后缀。在汉语中也有前缀与后缀的概念。以下就从这两个方面来对英汉派生法展开对比分析。

（1）前缀构词对比

在英语中，前缀在构词时对词性的影响很小，主要改变词汇的含义。按照对意义的影响，英语前缀可分为以下几类（Quirk et al.，1985）。

①否定前缀：a-，dis-，in-（变体 il-，ir-，im-），un-，non-。

②反向前缀：de-，dis-，un-。

③表贬义前缀：mal-，mis-，pseudo-。

④表程度前缀：arch-，co-，extra-，hyper-，macro-，micro-，mini-，out-，over-，sub-，super-，sur-，ultra-，under-。

⑤表方向态度前缀：anti-，contra-，counter-，pro-。

⑥表方位前缀：extra-，fore-，inter-，intra-，super-，tele-，trans-。

⑦表时间前缀：ex-，fore-，post-，pre-，re-。

⑧表数前缀：bi-，di-，multi-，semi-，demi-，hemi-，tri-，uni-，mono-。

⑨其他前缀：auto-，neo-，pan-，proto-，vice-。

虽然，前缀在构词时对词性的影响较小，但并不是所有的英语前缀都不改变词性，如 a-，be-，en-在构词时就会对词性有所改变。而且，随着时间的推移，改变词性的前缀也在不断增加，如 de-，un-，anti-，post-，pre-等。

派生法这一构词法也存在于汉语中，所以汉语中也有词缀的概念。汉语中的前缀主要可以分为以下几种。①

严格前缀：阿、老、第、初。

新兴前缀：不、单、多、泛、准、伪、无、亲、反。

结合面宽的前缀：禁、可、好、难、自。

套语前缀：家、舍、先、亡、敝、贱、拙、贵、尊、令。

在汉语中，前缀的意义较为虚无，其主要作用是改变词性，表示语法意义，其功能与英语中的后缀类似，这也是英汉两种语言中前缀的最大区别。但是前缀意义虚无也有程度的不同，汉语中有些前缀确实毫无意义，仅仅是为了构词，如老—老婆、老虎；阿—阿公、阿婆等。但绝大多数的前缀是有意义的，如表数的前缀（初、第、单、多）、表否定的前缀（非、无、不）等。

经对比可以发现，在汉语中很难找到与英语词缀相对应的形式，英语中的词缀在汉语中只能用实词素表示。同样，在英语中也很难找到与汉语词汇相对应的形式，汉语中的词汇在英语中只能通过单词来表示，如老婆（wife）、老虎（tiger）、阿婆（granny）、阿姨（aunties）等。此外，汉语中同一个词缀可以用多个英语词缀表示，如超现实主义（surrealism）、超自然（super-

---

① 张维友. 英汉语词汇对比研究[M]. 上海：上海外语教育出版社，2010：61—62.

natural)、超支(over-spend)等。更甚者,汉语中的某些前缀在英语中不得不用后缀表示,如可爱(lovable)、可怕(terrible,fearful)、可恶(hateful)等。而英语中的某些前缀也有用汉语后置语素表示的,如 pre-war(战前),pre-historic(史前)等,但是这种情况在汉语中相对应的并不是后缀,而是词。

(2)后缀构词对比

英语后缀和汉语后缀都是附加在实素词后构成单词,所以从这一点来讲二者是相同的。与前缀不同,英语后缀主要是改变词干的词性,而在意义上只是对原义进行修饰。根据这一特征,英语后缀可分为以下四类(Quirk et al. ,1985)。

①名词后缀,主要用于构成名词。具体包含以下几种。

加在名词后表示"人"或"物":-eer,-er,-ess,-ette,-let,-ster。

加在动词后表示"人"或"物":-ant,-ee,-ent,-er。

加在名词后表示"人,民族"或"语言、信仰":-ese,-an,-ist,-ite。

加在名词后表示"性质、状态":-age,-dom,-ery(-ry),-ful,-hood,-ing,-ism,-shlp。

加在动词后表示"性质、状态":-age,-al,-ance,-ation,-ence,-ing,-ment。

加在形容词后表示"性质、状态":-ity,-ness。

②形容词后缀,主要用于构成形容词。具体包含以下几种。

加在名词后:-ed,-ful,-ish,-less,-like,-ly,-y,-al(-ial,-ical),-es,-que,-ic,-ous(-eous,-ious,-uous)。

加在动词后:-able(-ible),-ative(-ive,-sive)。

③副词后缀,主要用于构成副词。具体包含以下几种。

加在形容词后:-ly。

加在名词或形容词后:-ward(-wards)。

加在名词后:-wise。

④动词后缀,一般加在名词和形容词后构成动词。具体包括-ate,-en,-ify, -ize(-ise)等。

在汉语中,后缀要比前缀多许多,其主要功能也是改变词性,这一点与英语是相同的。不同的是,英语中的后缀构成"名、形、动、状"四类,汉语中的后缀在构成新的词汇时,词性上一般名词居多,其后缀的作用不像英语中那么广泛。所以,汉语后缀常根据其意义进行分类,具体可分为以下几类。

①表人的后缀,包含以下三种。

表示职业和职务:员、生、匠、工、家、师、士、夫、长等。

表示亲属关系:爷、父、子、亲、夫、人等。

表示其他的人:郎、属、鬼、棍、头、者、士、生、汉、丁、迷、徒、贩、人、子、员、犯、分子等。

②表数量单位的后缀:亩、斤、两、口、群、匹、辆、支、项、件、张、间、座、朵、粒、本、幅、卷、册等。

③表示"过程、方法、学说、性质、状态、程度、信仰"等抽象概念的后缀:派、法、化、主义、学、论、性、度等。

④表物品的后缀:仪、品、器、机等。

⑤表处所的后缀:站、场、处、室、厂、馆、院等。

⑥构词性后缀。这些后缀没有实际意义,只用于构词。主要包含以下几种。

一儿:影儿、盖儿、信儿、馅儿、头儿、画儿等。

一子:鼻子、孩子、鞋子、裤子、脑子等。

一头:馒头、奔头、石头、骨头、盼头、苦头等。

一然:猝然、断然、安然、溘然、勃然、公然等。

经比较可以看出,在数量上汉语后缀要少于英语,而且形式没有英语固定,功能也没有英语明显。此外,汉语后缀构成词基本上都是名词,其他词类很少,而且,英汉语后缀相互对应的情况也不多。汉语中的某些后缀在英语中就找不到相对应的后缀,如"子、儿、头、巴"。例如,杯子(cup,glass)、鼻子(nose)、头儿(head)、画儿(picture,painting)、石头(stone)、馒头(steamed bread)、尾巴(tail)、下巴(chin)等。此外,在汉语中,表示"人"的后缀居多,要远远多于英语。在列举的表"人"的后缀中,英语只有13个,而汉语多达32个。另外,在英语中,一个词干可多次附加词缀,仍然能构成词,如internationalization(inter+nation+-al+iz+-ation,国际化),但该词前面加上de-,non-等依然可以构成词,如de-internationalization(国际化解体),non-internationalization(非国际化)。但汉语中如果加缀超过两次,构成的就很难说是词了。

2. 复合法对比

复合法是指将两个或两个以上的词或字按照一定次序排列构成新词的方法。英汉语言中多使用这种方法来构成新词。在英语中,复合法的地位仅次于缀合法和派生法,但在汉语中,复合法却独占鳌头。有很多人都甚至认为,汉语中的双音节或多音节词都是复合生成的。

就分类来讲,英语复合词主要分为以下几种类型。

(1)复合名词,主要包含以下几种结构形式。

名词+名词:greenhouse, workbook, workplace, workshop, newspaper, gate-keeper, gateman, daytime, lunchtime, lifeboat, lifetime,

northwest, railway, southeast, southwest, cupboard, keyboard, door-
bell, fireplace, farmland, hometown, salesgirl 等。

形容词＋名词:goodbye, blackboard, greenhouse 等。

动名词＋名词:washing-room, dinning-hall 等。

动词＋名词:chopsticks, checkout 等。

(2)复合形容词,主要包含以下几种构成形式。

形容词＋名词＋(e)d:kind-hearted, glass-topped 等。

形容词＋现在分词:good-looking, handwriting 等。

副词＋现在分词:hard-working 等。

名词＋现在分词:English-speaking, Chinese-speaking 等。

名词＋过去分词:man-made, self-made 等。

副词＋过去分词:well-known 等。

形容词＋名词:Mideast, round-trip 等。

英语复合词中的复合形容词和复合名词占的比重较大,因此上述仅对
这两种类型进行重点介绍。

在汉语中也有很多复合词,具体包含以下几种。

(1)联合:联合结构的复合词中两个词素是平行关系,其结构形式比
较多。

n.＋n.:笔墨、模范、鱼肉等。

a.＋a.:大小、多少、贵贱、远近、松弛、破败、危险、焦躁等。

v.＋v.:得失、出入、导演、哭泣、连续、依靠、赊欠等。

(2)主谓:主谓关系的复合词中的两个词素,一个是主语,即动作的施动
者,另一个是动词,因此主谓关系的复合词都是 n.＋v. 结构。例如,月圆、
头疼、海啸、口误、事变等。

(3)动宾:汉语中动宾关系的复合词较多,动宾复合词中一个是动词,即
动作的施动者,一个是宾语,即动作的接受者,因此其结构都为 v.＋n. 的形
式。例如,骂人、打球、喝茶、唱歌、吃力、贴心、抱歉、结局等。

(4)偏正:偏正复合词中的一个词素去修饰另一个词素,被修饰的名词
在后,前面的修饰后面的。汉语中的偏正结构的复合词最多,其结构多样且
较为复杂。

v.＋n.:奖状、敬意等。

n.＋n.:汽车、油画、蜡笔、金鱼等。

a.＋n.:高原、高档、温泉、红娘、赤字等。

a.＋v.:内战、古玩、深爱、冷战、努力工作等。

v.＋v.:通知、顾问等。

$a.+a.$ ：平方、净重、钞票等。

从上述内容可以看出,英语和汉语在构词方面有很多的相似之处,但同时也都有各自的独特之处。例如,有些构成方式是英语所特有的,有的构成方式则是汉语所特有的。

3. 缩略法对比

由缩略法构成的词为缩略词,也就是截短原词或原词的某成分形成一个新的词,用以取代原词。英语中缩略词的种类有很多,具体包含首字母缩略词、混合缩略词、节略式缩略词和数字式缩略词。

(1)首字母缩略词。首字母缩略词就是将每一个单词的首字母提取出来组合成为一个新的词,首字母缩略词多采用大写字母的形式。例如:

AP←Associated Press 美联社

CAD←Computer assisted design 计算机辅助设计

EEC←European Economic Community 欧洲经济共同体

OPEC←Organization of Petroleum Exporting Countries 石油输出国组织

TV←Television 电视

UN←United Nations 联合国

(2)混成式缩略词。混成式缩略词一般是将两个或两个以上的单词用某种方法组合在一起构成新词。其具体包含以下四种结构方式。

①A 头+B 头。例如:

hi-fi←high+fidelity 高保真

sitcom←situation+comedy 情景喜剧

②A 头+B 尾。例如:

bit←binary+digit 二进制数

chocoholic←chocolate+alcoholic 巧克力迷

③A 头+B。例如:

autocamp←automobile+camp 汽车野营

telequiz←telephone+quiz 电话测试

④A+B 尾。例如:

newscast←news+broardcast 电视广播

tourmobile←tour+automobile 游览车

(3)节略式缩略词。节略式缩略词主要是将一个词的完整拼写去掉一部分来形成其缩略形式。其主要包含以下三种形式。

①去头取尾。例如:

phone←telephone 电话

quake←earthquake 地震

②去尾取头。例如：

exec←executive 执行官

Wed←Wednesday 星期三

zoo←zoological garden 动物园

③去头尾取中间。例如：

scrip←prescription 处方

tec←detective 侦探

（4）数字式缩略词。数字式缩略词一般是根据词的结构或者读音上的相同点与数字结合而形成。其具体包含以下两种形式。

①提取出词中的相关字母，并在其前面加上相应的数字构成。例如：

the three C's←copper,corn,cotton 三大物产（铜、玉米、棉花）

the three R's←reading,writing,artithmetic 三大基本功（读、写、算）

②代表性的词前面加数字。例如：

four elements←earth,wind,water,fire 四大要素（土、风、水、火）

seven deadly sins←anger,avarice,envy,gluttony,lust,pride,slot 七宗罪（怒、贪、妒、馋、欲、骄、懒）

在汉语中，缩略词的类型主要有以下几种。

（1）截取式缩略词。截取式缩略词就是截取名称中一个有代表性的词代替原名称，具体包含两种方式。

①截取首词。例如：

复旦←复旦大学

宁夏←宁夏回族自治区

②截取尾词。例如：

长城←万里长城

收音机←半导体收音机

（2）选取式缩略词。选取式缩略词就是选取全称中比较具有代表性的词素来构成新词。依据选取词素的位置，可分为以下几种。

①取每个词的首字。例如：

高教←高等教育

科研←科学研究

②取一个词的首字和另一个词的尾字。例如：

外长←外交部长

战犯←战争罪犯

③取每个词的首字和全称的尾字。例如：

少先队←少年先锋队

安理会←安全理事会

④取全称中具有代表性的两个字。例如：

北影←北京电影制片厂

政协←中国人民政治协商会议

⑤取全称中的每个词的首字。例如：

上下←上头、下头

东西←东方、西方

（3）提取公因式缩略词。提取公因式缩略词指的是将全称中的相同的部分提取出来，用剩下的部分来构成新词。例如：

优缺点←优点、缺点

中小学←中学、小学

进出口←进口、出口

（4）数字概括式。汉语中的数字概括式与英语中的基本相同，具体包含以下几种形式。

①提取相同部分，用数字来概括相同部位。例如：

三好←学习好、工作好、身体好

四化←工业现代化、农业现代化、国防现代化、科学技术现代化

②根据词的特点总结出一个可以代表这些特点的抽象概括词，然后在其后面加上数字。例如：

三皇←伏羲、燧人、神农

五谷←稻、黍、稷、麦、豆

六亲←父、母、兄、弟、妻、子

就构成形式而言，英汉缩略词有着很大的相似之处，但就数量而言，英语缩略的数量要远多于汉语缩略词的数量。此外，在形式上，英语缩略都是词，而汉语缩略词有的是词，但有的仍然是"语"。

（二）英汉词义对比

在词义方面，英汉词汇也表现出显著的差异。这些差异具体表现在词义特征、语义范围、内涵意义几个方面。

1. 词义特征对比

英语词义最显著的特征就是意义灵活、丰富多变，这也就使得英语词义在很大程度上要依赖于上下文。例如，grandmother 一词在英语中有"祖

母"与"外祖母"两种含义。再如,uncle 一词在英语中既可以指"伯父"、"叔父",也可以指"姑父"、"姨夫"、"舅父"、"表叔"。

此外,英语还有着一词多义的特点。每一种语言中都存在一词多义的现象,但这种现象在英语中表现得尤为突出。例如,story 在汉语中的含义是"故事",但在英语中其词义却是丰富多样的,在不同的语境中有着不同的含义。例如:

Oh,what a story!

哦,好个谎话。

I don't buy your story.

我不信你的话。

To make a long story short.

长话短说。

He stories about his academic career and his professional career.

他编造了他的学历和经历。

The story about him became smaller and faded from the public eye by and by.

报导对他的渲染已减少了,不久他就不再受公众注意了。

而汉语词义的主要特征主要表现为形象鲜明、表意准确、言简意赅、辨析精细。尽管汉语以单字为本,但其搭配能力非常强,组词方式也是相当灵活的,具有很强的语义繁衍能力,因此可以生成丰富的词义。例如,"生"就有着极强的搭配能力,能延伸出丰富的词义:可以表示与人的一辈子有关的概念,如生育、生长、生命、生平、生活;可以表示"不到位"或"不熟",如生字、生硬、生肉;也可以表示"学习者",如学生、招生;甚至还可以作副词表示程度,或作副词后缀,如生怕、好生等。其延伸意义也十分丰富,如生还、生计、生病、实习生、放生、后生可畏、急中生智等。

2. 语义范围对比

英汉词汇在语义范围上有着明显的差异。具体来讲,在英语和汉语中都有的概念,其语义范围也有所不同。例如,汉语中的"打"字,有打人、打电话、打字、打基础、打工、打主意、打草惊蛇等,这些词语中的"打"无法用英语对应词 hit 或 beat 来表达,在英语中也很难找到与之语义范围相同的词。也就说,英语中 hit 和 beat 的语义范围远不及汉语中"打"字的语义范围广泛。

但并不是所有的英语词汇语义范围都小于汉语的语义范围。英语中 kill 一词的词义就要比汉语中的"杀"的词义范围广的多。例如:

The September 11 Incident was a terrorist act that killed over a thousand people in a twinkle.

"9·11"事件是一次恐怖主义行径,转眼间夺去了一千多人的性命。

It is reported that the robber armed with a pistol kills in cold blood.

据报道,那个持枪抢劫犯杀人不眨眼。

He is dressed to kill.

他穿得很时髦,十分吸引人。

I'm reading this book just to kill time.

我读这本书只是为了消磨时间。

She kills her child with kindness.

她宠坏了小孩。

He took a snack to kill his hunger.

他吃零食充饥。

3. 内涵意义对比

在英汉语言中,很多词汇除了其基本意义外,还有丰富的内涵意义,即它们在人头脑中产生的某种联想。内涵意义不能单独存在,它必须附在其指称意义即概念意义之上。英汉语言中有很多这样的词语,并且在内涵意义上表现出一定的差异。例如,中国人看到"荷花"一词就会联想到"出污泥而不染",但英语中的 lotus flower 则没有这种意义。同样,英语中有很多词有着汉语所没有的文化内涵。例如,individualism(个人主义)在英语中指的是一种社会学说,主张个人的价值和重要性在社会之上。但在中国文化中,"个人主义"是一个贬义词语,指的是人际交往中以自我为中心的一种行为倾向和自私的一种心理取向。其实,英汉词汇内涵意义的差异是英汉民族对人或事物的不同态度或价值观在语言上的反映。

二、英汉词汇的翻译

从上述内容可以了解到,英汉词汇都有着各自的独特特点,而且在很多方面也存在着显著的差异性,因此翻译英汉词汇并非易事,必须掌握一定的词汇翻译方法和技巧。以下就对英汉词汇翻译的常用技巧进行详细说明。

(一)寻找对等词

寻找对等词是指在目的语中寻找与源语含义相同或相似的词语。由于英语具有一词多义的特点,所以在翻译过程中寻找对等词时一定要弄清楚源语语境。例如：

As lucky would have it,no one was hurt in the accident.

幸运的是,在事故中没有人受伤。

As lucky would have it,we were caught in the rain.

真倒霉,我们挨雨淋了。

（二）词性转换

所谓词性转换,就是将源语中的一种词性的词语用目的语中另一种词性的词语进行翻译。例如：

The operation of a computer needs some knowledge of its performance.

操作计算机需要懂它的一些性能。（名词转换成动词）

… and that government of the people,by the people,for the people…

民有、民治、民享的政府。（介词转换成动词）

Official India objects the proposal put forward by the United States.

印度政府反对美国提出的此项建议。（形容词转换为名词）

All the students say that the professor is very informative.

所有的学生都说那位教授使他们掌握了许多知识。（形容词转换为名词）

Snow was treated very shabbily by the U. S. press and officialdom during this period,victimized for his views.

在这期间,斯诺受到了美国新闻界和政界极不公正的对待,由于他的观点,他受到了迫害。（副词转换为形容词）

（三）拆译

当原文中的词语较难翻译,并且在译入语中又很难恰当地译出时,就可以将这些比较难翻译的词从句子中"拆"出,使其成为主句之外的一个补充成分,或重新组合到译入语中。例如：

There is also distressing possibility that Alunni isn't quite the catch the police thought.

还存在这样一种可能性,被抓住的阿路尼不见得就是警察所预想的那个人,这种可能性是让人泄气的。

Every British motorist will tell you that a radar is used most unfairly by the police to catch drivers who are only accidentally going a little faster than the speed limit.

每一位驾车的英国人都知道,警察用雷达来抓那些只是偶尔稍微超速行驶的人,这种做法是很不公平的。

(四)增译

增译就是根据意义、修辞和句法上的需要,在原文的基础上增添一些词语,以使译文符合译入语的行文习惯,并在内容、形式和文化背景与联想意义上与原文相对等。例如:

Day after day he came to his work—sweeping, scrubbing and cleaning.

他每天来干活——扫地,擦地板,收拾房间。

Reading makes a full man;conference a ready man;writing an exact man.

读书使人充实,讨论使人机智,写作使人准确。

The sky is clear blue now the sun has flung diamonds down on meadow and bank and wood.

此时已是万里蓝天,太阳把颗颗光彩夺目的钻石洒向草原,洒向河岸,洒向树林。

Basically, the theory proposed, among other things, that the maximum speed possible in the universe is that of light.

就其基本内容而言,这一学说提出的论点,除了别的之外,就是光速是宇宙中最快的速度。

(五)省译

省译就是省略原文中需要而译文中不需要或译出反而显得累赘的词,以使译文更加简练、明确,符合译入语的表达习惯。需要注意的是,省略并不能省略原文的思想或内容。例如:

The sun was slowly rising above the sea.
太阳慢慢从海上升起。

Different kinds of matter have different properties.
不同的物质具有不同的特性。

In spring the day is getting longer and longer and the night shorter and shorter.

春季白天越来越长,夜晚越来越短。

He shrugged his shoulders, shook his head, cast up his eyes, but said nothing.

他耸耸肩,摇摇头,两眼看天,一句话不说。

Early to bed and early to rise is the way to be healthy and wise.

早睡早起使人健康聪明。

第二节　英汉句式文化对比与翻译

句子由词和词组构成,它是可以表达完整含义的语言单位,也是语言运用的基本单位。由于所属语系的不同和思维方式的区别,英汉语言在句式上也表现出显著的差异。以下就对英汉句式文化进行对比分析,并在此基础上说明英汉句式的翻译方法。

一、英汉句式文化对比

(一)形合与意合对比

英汉语言在句法结构上最基本、最主要、最根本的差异可以说就是形合(hypotaxis)与意合(parataxis)的差异。学者奈达认为,从语言学角度来说,汉、英语言之间最重要的区别特征莫过于意合与形合的差别(Nida,1982)。

形合与意合是语言连词成句的内在依据。其概念有广义与狭义之分。广义上的形合包括显性的语法形态标志和词汇两种形式手段,指一切依借语言形式和形态手段完成句法组合的方式,包括语汇词类标记、词组标记、语法范畴标记、句法项标记、分句与分句之间的句法层级标记、句型标记、句式标记等。① 而狭义上的形合仅指词汇手段,即语言中词与词、句与句的结合主要凭借关系词和连接词等显性手段(宋志平,2008)。

广义上的意合指不借助形式手段来体现词语之间或句子之间的意义或逻辑关系,而狭义上的意合只指句子层次上的语义或逻辑关系(宋志平,2008)。

许多专家和学者都指出,英语属于形合特征明显的语言,汉语属于意合特征明显的语言。但实际上,语言并没有完全的形合与意合之分,只是一种语言更侧重于某一方而已。

英语注重形合,所以造句时十分重视形式的接应,要求句子结构完整,

---

① 张全．全球化语境下的跨文化翻译研究[M]．昆明:云南大学出版社,2010:104.

而且句子以形寓意，以法摄神，因此英语句式较为规范和严密。也正是由于英语的这些特点，所以英语中有丰富的连接手段，如连词、关系代词、连接代词、关系副词等。此外，英语重形合的特点也使得英语句子结构如同一棵大树一样，主干分明、枝繁叶茂，句子也呈现出以形驭意、以形统神的特点。例如：

His children were as ragged and wild as if they belonged to nobody.

他的几个孩子都穿得破破烂烂，粗野不堪，没爹没娘似的。

And I take heart from the fact that the enemy, which boasts that it can occupy the strategic point in a couple of hours, has not yet been able to take even the outlying regions, because of the stiff resistance that gets in the way.

由于在前进的道路上受到顽强抵抗，吹嘘能在几个小时内就占领战略要地的敌人甚至还没有能攻占外围地带，这一事实使我增强了信心。

Some fishing boats were becalmed just in front of us. Their shadows slept, or almost slept, upon that water, a gentle quivering alone showing that it was not complete sleep, or if sleep, that it was sleep with dreams.

渔舟三五，横泊眼前，樯影倒映水面，仿佛睡去，偶尔微颤，似又未尝深眠，恍若惊梦。

汉语注重意合，所以造句时非常重视意念的连贯，通常不求句子结构的整齐，句子常以意役形，以神统法。正是由于汉语的这一特点，所以汉语中较少使用显性的连接手段和连接词，句子各成分之间的逻辑关系主要依靠上下文和事理顺序来间接显示。这也就使得汉语的句子结构就好似竹子一般，地上根根分离，地下盘根错节，呈现出形散而神聚的特点。例如：

跑得了和尚，跑不了庙。

The monk may run away, but never his temple.

到南京时，有朋友约去游逛，勾留了一日；第二日上午便需渡江到浦口，下午上车北去。

（朱自清《背影》）

A friend kept me in Nanjing for a day to see sights, and the next morning I was to cross the Yangtze to Pukou to take the afternoon train to the north.

我从此便整天地站在柜台里，专管我的职务。虽然没有什么失职，但总觉得有些单调，有些无聊。掌柜是一副凶脸孔，主顾也没有好声气，教人活泼不得；只有孔乙己到店，才可以笑几声，所以至今还记得。

（鲁迅《孔乙己》）

Thenceforward I stood all day behind the counter, fully engaged with my duties. Although I gave satisfaction at this work, I found it monotonous and futile. Our employer was a fierce-looking individual, and the customers were a morose lot, so that it was impossible to be gay. Only when Kung I-chi came to the tavern could I laugh a little. That is why I still remember him.

（杨宪益、戴乃迭 译）

（二）英汉句子语序对比

每一种语言的使用习惯都反映了其民族的思维模式和文化习惯。英语民族强调"人物分立"，注重形式论证与逻辑分析，提倡个人思维，思维体现出"主语—行为—行为客体—行为标志"的模式，所以其语言就呈现出"主语＋谓语＋宾语＋状语"的顺序。英语属于综合性语言，句子的语序相对固定，但也有一定的变化。而汉民族主张"物我交融"、"天人合一"，注重个人的感受，崇尚主体思维，思维体现出"主体—行为标志—行为—行为客体"的模式，因此语言的表达也就呈现出"主语＋状语＋谓语＋宾语"的顺序。汉语属于分析型语言，句子的语系比较固定。从语言的表达顺序上就可以看出，定语和状语位置的不同是英汉语言在语系上的主要差异。因此，以下就针对定语和状语的位置来分析英汉句子语序的差异。

1. 定语位置对比

英语中定语的位置较为灵活，一般有两种情况：以单词作定语时，通常放在名词前；以短语和从句作定语时要放在名词之后。而汉语中定语的位置较为固定，一般位于所修饰词的前面，后置的情况则十分少见。例如：

It was a conference fruitful of results.（后置）

那是一个硕果累累的会议。（前置）

English is a language easy to learn but difficult to master.（后置）

英语是一门容易学但很难精通的语言。（前置）

We have helped Russia privatize its economy and build a civil society marked by free elections and an active press.（后置）

我们帮助俄罗斯使其经济私有化，并建设一个以自由选举和积极的新闻媒体为标志的公民社会。（前置）

This time he changed his mind. He did not encourage him to become a hero, because he could no longer stand the poignancy of losing his last child.（后置）

老人改变了主意，决心不让小儿子成为一个出众的英雄好汉的人物，因为他实在是不能再忍受那种折损儿子的痛苦。（前置）

2. 状语位置对比

英语中状语的位置灵活且复杂，一般包含两种情况：（1）由单个单词构成的状语一般位于句首、谓语之前、助动词和谓语动词之间，或者句末；（2）如果状语较长，则一般放在句首或句尾，不放在句中。但在汉语中，状语的位置较为固定，一般位于主语之后谓语之前，有时为了起强调作用，也位于主语之前或句末。例如：

I will never agree to their demand.

我绝不同意他们的要求。

Given bad weather, I will stay at home.

假使天气不好，我就呆在家里。

The flight was canceled due to the heavy fog.

班机因大雾停航。

The news briefing was held in Room 201 at about eight o'clock yesterday morning.

新闻发布会是昨天上午大约八点在 201 会议室召开的。

有时一个句子中会包含多个状语，如时间状语、地点状语、方式状语、让步状语等有时会同时出现。针对这种情况，英语的表达顺序是：方式、地点、时间；而汉语的则恰恰相反，其表达顺序为：时间、地点、方式。例如：

The bank will not change the check unless you can identify yourself.

只有你能证明你的身份，银行才会为你兑换支票。

Many elderly men like to fish or play Chinese chess in the fresh morning air in Beihai Park every day.

很多老人都喜欢每天上午在北海公园清新的空气中钓鱼、下棋。

我出生于阿帕拉契山脉煤矿区中心的肯塔基州柏定市。

I was born in Burdine, Kentucky, in the heart of the Appalachian coal-mining country.

"神州三号"飞船今晚 10 点 15 分，在我国甘肃酒泉卫星发射中心成功升入太空。

The spacecraft "Shenzhou Ⅲ" was successfully launched at 22：15 p. m. today in the Jiuquan Satellite Launch Center in Northwest China's Gansu province.

另外,当句中含有两个较长的状语时,英语一般将其置于句中,而汉语则习惯将其置于句首和句尾。例如:

Suddenly the President, looking out over the vast landscape, said, with an underlying excitement in his voice, the words I gave earlier…

总统眺望着辽阔的景色,突然用很兴奋的语调说了我在前文已经提到过的话……

中国远洋运输公司成立于 1961 年 4 月,至今已有 28 年的历史。28 年来,在国家的大力支持下,经过不懈地努力,公司业务和船舶数量迅速发展和增长。

Established in April 1961, the China Ocean Shipping Corporation has, in the past 28 years through arduous efforts, with the support from the state, expanded its shipping business and increased its number of ships.

二、英汉句式的翻译

(一)从句的翻译

1. 名词性从句的翻译

英语名词性从句主要包括主语从句、宾语从句、表语从句和同位语从句,其中主语从句、宾语从句和表语从句可采用顺译法按照原文顺序直接进行翻译。而对于同位语从句的翻译,可以采用顺译法进行翻译,也可以将从句提前。例如:

What he told me was half-true.

他告诉我的是半真半假的东西而已。

He would remind people again that it was decided not only by himself but by lots of others.

他再次提醒大家说,决定这件事的不只是他一个人,还有其他许多人。

They were very suspicious of the assumption that he would rather kill himself than surrender.

对于他宁愿自杀也不投降这种假设,他们是很怀疑的。

2. 定语从句的翻译

从上述内容了解到,英汉定语差异集中体现在位置的不同上,除此之外,英汉定语从句的发展方向也所不同,通常英语中定语从句的发展方向为向右,汉语中定语从句的发展方向为向左。因此,在翻译定语从句时可采用以下方法进行处理。

(1)译为汉语中的"的"字结构。例如:

He was an old man who hunted wild animals all his life in the mountains.

他是个一辈子在山里猎杀野兽的老人。

The early lessons I learned about overcoming obstacles also gave me the confidence to chart my own course.

我早年学到的克服重重障碍的经验教训也给了我规划自己人生旅程的信心。

(2)译为并列分句。例如:

He was a unique manager because he had several waiters who had followed him, around from restaurant to restaurant.

他是个与众不同的经理,有几个服务员一直跟着他从一家餐馆跳槽到另一家餐馆。

(3)译为状语从句。例如:

He also said I was fun, bright and could do anything I put my mind to.

她说我很风趣,很聪明,只要用心什么事情都能做成。

There was something original, independent, and practical about the plan that pleased all of them.

这个方案富于创造性,独出心裁,实践性强,所以他们都很满意。

3. 状语从句的翻译

在翻译英语状语从句时,一般将其译成汉语分句即可。例如:

She shouted as he ran.

他一边跑,一边喊。

The crops failed because the season was dry.

因为气候干燥,作物歉收。

Given notes in detail to the texts, the readers can study by themselves.

要是备有详细的课文注释,读者便可以自学了。

The book is unsatisfactory in that it lacks a good index.

这本书不能令人满意之处就在于缺少一个完善的索引。

Although he seems hearty and outgoing in public, Mr. Smith is a withdraw and introverted man.

虽然史密斯先生在公共场合是热情和开朗的,但是他却是一个性格孤僻、内向的人。

(二)长难句的翻译

英语非常讲究句子表达的准确性和严谨性,常常借助词汇、语法、逻辑等手段将句子中的各个成分连接起来,使得各个成分环环相扣,因此英语中长而复杂的句子十分常见。而这也正是英语翻译的难点,具体而言,在翻译英语长句时首先要了解原文的句法结构,明白句子的中心所在以及各个层次的含义,然后分析几层意思之间的相互逻辑关系,最后根据译文的表达方式和行文特点,正确地译出原文的含义。通常,英语长难句的翻译可采用以下几种翻译方法。

1. 顺译

当英语长句内容的表达顺序是按时间先后或者逻辑关系安排的,在翻译时就可以采用顺译法进行翻译,即直接按照原文表达顺序译成汉语。需要指出的是,顺译不等于将每个词都按照原句的顺序翻译,因为英汉语言并非完全对等的,也需要进行灵活变通。例如:

As soon as I got to the trees I stopped and dismounted to enjoy the delightful sensation the shade produced:there out of its power I could best appreciate the sunshining in spelendor on the wide green hilly earth and in the green translucent foliage above my head.

我一走进树丛,便跳下车来,享受着这篇浓荫产生的喜人的感觉:通过它的力量,我能够尽情赏玩光芒万丈的骄阳,它照耀着开阔葱茏、此起彼伏的山地,还有我头顶上晶莹发亮的绿叶。

It begins as a childlike interest in the grand spectacle and exciting event;it grows as a mature interest in the variety and complexity of the drama, the splendid achievements and terrible failures;it ends as deep sense of the mystery of man's life of all the dead, great and obscure, who once walked the earth, and of wonderful and awful possibilities of being a human being.

我们对历史的爱好起源于我们最初仅对一些历史上的宏伟场面和激动人心的事件感到孩童般的兴趣;其后,这种爱好变得成熟起来,我们开始对历史这出"戏剧"的多样性和复杂性,对历史上的辉煌成就和悲壮失败也感兴趣;对历史的爱好,最终以我们对人类生命的一种深沉的神秘感而告结束。对死去的,无论是伟大与平凡,所有在这个地球上走过而已逝的人,都有能取得伟大奇迹或制造可怕事件的潜力。

2. 逆译

英语句子和汉语句子的表达顺序并非是完全相同的,大多数情况下,英语句子与汉语句子在表达相同的意思时在表述顺序上有很大差异,有时甚至完全相反,此时就可以采用逆译法进行翻译,也就是逆着原文顺序从后向前译。例如:

There is no agreement whether methodology refers to the concepts peculiar to historical work in general or to the research techniques appropriate to the various branches of historical inquiry.

所谓方法论是指一般的历史研究中的特有概念,还是指历史研究中各个具体领域适用的研究手段,人们对此意见不一。

Safety concerns over mobile phones have grown as more people rely on them or everyday communication, although the evidence to date has given the technology a clean bill of health when it comes to serious conditions like brain cancer.

虽然迄今为止的证据都证明手机不会导致脑癌等重大疾病,但是由于越来越多的人依靠手机进行日常通讯,因而手机安全问题也日益受到关注。

3. 分译

分译又称"拆译",是指将英语句子中某些成分(如词、词组或从句)从句子中拆出来另行处理,这样不仅利于句子的总体安排,也便于突出重点。例如:

Television, it is often said, keeps one informed about current events, allows one to follow the latest developments in science and politics, and offers an endless series of programs which are both instructive and entertaining.

人们常说,通过电视可以了解时事,掌握科学和政治的最新动态。从电视里还可以看到层出不穷、既有教育意义又有娱乐性的新节日。

While the present century in its teens, and on one sunshiny morning in June, there drove up to the great iron gate of Miss Pinkerton's academy for young ladies, on Cheswick Mall, a large family coach with two fat horses in blazing harness, driven by a fat coachman in a three-cornered hat and wig,at the rate of four miles an hour.

（当时）这个世纪刚过了十几年。在 6 月的一天早上,天气晴朗,契息克林荫道上平克顿女子学校的大铁门前面来了一辆宽敞的私人马车。拉车的两匹肥马套着雪亮的马具,一个肥胖的车夫戴了假头发和三角帽子,赶车子的速度是 1 小时 4 英里。

4. 综合译

在具体的翻译实践中,有时很难使用一种翻译方法对原文进行恰当地翻译,更多的时候是综合使用多种翻译方法,这样可以使译文更加准确、自然、流畅。例如:

She was a product of the fancy, the feeling, the innate affection of the untutored but poetic mind of her mother combined with the gravity and poise which were characteristic of her father.

原来她的母亲虽然没受过教育,却有一种含有诗意的心情,具备着幻想、感情和天生的仁厚;他的父亲呢,又特具一种沉着和稳重的性格,两方面结合起来就造成她这样一个人了。

But Rebecca was a young lady of too much resolution and energy of character to permit herself much useless and unseemly sorrow for the irrevocable past;so having devoted only the proper portion of regret to it, she wisely turned her whole attention towards the future, which was now vastly more important to her. And she surveyed her position, and its hopes, doubts, and chances.

幸而利倍加意志坚决,性格刚强,觉得既往不可追,白白的烦一点儿也没有用,叫别人看着反而不雅,因此恨恨了一阵便算了。她很聪明地用全副精神来盘算将来的事,因为未来总比过去要紧得多。她估计自己的处境,有多少希望,多少机会,多少疑难。

第三节　英汉篇章文化对比与翻译

语篇是有一个以上的句子或语段组成的用于交际的一段形式衔接、语义连贯的文字,它是一个有机的信息载体。英汉语篇之间既有相似之处,也有不同之处。其中,英汉语篇在组成成分、表现形式上是相同的,但在衔接手段和语篇模式上却有着各自的特点。本节就对英汉篇章文化的不同及其翻译进行详细说明。

一、英汉篇章文化对比

（一）英汉衔接手段对比

语篇是由句子构成的,但不是句子杂乱无章的堆砌,而需要通过一定的衔接手段,使各成分构成逻辑关系才能形成有意义的语篇。语篇衔接大致可分为语法衔接和词汇衔接两类。语法衔接手段包括照应(reference)、省略(ellipsis)、替代(substitution)和连接(conjunction);词汇手段则包括词汇重述(reiteration)、同义词(synonymy)、上义词(super-ordinate)和搭配(collocation)等。[①] 在词汇衔接方面,英汉语篇有着很多相似之处,但在语法衔接方面却有着明显的差异。因此,这里重点对英汉语篇的语法衔接手段进行对比分析。

1. 照应

照应指用代词等语法手段来指称说话或行文中谈论、说明的对象,从而把语篇有机衔接起来,实现语篇意义的连贯。[②] 由此可以看出,照应是一种语义关系。例如:

Readers look for the topics of sentence to tell them what a whole passages is "about", if they feel that its sequence of topics focuses on a limited set of related topic, then they will feel they are moving through that passage from cumulatively coherent point of view.

例子中代词 they 所代表的含义是由它的所指对象决定的。所以,要对其进行解释,就要从上下文中寻找与其照应的词语。分析上下文关系可以得出,they 和 readers 形成照应关系。

在汉语语篇中,照应关系也十分常见。例如:

她不是鲁镇人。有一年的冬初,四叔家里要换个女工,做中人的卫老婆子带她进来了,头上扎着白头绳,乌裙,蓝夹袄,月白背心,年纪大约二十六七,脸色青黄,但两颊却还是红的。卫老婆子叫她祥林嫂,说是自己母家的邻舍,死了当家人,所以出来做工了。

（鲁迅《祝福》）

例子中的三个"她"均指代上文中的"祥林嫂",这种照应关系也使得上

---

① 杨丰宁. 英汉语言比较与翻译[M]. 天津:天津大学出版社,2006:179.
② 冒国安. 实用英汉对比教程[M]. 重庆:重庆大学出版社,2004:182.

下文衔接成为一个连贯的整体。

就照应的类型来讲,英汉两种语言并没有多大的区别,但是就照应手段在语篇中使用的频率而言,英语使用人称代词的频率要远高于汉语。这主要是因为英语语篇避免重复,而汉语行文习惯实称。例如:

Parents should not only love their children but also help and educate them.

父母不仅应当爱护自己的子女,还应当帮助自己的子女,教育自己的子女。

2. 替代

替代是为了避免重复而常被采用的一种重要的语言手段,替代形式的意义必须从所替代的成分那里去查找。这种衔接手段常见于英语语篇和汉语语篇中。例如:

The Americans are reducing their defense expenditure this year. I wonder if the Russians will do too.

美国人今年在削减国防开支,我怀疑俄国人也会这样做。

虽然英汉语篇中都使用替代手段,但是英语语篇中使用的频率要高于汉语语篇,这是因为汉语多习惯借助原词复现的方式来达到语篇的衔接与连贯。例如:

Efforts on the part of the developing nations is certainly required. So is a reordering of priorities to give agriculture the first call on national resources.

发展中国家做出努力当然是必须的。调整重点,让国家的资源首先满足农业的需要,这当然也是必需的。

另外,在替代手段的运用上,英语常用代词表替代,而汉语经常重复名词。这也是英汉语篇在替代衔接方面最显著的差异。例如:

Electrical charges of a similar kind repel each other and those that are dissimilar attract.

同性电荷相斥,异性电荷相吸。

3. 省略

省略,顾名思义,就是将语言结构中的某个不必要的部分省去不提。省略既是一种避免重复,使表达简练、紧凑的修辞方式,又是一种重要的语篇衔接手段。省略在英汉语篇中都经常被用到,但是所用频率却存在差异,即英语语篇中使用省略的频率要远高于汉语语篇,这是因为英语的省略多伴

随着形态或形式上的标记,不易引起歧义。例如:

每个人都对他所属的社会负有责任,通过社会对人类负有责任。

Everybody has a responsibility to the society of which he is a part and through this to mankind.

上述例子中,英语中用 to 这一形式标记来说明省略的动词成分,因此句子显得前后连贯、结构紧凑。但汉语则习惯重复这一成分。

英汉省略的另一个显著差异是省略成分不同。由于汉语中的主语具有较强的控制力和承接力,所以汉语中常省略主语,而英语则需保留句子中出现的每一个主语。例如:

柯灵,生于 1909,浙江省绍兴人,中国现代作家,1926 年发表第一篇作品,叙事诗《织布的妇人》,1930 年任《儿童时代》编辑,1949 年以前一直在上海从事报纸编辑工作,并积极投入电影、话剧运动,解放后,曾任《文汇报》副总编辑,现任上海电影局顾问。

KeLing was born in Shaoxing, Zhejiang Province, in1969. He is a modern Chinese writer. His first writing, a narrative poem "*The Woman Weaver*" appeared in 1926. He was one of the editors of "*Children's Times*" from 1930 onwards. Before 1949 he was all along engaged in editorial work in newspaper offices and took an active part in activities of film and modern drama in Shanghai. After liberation he filled the post of deputy editor in chief of "*Wenhui Bao*" for a period. He is at present adviser of Shanghai Film Bureau.

上述汉语语篇中主语"柯灵"出现一次之后,后面的句子都将这一主语省略掉了,但省略的主语暗含在了上下文之中,所以主语的省略并不影响读者的理解。而在英语译文中,原文省略的主语都用人称代词 he 补全了。

4. 连接

连接关系主要是通过连接词或是一些副词、词组来实现的。语篇中的连接成分往往是具有明确含义的词语。通过这些词语,人们可以有效地了解句子之间的语义联系。英国当代语言学家韩礼德(Halliday)将连接词语的功能分为四类:additive(添加、递进),adversative(转折),causal(因果),temporal(时序)。这四种连接词可分别由 and,but,so,then 来表达。

添加、递进是指在写完一句话之后,还可以在此基础上添加内容。常见的连接词有 and,in addition,furthermore,what is more 等。

转折是指前后两句的意义截然相反。常见的表示转折的连接词有 but,however, on the other hand,conversely 等。

因果关系是指通过各种方式体现的原因与结果的关系。常见的表示因果关系的连接词有 because,so,for this reason,consequently 等。

时序关系指的是语篇中事件发生的时间关系。常见的连接词有 first, formerly, then, in the end, next 等。

上述介绍的几种连接关系在汉语语篇中同样存在。

表增补、添加关系的连接词有"而且"、"此外"、"再说"、"再则"、"况且"等。

表转折关系的连接词有"但是"、"可是"、"然而"、"从另一方面来说"等。

表因果关系的连接词有"因为"、"由于"、"所以"、"因此"、"于是"、"结果是"、"正因为如此"、"由于这一原因"等。

表时序关系的连接词语有"后来"、"尔后"、"接着"、"正在这时"、"此前"、"原先"、"此后"、"最后"等。

可以看出,在功能和出现的位置(多数出现在句首)方面,英汉语篇的连接词是大致相同的。但在连接词的使用方面却存在着显性与隐性的差别。例如:

……我不习惯与朋友合作,我觉得还是自己独立地想点什么就写点什么,写好写坏写成写不成,都由自己担着。一说合作,心理上的压力就非常大。

表面来看上述例子的语言表述显得十分松散,而且也没有明显的连接词,但是就内在含义来讲却是连贯的,读者也会很容易理解语句之间所表示的因果关系,这就是汉语语篇的隐性连接,仅靠语句的先后顺序就能表达出语篇的逻辑关系。再如:

A second aspect of technology transfer concentrates on US high technology exports. China has correctly complained in the past that the US was unnecessarily restrictive in limiting technology sales to China. Recently some liberalization has taken place **and** major increases in technology transfers have taken place as the result. **However**, some items continue to be subject to restrictions and unnecessary delay, in part **because** the US Government subunits many items to COCOM for approval. There is significant room for improvement with the US bureaucracy **and** COCOM.

But there is also reason to believe that the flow of technology will continue to grow **and** that much of the major new technological innovation likely to occur in the US in coming years will be available to China. **Also**, as new technology is developed in the US and other industrialized countries, older technologies will become available at a lower price **and** export resections on them will ease.

上述英语语篇使用了八个连接词(黑体字部分)将整个语篇紧密地连接在了一起,由此可以清晰地看出英语显性的特点。

(二)英汉语篇模式对比

语篇模式是通过语言社团长期的积累并在以往经验的基础上形成的一些城市化或定型的语篇组织形式或策略(Hoey,1983)。语篇模式的使用体现了语言交际的规约性,在语篇的形成和理解过程中发挥着重要作用。在英汉两种语言中,语篇模式就有着显著的差异。以下就分别来了解一下英语语篇模式和汉语语篇模式,并从中了解英汉语篇的差异。

1. 英语语篇模式

(1)概括—具体模式。概括—具体模式又称"一般—特殊模式"、"预览—细节模式"和"综合—例证模式"。它是英语中最常见的一种语篇模式,其大致结构可通过以下形式来表示。

概括陈述

↓

具体陈述 1

↓

具体陈述 2

↓

具体陈述 3

↓

具体陈述 4

来看下面例子:

All forms of activity lead to boredom when performed on a routine basis. We can see this principle at work in people of all ages. On Christmas morning children play with their new toys and games. But the novelty soon wears off, and by January those same toys can be found tucked away in the attic. When parents bring home a pet, their child gladly grooms it. Within a short time, however, the burden of caring for the animal is shifted to the parents. Adolescents enter high school with enthusiasm but are soon looking forward to graduation. How many adults, who now complain about the long drives to work, eagerly drove for hours at a time when they first obtained their licenses? Before people retire, they usually talk about doing all of the interesting things that they never had time to do while working. But soon after retirement, the golfing, the fishing, the reading and all of the other pastimes become as boring as the jobs they left. And like the child in January, they go searching for new toys.

上述语篇中的第一句是概括陈述。在接下来的内容中,作者分别以儿童、青少年、成年人及老年人为例来论证第一句所提到的观点,即所有的活动形式都会变得无趣。

(2)问题—解决模式。问题—解决模式的语篇描述顺序为:说明情况—出现问题—做出反应—解决问题—做出评价。但其程序并不是一成不变的,有时也会有所变动。例如:

(A) Helicopters are very convenient for dropping freight by parachute, but this system has its problems. (B) Somehow the landing impact has to be cushioned to give a soft landing. (C) The movement to be absorbed depends on the weight and the speed at which the charge falls. (D) Unfortunately most normal spring systems bounce the load as it lands, sometimes turning it over. (E) To avoid this, Bertin, developer of the aero train, has come up with an air-cushion system which assures a safe and soft landing.

上述语篇第一句提出了一个情景,第二句提出了问题,第三句说明了对这一问题的反应,最后一句对这一反映做出了评价。

(3)主张—反主张模式。在这种模式中,作者通常会先提出一种普遍认可的主张和观点,然后说明自己的主张和观点,或者提出与之相反的观点。其中,主张部分可以是假设的观点,反主张部分可以是对真实情况的描述,因此这一模式又称"假设—真实模式"。这一模式常见于论辩类篇章中。例如:

Recently, more and more college students are mad about in business and taking part-time jobs. Some students give all their attention to keeping their business accounts straight, and some even pack up their books and turn entirely to business. They said that they are taking real-life courses to learn more about society and so they can keep pace with the outside world.

This is only a side of the story, however. They are actually selling themselves out as cheap unskilled labor, and at the same time, they are taking work from people who don't have access to a university education. What's more, they fail to live up to the expectation both the country and their parents hold on them, that is, they shall make good use of their innate talents and limited time in the university to finish higher education.

I think that, as college students, our priority is to study. Half-hearted efforts will only bring marginal results, and the opportunity to excel in society through a solid educational foundation will have been wasted.

第一段,作者点明了一些大学生所持有的"支持兼职工作"的观点。第二段,作者指出他们的观点并不全面,并用事例来驳斥对方的观点。第三段,作者总结了自己的观点"学习更重要"。整个篇章的架构属于主张一反主张模式。

(4)叙述模式。叙述语篇模式就是按照一定的时间顺序对事件发生的过程进行描述,在描述的过程中通常要交代清楚五个方面的问题,即何时(when)、何地(where)、何事(what)、何人(who)以及为何(why),简称五个"W"。它常用于人物传记、虚拟故事、历史故事和新闻报道中。例如:

On July 20,1969, at least a half billion people from 49 countries kept their eyes fixed on television screens. Three American astronauts were waiting on a spaceship, "Apollo 11" sitting on top of a rocket that was 36 stories high. Their destination is the moon.

All those who watched knew that the landing of men on the moon was a tremendous achievement. They knew also that something might go wrong at any time. When the men got to the moon, would they be able to land? Would the surface be smooth enough? Would they able to walk on the moon? If so, what would they find there?

The final count down had come. Five … four … three … two … one fire rockets! The three astronauts blasted off into the outer space in one of the most exciting adventures in history.

Just 76 hours after they left the earth's surface they orbited the moon. A short time later two of the astronauts left their spaceship for a lunar landing craft and were preparing to land on the Surface of the moon. While millions of anxious people back on earth were watching on television, the first astronaut, Neil Armstrong cautiously climbed out of the landing craft and stepped down. When his left foot touched the dusty surface, he said: "That's one small step for a man, one giant leap of mankind. "

At last man is walking on the moon.

上述是一个典型的叙事语篇模式,该语篇包含了时间、地点、人物和事件等基本要素。

(5)匹配比较模式。匹配比较模式常用来比较两种事物的相同或不同

之处。通常该模式具有两种形式,其中一种是整体比较。例如:

Pure science is primarily concerned with the development of theories (or models) establishing relationships between the phenomena of the universe. When they are sufficiently validated these theories (hypotheses, models) become the working laws or principles of science. In carrying out this work, the pure scientist usually disregards its application to practical affairs confining his attention to explanations describing the establishment of the life cycle of a particular species of insect living in a Polar environment are said to be examples of pure science (basic re-search), having no apparent connection (for the moment) with technology, i. e. applied science.

Applied science, on the other hand, is directly concerned with the application of the working laws of pure science to the practical affairs of life, and to increasing man's control over his environment, thus leading to the development of new techniques processes and machines. Such activities as investigating the strength and uses of material, extending the findings of pure mathematics to improve the sampling procedures used in agriculture or social science, and developing the potentialities of atomic energy, are all examples of the work of the applied scientist or technologist.

It seems that these two branches of science are mutually dependent and interacting, and that the so-called division between the pure scientist and the applied scientist is more apparent than real.

上述语篇采用了整体比较法展开说明。其中,第一段说明了纯科学的特点,第二段介绍了应用科学的特点,最后一段则概括说明二者之间既相互独立又彼此作用的密切关系。整个语篇在整体上给人以十分工整的感觉。

另外一种是对应点比较。例如:

There are basic differences between the large and small enterprises. In the small enterprise you operate primarily through personal contacts. In the large enterprise you have established "policies", "channels" of organization, and fairly rigid procedure. In the small enterprise you have moreover, immediate effectiveness in a very small area. You can see the effect of your work and of your decisions right away, once you are a little bit above the ground floor. In the large enterprise, even the man at the top is only a cog in a big machine. To be sure, his actions affect a much greater area than the actions and the decisions of the man in the small organization, but his effectiveness is remote, indirect, and elusive. In a small and even in a middle-size business, you are normally exposed to all kinds of experiences and expected to do a great many things without too much help or guidance. In the large organization you are normally taught one thing thoroughly. In the small one the danger is of becoming a jack-of-all-trades and master of none. In the large it is of becoming the man who knows more and more about less and less.

上述语篇采用的是对应点比较模式,将各点一一对应比较,能给读者留下深刻的印象。

2. 汉语语篇模式

汉语语篇模式既有与英语语篇模式相似的地方,如主张—反主张模式、匹配比较模式和叙事模式都是基本相同的,也有与英语语篇模式的不同之处。其不同之处具体表现为以下两点。

(1)汉语语篇的焦点和重心的位置不固定,具有流动性。例如:

两百多年前,法国一位医生想发明一种能判断胸腔健康状况的器械。他经过刻苦钻研,始终想不出什么好办法。一天他领着女儿到公园玩。当女儿玩跷跷板的时候,他偶然发现用手在跷跷板上轻轻地敲,敲打的人自己几乎听不见,而别人把耳朵贴近跷跷板的另一端却听得清清楚楚。他高兴地大喊起来"有办法了!"马上回家用木料做了一个喇叭形的东西,把小的一端塞在耳朵里,大的一端贴在别人的胸部,不仅声音清晰,而且使用方便。世界上第一个听诊器就这样诞生了。如此看来,科学家的灵感并不是什么神秘莫测的东西。关键在于勤奋,在于实践,在于不怕失败,努力探索。鲁班发明锯子的传说同样给我们深刻的启示。据说他有一次上山用手抓着丝茅草攀登,一下子把手拉破了。鲁班发现丝茅草两边的细齿不是可以锯树吗?他立刻和铁匠一起试制,做成了木工最常用的工具——锯子。许多人都被茅草割破过手,而只有鲁班由这件事启发,发明了锯子。

上述语篇中,焦点并没有出现在文首和文尾,而是出现在了文中。由此可以看出汉语语篇焦点的灵活性。

(2)汉语的焦点有时很模糊,并不点明,有时甚至没有焦点。例如:

近一段时期以来,从报纸、广播、电视上得知,不少地方都在做同一项工作——补发拖欠教师的工资。有的是"省市主要领导亲自过问",有的是"限令在教师节前全部补齐"。湖北某市的领导还卖掉日产"公爵王"轿车,把35万元卖车钱用于还欠教师的债。总之,这些报道在宣传"领导的尊师重教之情",向我们报告着一个又一个的好消息。

以上是文章的第一段,这篇文章的中心思想是很多领导都是嘴上说尊重教师,但实际上却不是。但是通读整个语篇(共五段),却找不到能够明确表达这一思想的句子,可见作者的思想是不断流动的。

二、英汉语篇的翻译

语篇是由词、句组成的,所以语篇的翻译在做好词、句翻译的基础上,要注重语篇的衔接、连贯还有语域,这样才能使译文更加完整,也才能符合译入语的表达习惯。

(一)语篇衔接

对语篇进行翻译,要正确理解原文语篇,注意通过衔接手段,将句子与句子、段落与段落按照逻辑组织起来,构成一个完整或相对完整的语义单位。例如:

The human brain weighs three pounds, but in that three pounds are ten billion neurons and a hundred billion smaller cells. These many billions of cells are interconnected in a vastly complicated network that we can't begin to unravel yet … Computer switches and components number in the thousands rather than in the billions.

人脑只有三磅重,但就在这三磅物质中,却包含着一百亿个神经细胞,以及一千亿个更小的细胞。这上百亿、上千亿的细胞相互联系形成一个无比复杂的网络,人类迄今还无法解开其中的奥秘……电脑的转换器和零件只是成千上万,而不是上百亿、上千亿。

(二)语篇连贯

语义连贯是话语的重要标志。翻译时只有清楚理解看似相互独立、实为相互照应的句内、句间或段间关系,并且加以充分表达,才能准确传达原文意思。例如:

He was a little man, barely five feet tall, with a narrow chest and one shoulder higher than the other and he was thin almost to emaciation. He had a crooked nose, but a fine brow and his colour was fresh. His eyes, though small, were blue, lively and penetrating. He was natty in his dress. He wore a small blond wig, a black tie, and a shirt with ruffles round the throat and wrists; a coat, breeches and waistcoat of fine cloth, gray silk stockings and shoes with silver buckles. He carried his three-cornered hat under his arm and in his hand a gold-headed cane. He walked everyday, rain or fine, for exactly one hour, but if the weather was threatening, his servant walked behind him with a big umbrella.

他个头短小,长不过五尺,瘦骨伶仃,身板细窄,且一肩高一肩低。他长着一副鹰钩鼻子,眉目还算清秀,气色也还好,一双蓝眼睛不大,却迥然有神。他头戴金色发套,衣着非常整洁;皱边的白衬衣配一条黑色领带,质地讲究的马甲外配笔挺的套装,脚着深色丝袜和带白扣的皮鞋。他腋下夹顶三角帽,手上挂根金头拐杖,天天散步一小时,风雨无阻。当然落雨下雪时自有仆人亦步亦趋,为他撑伞。

(三)语篇语域

语篇语域涉及语篇的作用和使用场合。不同类型的语篇有着不同的功能,适用于不同的场合。例如,文学语言应具有美感和艺术性,广告语言应具有号召性和说服力,科技语言则应具有专业性和准确性。所以,在翻译语篇时就要注意原语篇的语域,并使译文与原文具有相同的特点与功能,这样才能使译文形神兼备。例如:

Established in the 1950s, East China Normal University, led by the Ministry of Education and nourished by the rich resources of the modern city of Shanghai, has developed quickly among the institutions of higher teaming. It was listed as one of the sixteen key universities in China as early as 1959. Nearly fifty years of development has shaped it into a prestigious comprehensive university, influential both at home and abroad. Right at the arrival of the new century, we are determined to seize the opportunities, meet the challenges, unite and work as hard as before, and contribute our fair share to the development of ECNU.

崛起于20世纪50年代初的华东师范大学,得益于物华天宝、人杰地灵的国际大都市上海这片沃土的滋养,又得利于国家和教育部对师范教育的关怀与重视,在全国高教院系调整中发展壮大起来,早在1959年就已跻身于全国76所重点大学之列。经过将近半个世纪的辛勤耕耘,华东师大已经发展成为一所学科比较齐全、师资实力比较雄厚、具有一定办学特色、在国内外具有相当影响的教学科研型大学。在新世纪到来之际,我们一定要抓住机遇,迎接挑战,励精图治,奋发图强,继续发扬艰苦奋斗、团结协作、勇于拼搏、开拓创新的精神,为华东师范大学的振兴与腾飞,贡献出我们所有的智慧与力量。

第四节　英汉修辞文化对比与翻译

　　修辞是人类在长期的社会实践中锤炼而成的,是能够提高人们语言表达效果的有效方法。修辞同时存在于英汉两种语言中,英汉两种语言中的修辞既有相同之处,也有不同之处。本节就对英汉语中常见的几种修辞方式进行对比分析,并在此基础上说明其翻译的方法。

一、英汉修辞文化对比

（一）英汉比喻对比

　　不把要说的事物平淡直白地说出来,而用另外的与它有相似点的事物来表现的修辞方式,叫做"比喻"(figures of comparison)。① 在汉语中,比喻又称"譬喻",俗称"打比方"。比喻这种修辞方式在英汉语言中十分常见。其中,在分类上,英汉比喻就存在着相似之处,都有明喻和暗喻之分,但除明喻和暗喻之外,汉语比喻还包含借喻;此外,在修辞效果上,英汉比喻也基本相同,即都能有效增添语言的魅力,使语言更具生动性、形象性。

　　但是,英汉比喻也存在着显著的差异,即英语比喻中的暗喻涵盖范围更广,相当于汉语暗喻、借喻和拟物三种修辞格,但汉语比喻的结构形式更为复杂,划分也更为细致。以下就重点对英汉比喻的不同之处进行对比分析。

　　1. 英语暗喻类似汉语暗喻

　　英语暗喻与汉语暗喻在基本格式上是相同的,即本体和喻体同时出现。例如:

Life is an isthmus between two eternities.

生命是永恒的生死两端之间的峡道。

Every man has in himself a continent of undiscovered character. Happy is he who acts the Columbus to his own soul.

　　每个人都有一块未发现的个性的大路。谁能做自己灵魂的哥伦布,谁就是幸福的。

---

① 何远秀. 英汉常用修辞格对比研究[M]. 成都:西南交通大学出版社,2011:52.

2. 英语暗喻类似汉语借喻

英语暗喻与汉语借喻极为相似,在这种修辞格中,喻体是象征性的,并包含一个未言明的本体。例如:

It seemed to be the entrance to a vast hive of six or seven floors.

那似乎是一个六七层的大蜂箱的入口。

Laws (are like cobwebs, they) catch flies but let hornets/wasps go free.

法律像蛛网,只捕苍蝇而放走马蜂。

3. 英语暗喻类似汉语拟物

英语暗喻与汉语拟物也有着相似之处,它们都是把人当作物,或把某事物当作另一事物来描述。例如:

His eyes were blazing with anger.

他的两眼发出愤怒的火光。

Inside, the crimson room bloomed with light.

里面,那红色的房间里灯火辉煌。

(二)英汉排比对比

排比(parallelism)是指利用两个或两个以上结构相同或相似、意义相关的短语或句子平行并列,起到加强语气的一种修辞方式。英汉两种语言中都有排比这种修辞方式,而且他们之间既有相同之处,也有不同之处。相同之处表现为:有着相同的分类,英汉排比都有严式排比和宽式排比之分;有着相同的修辞效果,都能有效增加语言的连贯性,突出文章的内容,加强文章的气势和节奏感。

英汉排比的不同之处主要体现在结构上,具体表现在省略和替代两个方面。其中,在省略方面,英语排比很少有省略现象,只有在少数情况下有词语省略的现象,通常省略的多是动词这种提示语,有时也省略名词。例如:

Reading maketh a full man; conference a ready man; and writing an exact man.

(F. Bacon: Of Studies)

读书使人充实,讨论使人机智,笔记使人准确。

The first glass for thirst, the second for nourishment, the third for pleasure, and the fourth for madness.

(proverb)

一杯解渴,两杯营养,三杯尽头,四杯癫狂。

而汉语排比中基本不存在省略现象。例如:

我们搞具有中国特色的社会主义,没有远大理想,没有宽阔胸怀,没有自我牺牲精神,怎么行呢?

在替代方面,英语排比的后项通常用人称代词来指代前项的名词,汉语排比则常常重复这一名词。例如:

Crafty men contemn studies, simple men admire them, and wise men use them.

(F. Bacon: Of Studies)

狡狯之徒鄙视读书,浅陋之人羡慕读书,唯明智之士活读活用。

"我尊敬我的老师,我爱戴我的老师,我倾慕我的老师。"

(三)英汉夸张对比

夸张(hyperbole)是"修辞格之一,运用丰富的想象,夸大事物的特征,把话说的张皇铺饰,以增强表达效果"。可以看出,夸张是一种用夸大的言辞来增加语言的表现力的修辞方式,但这种夸大的言辞并非欺骗,而是为了使某种情感和思想表现得更加突出。

英汉夸张在修辞效果上是相同的,即都借助言过其实、夸张变形来表现事物的本质,渲染气氛,启发读者联想。但是,英汉夸张也存在着差异,具体表现在分类和表现手法两个方面。

1. 分类存在差异

(1)英语夸张的分类

①按性质划分,英语夸张可分为扩大夸张和缩小夸张。

扩大夸张就是故意将表现对象向高、多、大等方面夸张。例如:

Daisy is clever beyond comparison.

戴西聪明绝顶。

In the dock, she found scores of arrows piercing her chest.

站在被告席上,她感到万箭穿了心。

缩小夸张就是故意将表现对象向低、小、差、少等方面夸张。例如:

She was not really afraid of the wild beast, but she did not wish to perform an atom more service than she had been paid for.

(Saki: Mrs. Packletide's Tiger)

她并不真怕野兽,而是不愿意在她报酬之外多出一丁点儿力。

②按方法划分,英语夸张可分为普通夸张和特殊夸张。

普通夸张就是基于表现对象原来基础进行夸张,或者说是"不借助其他手段而构成的夸张"(王勤,1995)。

特殊夸张"即与其他修辞方式相结合进行的夸张(或者说夸张方式体现在其他修辞方式之中)"(王勤,1995)。

(2)汉语夸张的分类

①按意义划分,汉语夸张可分为扩大夸张、缩小夸张和超前夸张三种类型。

扩大夸张就是故意将事物的数量、特征、作用、程度等夸大。例如:

每年——特别是水灾、旱灾的时候,这些在日本厂里有门路的带工,就亲身或者派人到他们家乡或者灾荒区域,用他们多年熟练了的,可以将一根稻草讲成金条的嘴巴,去游说那些无力"饲养"可又不忍让他们的儿女饿死的同乡。

(夏衍《包身工》)

缩小夸张就是故意把事物的数量、特征、作用、程度等往小、弱方面夸张。例如:

我从乡下跑到城里,一转眼已经六年了。

(鲁迅《一件小事》)

超前夸张就是故意将两件事中后出现的事说成是先出现的或是同时出现的。例如,我们说一个姑娘害羞,常常说"她还没说话脸就红了",这就是一种超前夸张。

②按构成划分,夸张可分为单纯夸张和融合夸张两类。

单纯夸张就是不借助其他修辞方式,直接表现出的夸张。例如:

君不见,黄河之水天上来,奔流到海不复还;君不见,高堂明镜悲白发,朝如青丝暮成雪。

(李白《将进酒》)

融合夸张就是借助比喻、拟人等修辞方式表现出来的夸张。例如:

这种景观多么壮丽啊! 上百只鹤群恰似飘摇于飓风中的鸿毛,轻盈飞扬;又如海中的巨大漩涡,缓缓升腾。

(江口涣《鹤群翔空》)

可以看出,英语和汉语中都有扩大夸张和缩小夸张,但是汉语中有超前夸张,这是英语中所没有的。

2. 表现手法存在差异

在表现手法上,英语多借用词汇手段进行夸张,如通过形容词、名词、副词、数词等表现夸张;而汉语则多借助直接夸张或修辞手段来表现夸张。

（四）英汉对偶对比

对偶（antithesis）是指用字数相同、句法相似的语句表现相关或相反的意思。运用对偶可有力地揭示一个整体的两个相反相成的侧面,暴露事物间的对立和矛盾。英汉语言中都具有对偶这种修辞手法,在修辞效果上,英汉对偶是相同的,但在结构上,二者却存在差异,具体体现在以下几个方面。

1. 句法层次存在差异

英语对偶中的两个语言单位可以处在两个并列分句中,也可以处在同一个简单句中,还可以处在主从句中。但汉语的对偶其上句和下句之间一般都是并列关系。例如:

He that lives wickedly can hardly die honestly.

活着不老实的不可能坦然死去。

在解析数论、代数数论、涵数论、泛涵分析、几何拓扑学等的学科之中,已是人才济济,又加上一个陈景润。人人握灵蛇之珠,家家抱荆山之玉。

（徐迟《哥德巴赫猜想》）

2. 语言单位项数存在差异

汉语中的对偶是成双排列的两个语言单位,是双数的。而英语中的对偶既可以是成双的语言单位,也可以以奇数形式出现,如一个或三个语言单位。例如:

Some books are to be tasted, others to be swallowed, and some few to be chewed and digested.

（F. Bacon：*Of Studies*）

书有可浅尝者,有可吞食者,少数则须咀嚼消化。

（王佐良　译）

江姐凝视的目光,停留在气势磅礴的石刻上,那精心雕刻的大字,带给她一种超越内心痛苦的力量:

斧头劈翻旧世界

镰刀开出新乾坤

（罗广斌、刘德彬、杨益言《红岩》）

3. 省略与重现存在差异

汉语对偶中没有省略现象,但英语对偶则没有严格的要求,既可以重复用词,也可以省略重复词语。例如:

The coward does it with a kiss, the brave man with a sword.

懦夫借助亲吻,勇士借助刀剑。

To err is human, to forgive divine.

人非圣贤,孰能无过;恕人之过,实为圣贤。

富家一碗灯,太仓一粒粟;

贫家一碗灯,父子相聚哭。

(陈烈《题灯》)

二、英汉修辞的翻译

(一)比喻的翻译

1. 直译

英语中的明喻中常有 like, as, as if, as though 等比喻词,暗喻中有 be, become, turn into 等标志词,而汉语明喻中也有"像"、"好像"、"仿佛"、"如"等比喻词,暗喻中也有"是"、"变成"、"成了"等标志词,因此在翻译时可采用直译法,这样可以更好地保留原文的语言特点。例如:

A man can no more fly than a bird can speak.

人不能飞翔,就像鸟不会讲话一样。

Today is fair. Tomorrow may be overcast with clouds. My words are like the stars that never change.

今天天色晴朗,明天又阴云密布。但我的说话却像天空的星辰,永远不变。

Now if death be of such a nature, I say that to die is gain; for eternity is then only a single night.

如果这就是死亡的本质,那么死亡真是一种得益,因为这样看来,永恒不过是一夜。

2. 意译

有时比喻也不能一味地进行直译,也要根据实际情况采用意译法进行翻译,以使译文更符合汉语的表达习惯。例如:

He is a weathercock.

他是个见风使舵的家伙。

John Anderson my jo, John

When we were first acquent
Your locks were like the raven
Your bonnie brow was brent

约翰·安德生,我的爱人,
记得当年初相遇,
你的头发乌黑,
你的脸儿如玉。

(二)排比的翻译

1. 直译

英语排比的翻译大多可采用直译法,这样既可以保留原文的声音美与形式美,还能再现原文的强调效果。例如:

Voltaire waged the splendid kind of warfare…The war of thought against matter, the war of reason against prejudice, the war of the just against the unjust…

伏尔泰发动了一场辉煌的战争……这是思想对物质的战争,是理性对偏见的战争,是正义对不义的战争……

The rest of the half year is a jumble in my recollection of the daily strife and struggle of our lives; of the waning summer and the changing season; of the frosty mornings when we were rung out of bed, and the cold, cold smell of the dark nights when we were rung into bed again; of the evening schoolroom dimly lighted and indifferently warmed, and the morning schoolroom which was nothing but a great shivering machine; of the alternation of boiled beef with roast beef, and boiled mutton with roast mutton of clods of bread and butter, dog's-eared lesson-books, cracked slates, tear-blotted copy-books, canings, rulerings, hair-cuttings, rainy Sundays, suet-puddings, and a dirty atmosphere of ink surrounding all.

(Charles Dickens, *David Copperfield*)

这半年里,其余的日子,在我的记忆里,只是一片混乱:里面有我们每天生活里的挣扎和奋斗;有渐渐逝去的夏天,渐渐改变的季候;有我们闻铃起床的霜晨,闻铃就寝的寒夜;有晚课的教室,烛光暗淡,炉火将灭;有晨间的教室,像专使人哆嗦的大机器一样;有煮牛肉和烤牛肉、煮羊肉和烤羊肉,轮流在饭桌上出现,有一块块的黄油面包,折角的教科书,裂了口子的石板,泪痕斑斑的练习簿;有鞭笞和用尺打;有剪发的时候;有下雨的星期天;有猪油布丁;还有到处都泼了墨水的肮脏气氛。

(张谷若 译)

2. 意译

有些排比并不适宜采用直译法进行翻译,此时可以考虑采用意译法进行调整翻译,这样不仅可以准确传达原文的含义,还能增添译文的文采。例如:

They're rich;they're famous;they're surrounded by the world's most beautiful women. They are the world's top fashion designers and trend-setters.

他们名利兼收,身边簇拥着世界上最美丽的女人。他们是世界顶级时装设计师,时尚的定义者。

3. 增译

为了避免重复,英语排比中有时会省略一些词语,而汉语排比则习惯重复用词,因此在翻译时就要采用增译法将英语原文中省略的词语在汉语译文中再现出来,以使译文符合汉语的行文习惯。例如:

Who can say of a particular sea that it is old? Distilled by the sun, kneaded by the moon, it is renewed in a year, in a day, or in an hour. The sea changed, the fields changed, the rivers, the villages, and the people changed, yet Egden remained.

(Thomas Hardy: The Return of the Native)

谁能指出一片海泽来,说它古远长久? 日光把它蒸腾,月华把它荡漾,它的情形一年一样,一天一样,一时一刻一样。沧海改易,桑田变迁,江河湖泽、村落人物,全有消长,但是爱敦荒原,却一直没有变化。

(张谷若 译)

(三)夸张的翻译

1. 直译

夸张这种修辞手法普遍存在于英汉两种语言中,而且两种语言中的夸张在很多地方有着相似之处,因此为了更好地保持原文的艺术特点,可采用直译法进行翻译。例如:

"At'em, all hands all hands!" he roared, in a voice of thunder.

他用雷鸣般的声音吼道:"抓住他们! 给我上! 都给我上!"

Yes, young men, Italy owes to you an undertaking which has merited the applause of the universe.

是的,年轻人,意大利由于有了你们,得以成就这项寰宇称颂的伟业。

We must work to live, and they give us such mean wages that we die.

我们不得不做工来养活自己,可是他们只给我们那么少的工钱,我们简直活不下去。

Nay, he said-yes you did-deny it if you can, that you would not have confessed the truth, though master had cut you to pieces.

他还说——你是这么说的,有本事你就抵赖好了。你还说,就是老师把你剁成肉酱,你也绝不招出实情。

2. 意译

从上述内容中了解到,英汉夸张在表现手法、夸张用语及表达习惯方面有着很大的差异,因此不能机械照搬原文,而应采用意译法对原文进行适当地处理,以使译文通顺易懂,符合汉语的表达习惯。例如:

Seventy times has the lady been divorced.

这位女士不知离了多少次婚了。

She is a girl in a million.

她是个百里挑一的姑娘。

On Sunday I have a thousand and one things to do.

星期天我有许多事情要做。

He ran down the avenue, making a noise like ten horses at a gallop.

他沿街跑下去,喧闹如万马奔腾。

(四)对偶的翻译

1. 直译

在多数情况下,英语对偶可直译为汉语对偶。采用直译法能有效保留原文的形式美以及内容思想,做到对原文的忠实。例如:

Speech is silver, silence is golden.

言语是银,沉默是金。

Ask not what your country can do for you, ask what you can do for your country.

不要问你的祖国能为你做些什么,而要问你能为你的祖国做些什么。

2. 增译

根据语义的需要,在将英语对偶译成汉语时需要将原文中为避免重复而省略的部分增补出来,从而保证译文的完整性,便于读者发现、感知所述内容的对立面。例如:

Some are made to scheme, and some to love; and I wish any respected bachelor that reads this may take the sort that best likes him.

(William Thackeray: *Vanity Fair*)

女人里面有的骨子里爱耍手段,有的却是天生的痴情种子。可敬的读者之中如果有单身汉子的话,希望他们都能挑选到合适自己脾胃的妻子。

(杨必 译)

A young gentleman may be over-careful of himself, or he may be under-careful of himself. He may brush his hair too regular, or too un-regular. He may wear his boots much too large for him, or much too small. That is according as the young gentleman has his original character formed.

(Charles Dickens: *David Copperfield*)

一位年轻的绅士,对于衣帽也许特别讲究,也许特别不讲究。他的头发梳得也许特别光滑,也许特别不光滑。他穿的靴子也许特大得不可脚,也许特小得不可脚。这都得看那位年轻的绅士,天生来的是怎么样的性格。

(张谷若 译)

3. 省略

英语注重形合,汉语注重意合,所以在汉译英语对偶时,其中的一些连接词往往可省略不译,以使译文符合汉语的表达习惯。例如:

Everything going out and nothing coming in, as the vulgarians say. Money was lacking to pay Mr. Magister and Herr Rosenstock their prices.

(O. Henry: *A Service of Love*)

俗话说得好,坐吃山空;应该付给马吉斯特和罗森斯托克两位先生的学费也没有着落了。

(王永年 译)

Snares or shot may take off the old birds foraging without hawks may be abroad, from which they escape or by whom they suffer…

(William Thackeray: *Vanity Fair*)

老鸟儿在外面打食,也许会给人一枪打死,也许会自投罗网,况且外头又有老鹰,它们有时候侥幸躲过,有时候免不了遭殃。

(杨必 译)

4. 反译

对偶修辞时常会涉及否定表达,但是英汉语言在表达否定含义时有着明显的不同,因此在翻译英汉对偶时需要运用反译法进行适当转换,即将英语的否定形式译成汉语的肯定形式或将英语的肯定形式译成汉语的否定形式,以使译文与汉语的表达习惯相符。例如:

With malice toward none, with charity for all, with firmness in the right, as God gives to see the right…

我们对任何人不怀恶意,对所有人心存善念,对上帝赋予我们的正义使命坚信不疑。

第四章 英汉物质文化对比与翻译

物质文化是文化的重要内容,是社会得以维持、发展的基础。同时,物质文化也是精神文化的重要表现形式,世界各国的物质文化无不反映着鲜明的民族特色。由于文化背景的不同,中西方国家在服饰、饮食以及居住等方面都存在着明显的不同。本章就对此进行对比研究并探讨相应的翻译方法。

第一节 英汉服饰文化对比与翻译

服饰不仅仅是一种物质文明,还是一个民族的精神面貌、审美情趣、宗教信仰以及文化素养的综合体现。中西方的服饰文化经过长年的积淀,已形成了各自的体系与风格。

一、英汉服饰文化对比

材料、款式、色彩是服饰文化的三大元素。此外,图案的选择以及服饰观念等也是服饰文化的重要组成部分。

(一)英汉服饰材料的对比

1. 西方的服饰材料

亚麻布是西方服饰的主要材料,这主要是由于以下三个方面的原因。
(1)西方国家的地理环境适合亚麻的生长,很多国家都盛产亚麻。
(2)亚麻布易于提取,既有凹凸美感又结实耐用,非常适合于日常的生活劳作。
(3)西方国家提倡个人奋斗,多劳多得,亚麻布直接体现了这种实用主义价值观。

2. 中国的服饰材料

中国的服饰材料较为丰富,包括麻、丝、棉等。其中,丝是最具中国特色的服饰材料。

中国早在 5 000 年前就开始养蚕、缫丝、织丝,是世界上当之无愧的丝绸之国。更具体地说,丝是一种总称,根据织法、纹理的差异,丝还可以细分为素、缟、绫、纨、绮、锦、纱、绸、罗、䌷、缣、绢、缦、缎、练等,可见中国的制丝工艺已发展到相当高的水平,充分体现出中国人民的智慧。

丝绸质地细腻柔软,可用于多种类型的服装及披风、头巾、水袖等。此外,丝绸具有一种飘逸的美感,穿在身上时可通过人的肢体动作展现出一幅流动的画面,具有独特的动人效果。

(二)英汉服饰款式的对比

1. 西方的服饰款式

西方人身材高大挺拔,脸部轮廓明显,因此西方服饰强调服饰的横向感觉,常常通过重叠的花边、庞大的裙撑、膨胀的袖型以及横向扩张的肩部轮廓等来呈现一种向外放射的效果。

此外,西方人大都具有热情奔放的性格,且追求个人奋斗,喜欢展示自己的个性,因此在服装款式的设计上也往往较为夸张。例如,牛仔裤这一最具有代表性的服饰就充分体现出西方人敢于我行我素的性格特征。此外,牛仔裤以靛蓝色粗斜纹布为原料,不仅简单实用,还具有广泛的适应性,男女老少都可以穿,这也体现出西方国家"人人平等"的观念。

2. 中国的服饰款式

与西方人相比,中国人身材相对矮小。因此,为弥补身材上的缺陷,中国服饰常采用修长的设计来制造比例上的视错觉。具体来说,筒形的袍裙、过手的长袖以及下垂的线条等都是常用的手法。从魏晋时男子的衣袖宽大的袍衫、妇女的襦衣长裙,到中唐时期的拽地长裙,再到清代肥大的袖口与下摆,无不体现出中国传统服饰的雍容华贵。

此外,中国人的脸部线条较为柔和,为与之相称,中国服饰的款式常以"平"、"顺"为特色。

(三)英汉服饰颜色的对比

1. 西方的服饰颜色

颜色可以从一定程度上反映一个民族潜在的性格特征。在罗马时期,西方国家的服饰偏爱以下两种颜色。

（1）白色。白色代表着神圣、纯洁，具有一种独特的魅力，因此新娘的婚纱是白色的。

（2）紫色。紫色代表着财富与高贵，红紫色有年轻感，青紫色有优雅的女性感。此外，紫色还代表至高无上和来自圣灵的力量，具有浓厚的宗教气氛。由于主教常穿紫色，因此紫色被定为主教色。

文艺复兴以来，服饰的奢华程度不断提高，人们开始喜爱明亮的色彩。具体来说，法国人喜欢丁香色、蔷薇色、圣洁的白色以及含蓄的天蓝色；西班牙人崇尚高雅的玫瑰红和灰色调；英国人则将黑色视为神秘、高贵的象征。

到了现代，人们打破了等级、地位、阶层的限制，开始根据自己的喜好来自主决定服饰的颜色，并使颜色成为展示个性的重要工具。

2. 中国的服饰颜色

《舆服志》曾有这样的记载：夏尚黑，商尚白，周尚赤，秦复夏制尚黑，汉复周制尚赤；唐服尚黄而旗帜尚赤，宋相沿，元尚黄；明改制取法周、汉尚朱（赤）；清又复黄。家国一统，少有逾越。① 可见，中国服饰的色彩具有强烈的时代性与等级性。

（1）时代性。上古时代的先人认为黑色是支配万物的天帝色彩，因此夏、商、周时期均采用黑色来制作天子的冕服。后来，封建集权制的发展使人们逐渐淡化了对天神（黑色）的崇拜，并转向对大地（黄色）的崇拜，"黄为贵"的观念由此形成。

（2）等级性。阴阳五行学说也对中国的服饰色彩产生了重要影响。具体来说，阴阳五行学说将青、红、黑、白、黄这五种颜色定为正色，其他颜色为间色。正色为统治阶段所专用，普通大众不得使用，否则会遭受杀身或株连之罪。

（四）英汉服饰图案的对比

1. 西方的服饰图案

随着历史时期的变化，西方国家的服饰图案也发生相应的变化。

（1）文艺复兴之前，西方服饰比较偏爱花草图案。

（2）文艺复兴时期，花卉图案较为流行。

（3）法国路易十五统治时期，由于受到洛可可装饰风格的影响，S 形或

---

① 卢红梅. 华夏文化与汉英翻译（第二部）[M]. 武汉：武汉大学出版社，2008：207.

旋涡形的藤草和轻淡柔和的庭院花草图案颇受欢迎。

（4）近代以来，野兽派的杜飞花样、利用几何绪视原理设计的欧普图案、以星系或宇宙为主题的迪斯科花样和用计算机设计的电子图案较为流行。

2. 中国的服饰图案

中国服饰，无论是民间印花布还是高贵绸缎，都喜欢利用丰富多彩的图案来表达吉祥如意的内涵。例如，人们利用喜鹊登梅、鹤鹿同春、凤穿牡丹等图案来表达对美好生活的向往；龙凤呈祥、龙飞凤舞、九龙戏珠等图案不仅表达了人们作为"龙的传人"的自豪感，还隐喻了传统的图腾崇拜。

（五）英汉服饰观念的对比

西方崇尚人体美，中国讲究仪表美，这可以说是英汉在服饰观念上最根本的区别。

一方面，西方文化深受古希腊、古罗马时期雕塑、绘画等造型艺术的影响；另一方面，地中海沿岸气候温暖，人们不必紧裹身体，凉爽、适体、线条流畅成为服饰的第一要义。因此，西方服饰观念认为，服饰应为人体服务，应充分展示人体美。具体来说，服饰应将男子的刚劲雄健与女子的温柔纤细充分展示出来。

中国是礼仪之邦，传统礼教影响巨大。因此，中国人认为服饰就是一块用来遮蔽身体的"精神的布"，服饰的作用在于体现礼仪观念以及区分穿着者的权力和地位。近年来，随着改革开放的推进，人们的穿着观念有所变化，但这种传统的礼仪服饰观念仍然根深蒂固。

二、英汉服饰文化的翻译

（一）直译

直译就是使译文在意义、结构两个方面都与原文保持一致。在进行服饰文化的翻译时，大多数情况下都可直接采取直译法。例如：

随即一个戴纱帽红袍金带的人揭帘子进来，把俺拍了一下，说道："王公请起！"

（吴敬梓《儒林外史》第二回）

Then a man in a gauze cap, red robe and golden belt came in, who shook me and said, "Mr. Wang, please get up!"

（杨宪益、戴乃迭 译）

一面说，一面见他穿着弹墨绫薄绵袄。外面只穿着青缎夹背心，宝玉便伸手向他身上摸了一摸，说，"穿这样单薄，还在风口坐着，看天风馋，时气又不好，你再病了，越发难了。"

（曹雪芹《红楼梦》第五十七回）

Noticing that she was wearing a thin padded skilk tunic with black dots under a lined blue silk sleeves jacket, he reached out to feel her clothes.

"You shouldn't sit in the wind so lightly dressed," he remarked. "If you fall ill too in this treacherous early spring weather, it will be even wrose."

（杨宪益、戴乃迭 译）

她（夏太太）穿着件粉红的卫生衣，下面衬着条青裤子，脚上趿拉着双白缎子绣花的拖鞋。

（老舍《骆驼祥子》）

She was wearing a pink bodice, black trousers and white satin embroidered slippers.

（施晓菁 译）

（二）意译

由于英汉语言结构方面的差异，有时很难保证意义与结构的同步统一，此时为保证意义的准确，可以舍弃一部分结构，而将原文的含义如实传达出来，即采取意译法。例如：

这女人尖颧削脸，不知用什么东西烫出来的一头鬈发，像中国写意画里的满树梅花，颈里一条白丝围巾，身上绿绸旗袍。光华夺目，可是面子亮得像小家女人衬旗袍里子用的作料。

（钱钟书《围城》）

The woman had prominent cheekbones and a thin face. Her hair, waved by some unidentified instrument, resembled a plum tree in full bloom in a Chinese impressionist painting. Around her neck she wore a white silk scarf and was dressed in green silk Chinese dress which was dazzling resplendent, but shiny like the material high-class girls used for lining.

（珍妮·凯利、茅国权 译）

刘姥姥见平儿遍身绫罗，插金带银，花容月貌，便当是凤姐儿了。

（曹雪芹《红楼梦》第六回）

Pinger's silk dress, her gold and silver trinkets, and her face which was pretty as a flower made Granny Liu mistake her for her mistress.

（杨宪益、戴乃迭 译）

一日张静斋来问候，还有话说。范举人叫请在灵前一个小书房里坐下，穿着衰经出来相见，先谢了丧事里诸凡相助的话。

（吴敬梓《儒林外史》第四回）

One day Mr. Chang called, and asked to speak to Mr. Fan. He was invited into a small library in front of the shrine. Presently Mr. Fan came out in his mourning clothes, and began by thanking him for all his assistance during the mounring.

（杨宪益、戴乃迭 译）

（三）改译

当在翻译过程中无法找到对等的表达方式时，译者应采取改译法，即采取灵活多样的处理方式，既将原文意义有效传递出来，又使译文符合译入语读者的语言习惯。例如：

黛玉看脱了衰衣，里面只穿半旧红绫短袄，系着汗巾子，膝下露出油绿撒花裤子，底下是掐金满绣的纱棉袜子，靸着蝴蝶落花鞋。

（曹雪芹《红楼梦》第四十五回）

She saw that he was wearing a red silk coat, no longer new, with a green girdle, green silk trousers embroidered with flowers, cotton socks embroidered with gold thread, and slippers with butterfly and flower designs.

（杨宪益、戴乃迭 译）

坐了一会儿，院中出来了个老者，蓝布小褂敞着怀，脸上很亮，一看便知道是乡下的财主。

（老舍《骆驼祥子》）

Presently an old man came out of the yard. He was dressed in a blue cotton jacket open in front and his face shone. You could tell at a glance that he was a man of property.

（施晓菁 译）

还是从火车说起吧！大约在我四岁多的时候，我坐过火车，当时带我坐车的人，是我的舅舅，叫张全斌。我记得那时我的打扮挺滑稽的，穿着蓝布大褂、小坎肩。戴瓜皮小帽。

（侯宝林《我可能是天津人》载自《散文佳作108篇》）

Let me begin with my trip on the train. When I was about four years old, I had traveled by train. The man I traveled with was my uncle Zhang Quanbin. I still remember how funny I looked the way I was dressed-in a blue cloth gown with a short sleeveless jacket over it and a skullcap on the head.

（刘士聪 译）

（四）解释性翻译

一个民族的服饰特点渗透着一个民族深厚的文化底蕴。在翻译具有丰富文化内涵的服饰时，为帮助译入语读者进行有效的理解，可在译文中进行适当解释。例如：

（方鸿渐）跟了上桥，这滑滑的桥面随足微沉复起，数不清的藤缝里露出深深在下墨绿色的水，他命令眼睛只注视孙小姐旗袍的后襟，不敢瞧旁处。

（钱钟书《围城》）

As he followed her onto the bridge, the smooth surface gave way slightly under his feet, then bounced back again. The inky green color of the water far below showed throught the countless crackes in the rattan. He fixed his eyes on the back of hem of Miss Sun's Chinese dress (ch'i-p'ao) and didn't dare glance either side.

（珍妮·凯利、茅国权 译）

宝玉只穿着大红棉纱小袄子，下面绿绫弹墨拾裤，散着裤脚，倚着一个各色玫瑰芍药花瓣的玉色夹纱新枕头，和芳官两个先划拳。当时芳官满口嚷热，只穿着一件玉色青驼绒三色缎子斗的水田小夹袄，束着一条柳绿汗巾，底下拾水红撒花夹裤，也散着裤腿。头上齐额编着一圈小辫，总归至顶心，结一根鹅卵粗粗的总辫，拖在脑后。在右耳眼里只塞着米粒大小的一个小玉塞子，在左耳上单带着一个白果大小的硬红镶金大坠子，越显的面如满月犹白，眼如秋水还清。

（曹雪芹《红楼梦》第六十三回）

Baoyu himself stripped down to a scarlet linen jacket and green dotted satin trousers, letting the ends of the trouser legs hang lose. Leaning on a jade-colored gauze cushion filled with all sorts of fresh rose and peony petals, he started playing the finger-guessing game with Fangguan.

Fangguan, who had also been complaining of the heat, had on only a short lined satin jacket-a patchwork of red, blue and jade-colored squares, a green sash, and pink trousers with a floral design left untied at her ankles. Her hair, woven in small plaits, was gathered on the brown of her head into a thick braid hanging down at the back. In her right ear she wore a jade stop no bigger than a grain of rice, in her left a ruby-ear-ring set in gold the size of gingko nut, making her face seem whiter than the full moon, her eyes clearer than water in autumn.

（杨宪益、戴乃迭 译）

那时天色已明，看那人时，三十多岁光景，身穿短袄，脚下八搭麻鞋，面上微有髭须。

（吴敬梓《儒林外史》第三十九回）

It was light enough now for him to see this fellow: a man in his thirties with a stubbly growth on his chin, who was wearing a short jacket and hempen shoes.

（杨宪益、戴乃迭 译）

第二节　英汉饮食文化对比与翻译

由于地理环境、自然气候、风俗习惯等方面的差异，不同的国家在饮食方面都各有自己的特点。此外，受宗教信仰、历史条件等因素的影响，饮食行为还在不断的发展变化中演化出丰富多彩的饮食文化。下面就从菜肴、酒、茶等方面来对比英汉饮食文化的差异并探讨相应的翻译方法。

一、英汉菜肴文化对比与翻译

（一）英汉菜肴文化对比

1. 英汉饮食对象的对比

纵观西方国家的发展历史，他们大都以渔猎、养殖为主业，而采集、种植等只能算是一种补充。因此，西方的饮食对象多以肉食为主。进入工业社会后，食品的加工更加快捷，发达的快餐食品和食品工业都成为西方人的骄傲。总体来说，受游牧民族、航海民族的文化血统的影响，西方人的食物品种较为简单，工业食品也往往千篇一律，但这些食品制作简单、节省时间，营养搭配也较为合理。

作为一个农业大国，中国的饮食对象毫无疑问主要来自农业生产，概括来说包括以下几个种类：

（1）主食类。中国的传统主食有明显的地域特色，即北方以面条和馒头为主食，而南方以米饭为主食。此外，马铃薯、山药、芋头等薯类作物由于淀粉含量高，在一些地方也被当成主食。

（2）辅食类。中国深受佛教的影响。由于佛教将植物视为"无灵"，因此蔬菜成为中国的主要辅食。据统计，中国人吃的菜蔬有 600 多种，是西方人的若干倍。

（3）肉食类。在古代，中国人是很少吃肉的。《孟子·梁惠王上》曾有这样的记载，"鸡豚狗彘之畜，无失其时，七十者可以食肉矣。"值得注意的是，随着生活水平的提高，肉食也逐渐走上百姓的餐桌。

2. 英汉烹调方式的对比

西方国家对食材的分类较为简单，常将各种可能的食材混合在一起进行烹调。因此，西方的烹调方式也相对单一，主要包括炸、烤、煎等几种。不难看出，这种烹调方式虽然可以对营养进行合理搭配，但其制作过程却缺少一些文化气息或艺术氛围。值得一提的是，西方国家非常注重营养，尤其是青少年的营养供给，因此很多中小学校都配备了专业的营养师。

中国是饮食大国，中华民族的饮食文化可谓博大精深、渊远流长，技术高超、品种丰富是中国烹调方式的主要特点。具体来说，不仅对食材会依据冷热、生熟、产地等进行分类，加工方法也异常丰富，如炒、煎、炸、烹、蒸、烧、煮、爆、煨、炖、熏、焖、烤、烘、白灼等。此外，中国地大物博，中国人常常就地取材，并根据地域特色来变换加工方式，从而形成了八大菜系，即京菜、鲁菜、川菜、湘菜、粤菜、苏菜、徽菜、闽菜，充分体现出中国人的聪明与智慧。

3. 英汉饮食观念的对比

根据基督教的教义，人应尊重灵魂，保持理智，因此应抑制肉体的欲望。受此影响，西方人普遍认为，饮食不是满足口腹之欲的工具，而应成为获取营养的手段。所以，西方人大都持有理性饮食观念，以保证营养的摄取为根本原则，更多地考虑各种营养素，如碳水化合物、蛋白质、维生素、脂肪等是否搭配合理，卡路里的摄取量是否合适等。如果烹调会对营养带来损失，他们宁可食用半生不熟甚至未经任何加工的食物。

与西方人不同，中国人多持一种美性饮食观念，不太关注食物中的营养而是更加注重其口感、观感与艺术性，即追求菜肴的"色、香、味、形、器"。此外，中国人将阴阳五行学说也运用到菜肴的烹调上，使将各种食材与各种味道互相渗透，从而达到"五味调和百味香"的境界。可见，"民以食为天，食以味为先"的观念在中国已经深入人心。但是,从客观上来看,不注意营养而过度追求味觉的观点有其片面性。

(二)英汉菜肴文化的翻译

中国菜肴的命名方式多姿多彩,有的浪漫,有的写实,有的菜名已成为令人赏心悦目的艺术品。因此,在进行菜名的翻译时应具体问题具体分析,灵活运用多种翻译方法,概括来说包括以下几种。

1. 直译

以写实方法来命名的菜肴直接体现了菜肴的主料、配料、调料以及制作方法等信息。在翻译这类菜名时,可直接采取直译的方法。

(1)烹调法＋主料名。例如:

盐烩信封鸡 salt baked Xinfeng chicken

脆皮锅酥肉 deep fried pork

清蒸鲈鱼腩 steamed perch-flank

清蒸桂鱼 steamed mandarin fish

五香兔肉 spiced hare

白灼螺片 fried sliced whelk

涮羊肉 instant boiled mutton

白切鸡 steamed chicken

(2)烹调法＋主料名＋with＋配料。例如:

红烧鲤鱼头 stewed carp head with brown sauce

杏仁炒虾仁 fried shrimps with almonds

蚝汁鲍鱼片 fried abalone slices with oyster oil

糖醋排骨 spareribs with sweet and sour sauce

奶油鱼肚 fried fish with cream sauce

草菇蒸鸡 steamed chicken with mushrooms

咸水虾 boiled shrimps with salt

酿豆腐 beancurd stuffed with minced pork

油焖笋 stewed bamboo shoots with soy sauce

(3)烹调法＋主料名＋with/in＋配料名。例如:

糖醋松子桂鱼 fried mandarin fish with pinenuts and with sweet and sour sauce

荷叶粉蒸鸡 steamed chicken in lotus leaf packets

冬笋炒鱿鱼 fried squid with fresh bamboo shoots

腐乳汁烧肉 stewed pork with preserved bean curd

滑蛋牛肉 fried beef with scrambled eggs

冬菇菜心 fried winter mushrooms with green cabbage

咖喱牛肉 fried beef with curry

辣味烩虾 braised prawns with chilli sauce

(4)烹调法＋加工法＋主料名＋with/in＋调料名。例如：

红烧狮子头 stewed minced pork balls with brown sauce

肉片烧豆腐 stewed sliced pork with beancurd

雪菜炒冬笋 fried cabbage with fresh bamboo shoots

碧绿鲜虾脯 fried minced shrimps with vegetables

鸡茸海参 fired sea cucumbers with mashed chicken

蟹肉海参 fried sea cucumbers with crab meat

青椒肉片 fried sliced pork and green chilli

蚝油鸡球 chicken balls with oyster sauce

(5)烹调法(＋加工法)＋主料名＋and＋主料名。例如：

凤肝虾仁 fired shelled shrimps and chicken liver

虾仁扒豆腐 stewed shelled shrimps and bean curd

红烧什肉虾仁豆腐 fried bean curd, shelled shrimps and missed meat with brown sauce

甲鱼裙边煨肥猪肉 stewed calipash and calipee with fat pork

2. 意译

以写意法来命名的菜肴常常迎合食客心理来取一个既悦耳又吉利的名字,而这个名字则将烹调方式、原料特点、造型外观等进行了归纳,因此食客很难从名字上了解该菜肴的原料与制作方法。在翻译这类菜名时,为准确传达其内涵,应采取意译法。例如：

全家福 stewed assorted meats

龙凤会 stewed snake & chicken

蚂蚁上树 bean vermicelli with spicy meat sauce

玉饭禅师 stewed potatoes with mushrooms

一卵双凤 chicken steamed in water melon (two phoenix hatched from one egg)

雪积银钟 stewed mushrooms stuffed with white fungus

游龙戏凤 stir-fried prawns & chicken

3. 直译＋意译

有些菜肴的命名采取写实与写意相结合的方法,既可以展示主要原料与烹调方法,又具有一定的艺术性。相应地,翻译时应综合运用直译法与意译法,以更好地体现菜名的寓意。例如:

木须肉 fried pork with scrambled eggs and fungus

炒双冬 fried saute mushrooms and bamboo shoots

三鲜汤 soup with fish, shrimp and pork balls

芙蓉鸡片 fried chicken slices with eggwhite

牡丹蔬菜 fried mushrooms and bamboo shoots in poeny shape

翡翠虾仁 stir-fried shrimps with peas

三蛇龙虎会 fricassee snake and cat

红烧四喜肉 braised brisket with brown sauce

生蒸鸳鸯鸡 steamed frogs

五柳石斑鱼 steamed tench with assorted garnished

凤爪炖甲鱼 steamed turtle and chicken's feet soup

百花酿北菇 mushrooms stuffed with minced shrimps

红烩虎皮鸽蛋 boiled and fried pigeon eggs, stewed with brown sauce

4. 直译(＋解释)

中国的许多菜名具有丰富的历史韵味与民俗情趣。具体来说,有的与地名有关,有的与某个历史人物有关,还有的则来自故事、传说或典故。为了将其文化内涵准确传递出来,译者应以直译法为主,必要时还可进行适当解释。例如:

叫花鸡 beggar's chicken

东坡肉 Dongpo braised pork

炒罗汉斋 stewed vegetables "Luohan Zhai"

宋嫂鱼羹 Sister Song's fish potage

宫爆鸡丁 fried diced chicken in Sichuan style

北京烤鸭 Beijing roast duck

成都子鸡 stir-fried spring chicken in Chengdu style

西湖醋鱼 West Lake vinegar fish

白云(宾馆)香液鸡 boiled chicken with spicy sauce in Baiyun Hotel

东江酿豆腐 beancurd stuffed with minced pork in Dongjiang style

大救驾 Shouxian County's kernel pastry (Dajiujia-a snack that once came to the rescue of an emperor)

佛跳墙 assorted meat and vegetables cooked in embers（Fotiaoqiang-lured by its smell，even the Buddha jumped the wall）

二、英汉酒文化对比与翻译

酒一问世便与人们的日常生活紧密联系在一起，已成为饮食文化的重要组成部分。同时，饮酒也是世界各国共有的现象，由此形成了异彩纷呈的酒文化。

（一）英汉酒文化对比

1．酒的起源的对比

在西方国家，最有影响力的关于酒的起源的说法是"酒神造酒说"，但酒神却有着不同的版本。古埃及人眼中的酒神是死者的庇护神奥里西斯（O-siris），而希腊人眼中的酒神是狄奥尼索斯（Dionysus）。传说狄奥尼索斯是宙斯（Zeus）与底比斯公主塞密莉的儿子，后来在小亚细亚色雷斯和希腊地区流浪。在流浪的过程中，他向人们传授葡萄种植与酿酒的技术。于是，欧洲大陆飘起了酒香。总之，西方通常将酒视为神造的产物和丰收的象征，体现他们对酒神的崇拜。

中国的酒文化内容丰富，关于酒的起源也众说纷纭，其中比较有影响力的是以下三种观点。

（1）古猿造酒说。自然界的各种果实都有自己的生长周期，为了保证持续的果实供应，以采集野果为生的古猿猴逐渐具备了藏果的技能。传说在洪荒时代，古猿将一时吃不完的果实藏于石洼、岩洞之中。随着时间的推移，这些野果中的糖分通过自然发酵而变成了酒精、酒浆，酒就这样诞生了。

（2）仪狄造酒说。传说在远古的夏禹时期，夏禹的女人命令仪狄去酿酒，仪狄经过一番努力终于酿出了美酒，夏禹品尝后赞不绝口。后来，夏禹因担心饮酒过度、耽误国事，不仅自己与酒绝缘，也没有给仪狄任何奖励。这一传说在《吕氏春秋》、《战国策》以及《说文解字》中都有记载。例如，《战国策》中曾说，"帝女令仪狄作酒而美"。[①]

（3）杜康造酒说。杜康在中国历史上是一个真实的人物，《世本》、《吕氏春秋》、《战国策》、《说文解字》等文献中都对杜康有记载。但关于杜康怎样

---

① 何凤玲．中西方酒文化比较［J］．科教文汇，2014，（1）：167－168.

开始造酒却有两种不同的说法。一种说法认为,杜康是一位牧羊人,在一次放羊途中不慎将装有小米粥的竹筒丢失。等半个月后找到竹筒时,意外地发现小米粥已发酵成为醇香扑鼻的琼浆。另一种说法认为,杜康非常节俭,吃不掉的饭菜不舍得仍掉,而是将其倒入中空的桑树洞中。过了一段时间,树洞里飘来了芳香的气味,原来是残羹剩饭在树洞里发酵了。杜康大受启发,便开始酿酒。

目前,中国普遍将仪狄或杜康视为中国的酒祖。

2. 英汉酿酒原料对比

一个地区农产品的种类、数量与质量在很大程度上受到水质、气候、土壤等自然条件的制约。中西方由于地理条件的不同,其酿酒原料也有很大不同。

作为西方文明摇篮的古希腊处于地中海东北端,这里三面环海,土壤贫瘠,冬季温暖多雨,夏季炎热干燥,尽管不适合农作物的生长,却对具有超强耐旱能力的葡萄的生长非常有利。另外,由于土地贫瘠,葡萄树的根往往很深,这也使结出的果实质量很高。于是,西方人就开始大量使用葡萄酿酒,并使葡萄酒成为西方酒文化的代名词。葡萄酒、香槟、白兰地等品种都以葡萄为原料。

中华文化发源于黄河流域,这里气候温和,土壤肥沃,小麦、高粱等粮食作物长势良好,早在一万多年前就成为世界上最早的三个农业中心之一。在这种情况下,人们就把多余的粮食用来酿酒,形成了具有中国特色的酒文化。概括来说,中国的酿酒原料主要包括高粱、小麦、粟、稻谷等,白酒、黄酒是中国酒的典型代表。

3. 英汉饮酒文化对比

酒是一种物质文明,但饮酒却是一种精神文明,也是一国文化的重要组成部分。中西方国家由于文化观念上的差异,形成了迥然不同的饮酒文化。

西方人在饮酒时比较注重运用身体器官去享受酒的美味,因此他们往往会根据味觉规律变化来安排饮酒的次序,如先品较淡的酒后品浓郁的酒。如果是参加聚会或者宴会,则一般遵循开胃酒、主菜佐酒、甜点酒、餐后酒的顺序。西方人在喝酒时气氛相对缓和,既不高声叫喊也不猜拳行令,斟酒时提倡倒杯子的三分之二,而敬酒则通常在主菜吃完、甜菜未上之前进行。此外,敬酒时应将酒杯举至眼睛的高度,同时要注视对方以表示尊重。被敬酒的那一方不需要喝完,敬酒方也不会劝酒。值得一提的是,西方人非常注重酒具的选择。具体来说,他们出于对酒的尊重,常常选择一些利用饮酒者充分享受美酒的酒具,如让酒体充分舒展开来的滗酒器、让香气汇聚杯口的郁金香形高脚杯等。

中国素有"礼仪之邦"的美称,而这种礼仪通过饮酒方式得以充分体现,具体来说表现在以下几个方面。

(1)饮酒要有酒德。孔子在《论语·乡党》中指出:"唯酒无量,不及乱。"每个人的酒量不尽相同,因此对饮酒的数量没有硬性规定,但应以酒后能保持神志清晰为底线。

(2)饮酒要讲究长幼尊卑。中国人在饮酒时更加注重气氛及饮酒者的情绪,因此倒酒应"以满为敬",喝酒应"以干为敬"。敬酒有固定的顺序,即先由主人敬酒,然后才可由其他人敬酒。在选择敬酒对象时,应从最尊贵的客人开始。此外,下级对上级、晚辈对长辈要主动敬酒,碰杯时下级或晚辈的酒杯要低于上级或长辈的,不仅要说敬酒词而且还要先干为敬。为表示诚意,也为让客人尽兴,主人还常常进行一些活动以带动气氛,如划拳、行酒令等。

(二)英汉酒文化的翻译

中西方不同的酒文化为翻译带来了一定的障碍,因此译者应将音译、直译、意译及解释性翻译等多种翻译方法进行综合运用,从而将酒文化的深层含义准确传递出来。

(1)音译。例如:

我和平儿说了,已经抬了一坛好绍兴酒藏在那边了。我们八个人单替你过生日。

(曹雪芹《红楼梦》第六十三回)

I've also arranged with Pinger to have a vat of good Shaoxing wine smuggled in. The eight of us are going to throw a birthday party for you.

(杨宪益、戴乃迭 译)

芳官道:"藕官蕊官都不上去,单我在那里也不好。我也不惯吃那个面条子,早起也没好生吃。才刚饿了,我已告诉了柳嫂子,先给我做一碗汤,盛半碗粳米饭送来,我这里吃了就完事。若是晚上吃酒,不许教人管着我,我要尽力吃够了才罢。我先在家里,吃二三斤惠泉酒呢。如今学了这劳什子,他们说怕坏嗓子,这几年也没闻见。乘今儿我是要开斋了。"

(曹雪芹《红楼梦》第六十二回)

"If Ouguan and Ruiguan aren't there, only me, that's no good. Besides, I don't like noodles. I didn't have a proper meal this morning and I'm hungry, so I've told Mrs. Liu to prepare me a bowl of soup and half a bowl of rice and send them here. I'll eat here. If I am drinking tonight you mustn't let anyone stop me-I mean to drink my fill. At home, in the old days, I used to be able to drink two or three catties of good Huiquan wine; but after I learned this wretched singing they said drinking might spoil my voice, so for the last few years I haven't so much as smelt a whiff of wine. I shall take the chance today to break my fast."

（杨宪益、戴乃迭 译）

（2）直译。例如：

当下吃了早饭，韦四太爷就叫指这坛酒拿出来兑上十斤新酒，就叫烧许多红炭堆在桂花树边，把酒坛顿在炭上。过一顿饭时渐渐热了。张俊民领着小厮，自己动手把六扇窗格尽行下了，把桌子抬到檐内。大家坐下，又备的一席新鲜菜。杜少卿叫小厮拿出一个金杯子来，又是四个玉杯，坛子里舀出酒来吃。韦四太爷捧着金杯，吃一杯，赞一杯，说道："好酒！"吃了半日。王胡子领着四个小厮抬到一个箱子来。

（吴敬梓《儒林外史》第三十一回）

When they had breadfast Mr. Wei brought out the wine and added ten catties of new wine to it, then ordered the servants to light plenty of charcoal and pile it when it was red by the cassia trees, setting the jar of wine on top. After the time it takes for a meal, the wine was hot. Chang Chunmin helped the servant take down the six window frames and move the table to under the eaves. They then took seats, and fresh dishes were served. Tu Shao-ching called for one gold and four jade cups, which filled by dipping them into the wine. Mr. Wei had the gold cup, and after each drink exclaimed："Marvellous!" They had feasted for some time when Whiskers Wang led in four servants carrying a chest.

（杨宪益、戴乃迭 译）

宝玉便要了一壶暖酒，也从李婶薛姨妈斟起，二人也让坐。贾母便说："他小，让他斟去，大家倒要干过这杯。"说着，便自己干了。邢王二夫人也忙干了，让他二人。薛李也只得干了。贾母又命宝玉道："连你姐姐妹妹一齐斟上，不许乱斟，都要叫他干了。"宝玉听说，答应着，一一按次斟了。至黛玉前，偏他不饮，拿起杯来，放在宝玉唇上边，宝玉一气饮干。笑说："多谢。"宝玉替他斟上一杯。凤姐儿便笑道："宝玉，别喝冷酒，仔细手颤，明儿写不得字，拉不得弓。"

（曹雪芹《红楼梦》第五十四回）

Baoyu now called for a pot of warm wine to toast Aunt Li and Aunt

— 99 —

Xue, who both begged him to be seated.

"Let the boy fill your cups," said the Lady Dowager. "Mind you empty them."

She drained her own cup then. And when Lady Xing and Lady Wang followed suit, Aunt Xue and Aunt Li had to drink up too.

"Fill your cousins' cups," the old lady told Baoyu. "See that you do it properly and make them all drink up."

Baoyu assented and filled every cup in turn. When he came to Daiyu she refused to drink but held the cup up to his lips, thanking her with a smile when he tossed it off. He poured her another cup.

"Don't drink cold wine, Baoyu," warned Xifeng. "If you do, your hands will tremble too much to write or draw your bow later on."

（杨宪益、戴乃迭 译）

（3）意译。例如：

沈大脚摇着头道："天老爷！这位奶奶可是好惹的！他又要是个官，又要有钱，又要人物齐整，又要上无公婆，下无小叔、姑子。酒量又大，每晚要炸麻雀、盐水虾，吃三斤百花酒。"

（吴敬梓《儒林外史》第二十六回）

"Heavens！" she exclaimed. "That woman is hard to please! She wants a husband who's rich, handsome and an official; and there mustn't be any mother-in-law, father-in-law, brothers-in-law or sisters-in-law. She's big drinker too. Every evening she drinks three catties of sweet wine with fried sparrows and seashrimps."

（杨宪益、戴乃迭 译）

宝钗笑道："把个酒令的老祖宗拈出来。'射覆'从古有的，如今失了传，这是后人篡的，比一切的令都难。这里头倒有一半是不会的，不如毁了，另拈一个雅俗共赏的。"探春笑道："既拈了出来，如何又毁。如今再拈一个，若是雅俗共赏的，便叫他们行去。咱们行这个。"说着又着袭人拈了一个，却是"拇战"。史湘云笑着说："这个简断爽利，合了我的脾气。我不行这个'射覆'，没有垂头丧气闷人，我只划拳去了。"探春道："惟有他乱令，宝姐姐快罚他一盅。"宝钗不容分说，便灌湘云一杯。

（曹雪芹《红楼梦》第六十二回）

"You've picked the ancestor of all drinking games," chuckled Baochai. "It was played in ancient times, but the original rules have lost now. What we have is a later version, more difficult than all other drinking games. Half of us here wouldn't be able to play it. Better scrap this and pick one to suit all tastes. "

"As this has already been picked," Tanchun objected, "how can we scrap it? Pick another as well, and if that one's more popular let the others play that while we play this first one. "

She told Xiren to draw another lot, and this proved to be the finger-guessing game.

"This is simple and quick, it suits me!" chortled Xiangyun. "I shan't play conundrums; that's too boring and depressing. I shall guess fingers. "

"She's broken the rules," cried Tanchun. "Quick, Cousin Baochai, make her drink a cup as a forfeit. "

Baochai laughingly forced Xiangyun to drain a cup.

（杨宪益、戴乃迭 译）

(4)解释性翻译。例如：

杜少卿走进去问娘子可晓得这坛酒，娘子说不知道。遍问这些家人、婆娘，都说不知道。后来问到邵老丫，邵老丫想起来道："是有的。是老爷上任那年做了一坛酒，埋在那边第七进房子后一间小屋里，说是留着韦四太爷同吃的。这酒是二斗糯米做出来的二十斤酿，又对了二十斤烧酒，一点水也不掺。而今埋在地下足足有九年零七月了。这酒醉得死人的，弄出来少爷不要吃！"

（吴敬梓《儒林外史》第三十一回）

Tu Shao-qing went to the inner chambers to ask his wife if she knew anything about this wine, but she did not. He asked all the servants and maids, but none of them knew. Last of all, he questioned his wet-nurse Shao.

"There was such a jar," she recalled. "The year that our late master became prefect he brewed a jar of wine and buried it in a small room at the back of the seventh courtyard. He said it was to be kept for Mr. Wei. The wine was made of two pecks of glutinous rice and twenty catties of fermented rice. Twenty catties of alcohol went into it too, but not a drop of water. It was buried nine years and seven months ago, so it must be strong enough now to blow your heads off. When it's dug up, don't drink it, sir!"

（杨宪益、戴乃迭 译）

老太太道："你来了，不是要行令吗？"鸳鸯道："听见宝二爷说老太太叫，我敢不来吗？不知老太太要行什么令儿？"贾母道："那文的怪闷的慌，武的又不好，你倒是想个新鲜玩意儿才好。"鸳鸯想了想道："如今姨太太有了年纪，不肯费心，倒不如拿令盆骰子来，大家掷个曲牌名儿赌输赢酒罢。"贾母道："这也使得。"便命人取骰盆放在桌上。鸳鸯说："如今用四个骰子掷去，掷不出名儿来的罚一杯，掷出名儿来，每人喝酒的杯数儿掷出来再定。"众人听了道："这是容易的，我们都随着。"

（曹雪芹《红楼梦》第一百零八回）

"So here you are, eh?" said the Lady Dowager. "We want to play drinking games."

"I came because Master Bao told me you wanted me, madam. What game would you like to play?"

"Those literary games are terribly dull, but rowdy ones are no good either. You must think of something fresh."

After a moment's reflection Yuanyang said, "Aunt Xue at her age doesn't like to cudgel her brains, so why don't we fetch the dice-pot and toss for the names of melodies, making the losers drink?"

"Very well." The old lady sent for the dice-pot and had it put on the table.

"We'll throw four dice," Yuanyang announced, "Anyone who fails to produce a name must drink one cup as forfeit. If a name is thrown, the others will have to drink according to the pips."

"That sounds simple," said the rest. "We'll do as you say."

（杨宪益、戴乃迭 译）

三、英汉茶文化对比与翻译

无论在西方国家还是中国，茶都是一种非常常见的饮料，人们常常在饮茶的过程中相互交流感受、交换思想，从而实现有效的交际。由于社会历史条件的不同，中西方国家形成了各自独特的茶文化。

（一）英汉茶文化对比

1. 西方的茶文化

茶原产于中国，后经丝绸之路传入西方。目前可查的关于茶的最早记录是日塞缪尔日记，其中写道"我喝了一杯以前从未喝过的茶。"而这一天是

1660 年 9 月 25 日。[①] 因此,可以推测茶就是那个时候被运往西方国家的。英语中的茶叶是 tea,这一发音源于中国香港。换句话说,中国香港当时把茶叫作[ti:],因此在传入西方时也沿用了这一发音,后来演变成了用英语来拼写的 tea。这也证明中国是茶的故乡。

1750 年,英国人托马斯·肯特撰写了《茶经》,对种茶、采茶、制茶、泡茶等进行了介绍,这大概是西方最早的一本品茶学专著。在此之前,咖啡店主托马斯·加雅在自己店里举办了英国历史上第一次茶叶大展卖,并大获成功。由于他们的大力推进以及人们的积极参与,茶在英国逐渐流行起来。

英国人爱喝茶是众所周知的。饮茶已成为英国皇室和重大社会事件的重要内容。具体来说,饮茶已成为英国女王生活中的必不可少的一件事情;在处理民生、国家利益等重要事务时,饮茶还是不可或缺的一项重要仪式。此外,饮茶还是英国人在工作之余的一种重要的休闲方式,不仅有早茶、午茶和晚茶之分,还配有各种小茶点。可见,饮茶已完全融入了英国人的日常饮食,成为与"一日三餐"一样重要的部分。

德国人也非常喜欢饮茶,且形成了独特的"冲茶"习惯,即在茶壶上放一个漏斗,漏斗上放一个细密的金属筛子,将茶叶放在筛子上面,然后用沸水不断冲洗茶叶,茶水便流到茶壶内。用这种方法冲出的茶水颜色非常淡。此外,德国人还饮用"花茶",即将各种花瓣与苹果、山楂等果干混合在一起。不难看出,他们的花茶没有一片茶叶,是"有花无茶"。

法国的咖啡馆举世闻名,但饮茶在法国也成为一种时尚。法国人不仅进口茶叶,还积极学习东方的茶道文化。目前,巴黎就有许多东方文化色彩的茶座。

美国虽是咖啡王国,却有一半人喝茶。此外,美国的茶叶销售额也十分惊人,每年可超过 10 亿美元。值得一提的是,美国人不象中国人那样喜欢饮热茶,他们更喜欢喝凉茶甚至冰茶。从饮茶方式来看,他们更多的是饮用罐装的,加入奶、糖、咖啡等其他材料的冷饮茶而不是即时加工的茶水。

综上所述,西方国家从中国引进了茶叶,但他们并不是机械地传承中国茶文化的内涵,而是将中国的茶文化与各自的民族文化相结合,从而使饮茶方式不断得以发展。

2. 中国的茶文化

《神农本草》出现于战国时期,是世界上最古老的药书,"茶"字就最早出现在这本书中。公元 758 年,唐代陆羽完成了《茶经》。这本书对茶叶的栽

---

① 曾庆佳. 中西方茶文化比较浅析[J]. 吉林省教育学院学报,2008,(8):74.

培、制作、挑拣、品饮以及评选经验等都进行了详细论述,是世界上最早的茶叶专著,陆羽也由此被后人尊称为"茶圣"。根据《茶经》的记载,我国早在4 700多年前就已发现茶树并开始利用茶叶。

根据最新的发现及论证,中国西南地区的云南、贵州、四川等地是茶树的原产地。后来,随着人口的迁徙以及地质上的差异,茶树慢慢普及全国并出现了人工种植。

中国人常说,"开门七件事,柴米油盐酱醋茶。"茶排在最后并不是因为茶不重要,而恰恰是说明只有在满足前六个基本要求后,人们才有能力和心情去品茶。所以,茶既野又文,既俗又雅,不仅能解渴疗疾还能悦目赏心,已与中国人的生活紧密相联,上至帝王将相,文人墨客,下至平民百姓,挑夫贩夫,无不以茶为好。

中国人饮茶并非为了解渴,更是具有更深层次的精神内涵。魏晋时期的玄学家提出,茶不仅可以解渴、药疗还可为交流增添气氛。后来,茶文化在发展过程中受到儒、道、佛三教的浸染,形成了独特的中国茶道精神。具体来说,茶文化吸纳了儒家"中庸和谐"的观点,体现了"修身齐家治国平天下"的思想。因此,饮茶不仅可以磨练人的意志,还能协调人际关系,从而实现互敬、互爱、互助的大同理想。茶文化还与道家"天人合一"的思想相融合,通过饮茶来使人心静、不乱、不烦,有乐趣,有节制,即通过饮茶来助长内力,达到养生贵生的目的。佛学则通过茶道来向人讲道、使人顿悟,把饮茶从一种技艺提高到精神的高度,禅宗便是佛学与茶道有机结合的产物。

可见,儒家以茶养廉,道家以茶求静,佛学以茶助禅,中国的茶文化反映了人与自然的高度统一以及中国人对真、善、美的追求。

(二)英汉茶文化的翻译

我国具有悠久的饮茶历史,并形成了独具特色的茶文化,尤其在茶名、茶具、茶的烹制方法等方面都讲究颇多。此外,在长期的饮茶活动中还形成了一些特定的茶道与饮茶习俗,这些也成为中华茶文化重要的组成部分。在对茶文化进行翻译时,应注意将这些文化内涵进行准确传递。

(1)茶名的翻译。例如:

和尚陪着小心,等他发作过了,拿一把铅壶,撮了一把苦丁茶叶,倒满了水,在火上燎的滚热,送与众位吃。

(吴敬梓《儒林外史》第二回)

The monk apologized profusely when Shen had finished. Then he fetched a pewter kettle, put in a handful of tea leaves, filled the kettle with water, boiled it over the fire and poured out tea for them.

(杨宪益、戴乃迭 译)

林之孝家的又向袭人等笑说:"该沏些个普洱茶吃。"袭人晴雯二人忙笑说:"沏了一盏子女儿茶,已经吃过两碗了。大娘也尝一碗,都是现成的。"

（曹雪芹《红楼梦》第六十三回）

Mrs. Lin advised Xiren and Qingwen to brew him some puer tea.

"We've made him some nuer tea and he's drunk two bowls. Won't you try some, madam?" They answered. "It's already brewed. "

（杨宪益、戴乃迭 译）

(2)茶具的翻译。例如:

船舱中间,放一张小方金漆桌子,桌子摆着宜兴沙壶,极细的成窑、宣窑的杯子,烹的上好的雨水毛尖茶。那游船的,备了酒和肴馔及果碟到这河里来游;就是走路的人也买好几个钱的毛尖茶,在船上煨了吃,慢慢而行。

（吴敬梓《儒林外史》第四十一回）

Each vessel carries a small, square, gilt-lacquered table, set with an Yihsing stoneware pot, cups of the finest Cheng Hua or Hsuan Te porcelain, and the choicest tea brewed with rain-water. Boating porties bring wine, dishes and sweetmeats with them to the canal, and even people traveling by boat order a few cents' worth of good tea to drink on board as they proceed slowly on their way.

（杨宪益、戴乃迭 译）

妙玉听了,忙去烹了茶来。宝玉留神看他是怎么行事。只见妙玉亲自捧了一个海棠花式雕漆填金云龙献寿的小茶盘,里面放一个成窑五彩小盖钟,捧与贾母。贾母道:"我不吃六安茶。"妙玉笑说:"知道。这是老君眉。"贾母接了,又问是什么水。妙玉笑回"是旧年蠲的雨水。"贾母便吃了半盏,便笑着递与刘姥姥说:"你尝尝这个茶。"刘姥姥便一口吃尽,笑道:"好是好,就是淡些,再熬浓些更好了。"贾母众人都笑起来。然后众人都是一色官窑脱胎填白盖碗。

（曹雪芹《红楼梦》第四十一回）

Miaoyu at once went to make tea.

Baoyu watched the proceedings carefully. He saw Miaoyu bring out in her own hands a carved lacquer tea-tray in the shape of crab-apple blossom, inlaid with a golden design of the "cloud dragon offering longevity. " On this was a covered gilded polychrome bowl made in the Cheng Hua Period, which she offered to the Lady Dowager.

"I don't like Liu'an tea," said the old lady.

"I know," replied Miaoyu smiling. "This is Patriarch's Eyebrows."

"What water have you used?"

"Rain-water saved from the last year."

The Lady Dowager drank half the bowl and passed the rest with a twinkle to Granny Liu, urging her to taste the tea. The old woman drank it straight off.

"Quite good, but a bit on the weak side," was her verdict, which made everyone laugh. "It should have been left to draw a little longer."

All the others had melon-green covered bowls with golden designs of new Imperial kiln porcelain.

（杨宪益、戴乃迭 译）

（3）茶的烹制方法的翻译。例如：

当下锁了门同道士一直进了旧城，一个茶馆内坐下。茶馆里送上一壶干烘茶、一碟透糖、一碟梅豆上来。

（吴敬梓《儒林外史》第二十三回）

He locked his door and went with the priest to a tea-house in the old city. The waiter brought them a pot of tea, a plate of sweets and another of spiced beans.

（杨宪益、戴乃迭 译）

黛玉因问："这也是旧年的雨水？"妙玉冷笑道："你这么个人，竟是大俗人，连水也尝不出来。这是五年前我在玄墓蟠香寺住着，收的梅花上的雪，共得了那一鬼脸青得花瓮一瓮，总舍不得吃，埋在地下，今年夏天才开了。我只吃过一回，这是第二回了。你怎么尝不出来？隔年蠲的雨水那有这样轻浮，如何吃得。"

（曹雪芹《红楼梦》第四十一回）

"Is this made with last year's rain-water too?" asked Daiyu.

Miaoyu smiled disdainfully.

"Can you really be so vulgar as not even to tell the difference? This is snow I gathered from plum-blossom five years ago while in Curly Fragrance Nunnery on Mount Xuanmu. I managed to fill that whole dark blue porcelain pot, but it seemed too precious to use so I've kept it buried in the earth all these years, not opening it till this summer. Today is only the second time I've used it. Surely you can taste the difference? How could last year's rain-water be as light and pure as this?"

（杨宪益、戴乃迭 译）

(4)茶道的翻译。例如：

尤氏忙止道："不必，不必。你这一向病着，那里有什么新鲜东西。况且我也不饿。"李纨道："昨日他姨娘家送来的好茶面子，倒是对碗来你喝罢。"说毕，便吩咐人去对茶。

（曹雪芹《红楼梦》第七十五回）

"No need, no need," Madam You at once demurred. "Ill as you've been, you can't have any delicacies here. Besides, I'm not hungry."

"Lan's aunt has sent me some good fried flour; let's mix a bowl for you to taste." She ordered a maid to prepare this, while Madam You remained silent in a brown study.

（杨宪益、戴乃迭 译）

坐定，家人捧上茶来。揭开来似白水一般，香气芬馥，银针都浮在水面，吃过，又换了一巡真"天都"，虽是隔年陈的，那香气尤烈。

（吴敬梓《儒林外史》第四十六回）

Once they were seated, a servant brought in tea. When the bowls were uncovered the tea looked as pale as water; but it gave off a rare fragrance, and the leaves were floating on the surface. Following this, some Tientu tea was served. And although the leaves had been kept for over a year, this brew was even more fragrant than the first.

（杨宪益、戴乃迭 译）

(5)饮俗的翻译。例如：

于老者道："恰好烹了一壶现成茶，请用杯！"斟了送过来。荆元接了坐着吃，道："这茶，色、香、味都好。老爹，却是那里取来的这样好水？"于老者道："我们城西不比你城南，到处井泉，都是吃得的。"

（吴敬梓《儒林外史》第五十五回）

"I've just made a pot of tea. Please have a cup."

He poured out a cup and passed it to Ching, who sat down.

"This tea looks, smells and tastes delicious, uncle," said Ching. "Where do you get such good water?"

"We're better off than you folk in the south city. We can drink from all the wells here in the west."

（杨宪益、戴乃迭 译）

妙玉笑道："你虽吃的了，也没这些茶糟蹋。岂不闻'一杯为品，二杯即是解渴的蠢物，三杯便是饮牛饮驴了'。你吃这一海便成什么？"说的宝钗、黛玉、宝玉都笑了。妙玉执壶，只向海内斟了约有一杯。宝玉细吃了，果觉轻浮无比,赏赞不绝。

(曹雪芹《红楼梦》第四十一回)

"Even if you can, I've not so much tea to waste on you. Have you never heard the saying: 'First cup to taste, second to quench a fool's thirst, third to water an ox or donkey'? What would you be if you swallowed such an amount?"

As the three others laughed, Miaoyu picked up the pot and poured the equivalent of one small cup into the goblet. Baoyu tasted it carefully and could not praise its bland purity enough.

(杨宪益、戴乃迭 译)

第三节 英汉居住文化对比与翻译

居住文化以民间建筑为主要研究对象。民间建筑既包括用来满足基本生活需要的民居,也包括仓库、地窖、为牲畜建造的房屋等附属建筑物。民间建筑是一国生产方式与民族文化观念的集中体现。

一、英汉居住文化对比

(一)西方的居住文化

在西方历史上出现过众多民族,而各个民族都有自己的建筑风格,这就使西方的居住文化呈现出多元性特征。下面就以英国民居和美国民居为例来介绍西方的居住文化。

1. 英国民居

英国人将房屋视为绝对的"个人天地"(privacy),因此通常喜欢曲径通幽、孑然独立、远离闹市的房屋,邻里之间也常通过篱笆、绿树等来保护各自的私人生活。

20 世纪 60 年代,各地政府为解决住房问题而建造了大批高层公寓。但是,这些公寓因私密性太差而少有人问津。20 世纪 70 年代新盖的房屋虽交通便利却又矮又小,因此有一定经济能力的人往往在郊区购买一所独立或半独立的小楼,以便周末时可以享受幽静的田园生活。

就目前的情况来看,英国人通常会选择独门独户或带阳台的平房,主要包括三种类型:(1)独立式,即配有院子、花园和车库,独立居住,环境幽静;(2)半独立式,即两所房子并肩而立,且每所房子各住一家,围栏或矮墙使两户人家互不干扰;(3)排房式,即每两所房屋共用一堵墙,中间没有夹道或院落,也没有花园与车库,价格低廉但私密性差。

2. 美国民居

概括来说,美国民居主要包括以下三种。

(1)别墅。别墅分为独立式住宅、合并公宅和公宅,通常配有游泳池与网球场,条件优越,通常位于郊区,适合有经济基础的人。

(2)活动房。活动房多采用木板或铁皮制成,外观漂亮,设施齐全,可安装在汽车上自由活动,符合美国人追逐自由的个性。

(3)公寓。公寓内配备了一应俱全的基本设施。尽管是数十户甚至上百户共同居住在一个建筑物内,但每一户的生活空间都很独立。公寓通常建在城市里,因租金低廉而适合收入微薄的人或靠养老金生活的老人。

(二)中国的居住文化

中国幅员辽阔,自然环境千差万别,各地都形成了独具特色的居住文化。概括来说,中国的民间建筑主要包括以下几种类型。

1. 上栋下宇式

上栋下宇式民居巧妙利用地面空间建筑居室,具有夯实的地基,以土、木、石等为主要原料,做工精细。这种民居体现着封建的等级秩序,与我国宗法制的家庭结构相适应,是中国民居的典型代表。值得一提的是,上栋下宇式民居虽在全国范围内普遍存在,但具体的建筑形式往往因地域不同而各有特色,如南方客家围楼为环形住宅,而北京的四合院就属于庭院住宅。

2. 洞穴居

洞穴居往往利用天然洞穴或对天然洞穴稍作加工,是人类历史上最悠久的居住方式。生产力的提高使洞穴居从对天然洞穴的利用发展到开凿人工洞穴,即利用地形、地势、地物等天然条件建造而成的固定的生活空间。今天,在黄土高原仍普遍存在的窑洞就是典型的洞穴居。

3. 帐篷式

帐篷因容易拆卸而成为许多游牧民族的主要居住方式,在当今社会也成为登山、旅游、勘探的理想住所。帐篷种类繁多,既有临时性的也有长期性的,既有圆拱形、圆锥形、方形等规则外形的,也有其他一些不规则外形的。帐篷的制作材料也非常丰富,包括布匹、羊毛、桦树皮、兽皮等。如今,西藏、青海、甘肃等地的藏族,西北地区的哈萨克族以及东北地区的鄂温克族、达斡尔族、蒙古族仍以帐篷为主要的居住方式。

4. 干栏式建筑

干栏式建筑首先以竹柱或木柱做成一个与地面有一定距离的底架,然后再以底架为基础来建造住宅,是云南、贵州、广西、海南岛、台湾等地一些少数民族的主要居住方式。这主要是由于这些地区常年闷热潮湿,底架与地面之间的空隙不仅利用通风,还可防潮、防兽。此外,干栏式建筑一般分为上下两层,楼下用来养牲畜或堆放杂物,楼上住人,这也与当地的生产生活方式相吻合。

二、英汉居住文化的翻译

概括来说,在进行英汉居住文化的翻译时,应注意二者在建筑材料、建筑结构、建筑布局、建筑理念等方面的差异,并灵活运用意译法与释义性翻译法。

(一)意译

中国建筑气韵生动,温柔敦厚,充分体现出温和、实用、平缓、轻捷的人本主义特征。有效运用意译法可以更好地向译入语读者展示中国文化的意境。例如:

她一下来,鸿渐先闻着刚才没闻到的香味,发现她不但换了衣服,并且脸上都加了修饰。苏小姐领他到六角小亭子里,两人靠栏杆坐了。

(钱钟书《围城》)

When she came down, he caught a fresh whiff of a fragrance he had not smelled a moment ago and noted that she not only had changed her clothes but had also put on some make-up. She led him into a small sextagonal pavilion; they sat down against the railing.

(珍妮·凯利、茅国权 译)

紫鹃笑道:"这都是素日姑娘念的,难为他怎么记了。"黛玉便令将架摘下来,另挂在月洞窗外的钩上,于是进了屋子,在月洞窗内坐了。

(曹雪芹《红楼梦》第三十五回)

"Those are lines you often recite, miss," giggled Zijuan. "Fancy him getting them by heart!"

Daiyu made her take the perch down and hang it on a hook outside the moon window, then went inside and sat down by the window…

（杨宪益、戴乃迭 译）

进入三层仪门，果见正房厢庑游廊，悉皆小巧别致，不似方才那边轩峻壮丽；且院中随处之树木山石皆在。一时入正室，早有许多盛妆丽服之姬妾丫鬟迎着，邢夫人让黛玉坐了，一面命人到外面书房去请贾赦。

（曹雪芹《红楼梦》第三回）

…, for when they had passed three ceremonial gates she saw that the halls, side chambers and covered corridors although on a smaller scale were finely constructed. They had not the stately splendor of the other mansion, yet nothing was lacking in the way of trees, plants or artificial rockeries.

As they entered the central hall they were greeted by a crowd of heavily made-up and richly dressed concubines and maids. Lady Xing invited Daiyu to be seated while she sent a servant to the library to ask her husband to join them.

（杨宪益、戴乃迭 译）

（二）释义性翻译

通过中国民居可以感受到鲜活的生活气息。这些建筑不仅曲线优美，还常常通过细小之处来表达生活情趣。因此，对一些具有特定含义的建筑名词进行解释就显得十分必要。例如：

请韦四太爷从厅后一个小巷内曲曲折折走进去，才到一个花园。那花园一进朝东的三间。左边一个楼便是殿元公的赐书楼。楼前一个大院落，一座牡丹台，一座芍药台，两树极大的桂花正开的好。后面又是三间敞榭，横头朝南三间书房后，一个大荷花池，池上搭了一条桥。过去又是三间密屋，乃杜少卿自己读书之处。

（吴敬梓《儒林外史》第三十一回）

Presently he led Mr. Wei by a passage from the back along a winding path to the garden. As you went in you saw three rooms with an eastern exposure. A two-storeyed building on the left was the library built by the Number One Scholar, overlooking a large courtyard with one bed of moutan peonies and another of tree peonies. There were two huge cassia trees as well, in full bloom. On the other side were three summer houses, with

— 111 —

a three-roomed library behind them overlooking a great lotus pool. A bridge across this pool led you to three secluded chambers where Tu Shao-wing used to retire to study.

（杨宪益、戴乃迭 译）

这里贾芸随着坠儿，逶迤来至怡红院中。坠儿先进去回明了，然后方领贾芸进去。贾芸看时，只见院内略略有几点山石，种着芭蕉，那边有两只仙鹤在松树下剔翎。一溜回廊上吊着各色笼子，各色仙禽异鸟。上面小小五间抱厦，一色雕镂新鲜花样隔扇，上面悬着一个匾额，四个大字，题道是"怡红快绿"。

（曹雪芹《红楼梦》第二十六回）

Jia Yun followed Zhuier by winding paths to Happy Red Court. She went in first to announce him, then ushered him in. The young man had time to scrutinize the courtyard. There were a few scattered artificial rocks with plantains growing between, and two storks were preening their feathers under a pine. In the gallery surrounding the courtyard hung cages of every description containing all manner of rare exotic birds. The five-frame apartment before him had lattice-work carved with ingenious designs, while above its door hung a tablet inscribed with the words: Happy Red and Delightful Green.

（杨宪益、戴乃迭 译）

第五章　英汉社会文化对比与翻译

英汉社会文化涉及的范围很广,包括颜色词、数字词、价值观等方面,对这些文化的深入理解,有利于顺利地展开跨文化交际活动。本章就重点研究英汉颜色词文化、数字词文化、价值观文化的对比与翻译。

第一节　英汉颜色词文化对比与翻译

一、英汉颜色词文化对比

(一)black—黑色

1. 英语文化中的 black

black 在英语中的文化意义与汉语中的"黑色"基本相同,既有褒义的内涵,也有贬义的内涵。

(1)褒义内涵

①表示庄重、尊贵。西方人,特别是一些富商、高官、名人等上流社会阶级的人士都特别喜好穿黑色的服饰以显示一种尊贵和庄重。因此,西方人在选择正装时多青睐于黑色。

②表示盈利。西方人在记账通时,通常会使用黑色字体以标注盈利的数字,于是英语中就有了 in the black(盈利、有结余)的说法。

(2)贬义内涵

①表示悲哀、凶兆、死亡、灾难。在西方国家,黑色是葬礼服装的标准色彩。例如:

Black Mass 安灵弥撒

a black letter day 凶日

black words 不吉利的话

The black memory of his mother's death rushed over him again.

母亲的死这件使他十分悲痛的往事又涌上他的心头。

②表示耻辱、不光彩、邪恶、犯罪。例如：

Black Man 邪恶的恶魔

black guard 恶棍、流氓

a black eye 丢脸、坏名声

③表示没有希望。例如：

the future looked black 前景暗淡

black news 坏消息

④表示气愤、愤怒。例如：

black mood 情绪低落

black look 恶狠狠地看一眼

black in the face 气得脸色发紫

be black with anger 怒气冲冲

Things look black.

看来情况不妙。

He got many black looks for his speech against the government.

他发表发对政府的演说，因此许多人对他怒目而视。

在汉语文化中，"黑"与"白"是一个相对的颜色，也蕴含着相反的意义，如"颠倒黑白"、"黑白不分"。然而，英语中的 black 有时与 white 表示相似的意义。例如：

call black white 颠倒黑白

put down in black and white 见诸文字

swear black is white 强词夺理

英语中的颜色词 black 有时又与 blue 搭配，如 beat sb. black and blue（把某人打得遍体鳞伤）。

2. 汉语文化中的"黑色"

在汉语文化中，黑色应该是诸多颜色中最常见的一个。在传统的中国文化中，黑色并没有负面的含义。可以说，黑色在中国文化中的内涵非常复杂，始终处于一种矛盾且对立的状态中。确切地说，黑色在汉语文化中的内涵是褒贬共存的。

（1）褒义内涵

①表示尊贵与庄重。在春秋时期，黑色曾经是官员们上朝时所着朝服的颜色，古书《毛诗故训传》记载："缁，黑色，卿士听朝之正服也。"可见，在中

国古代,人们用黑色的帛制作朝服,以显示其尊贵与庄重的气势。既然黑色可以成为古代朝服的颜色,那么黑色在古代的地位显然是很高的。直到今天,黑色在我国仍有着"庄重、显贵、正式"的含义。

②表示刚直不阿、公正无私。在中国戏剧表演中,演员们会用黑色或以黑色为主色调来表现出人物刚直不阿、严正无私和憨厚忠诚的特点,如包拯、尉迟恭、李逵、张飞等人的脸谱均为黑色。

(2)贬义内涵

①黑色总会使人与黑夜联系在一起,所以其也带有一定的贬义色彩。例如,人们在黑夜中总会感到恐怖和无助;人们看到一些黑色的动物和鸟类,如乌鸦、猫头鹰、猪等时,也总是本能地产生厌恶之感。

②象征反动、邪恶等。在现代汉语中,有很多用黑色来表示的词语均说明了"黑"不受欢迎的一面。例如:"背黑锅"、"黑势力"、"黑爪牙"、"黑人黑户"、"黑名单"、"黑色收入"等。

(二)white—白色

1. 英语文化中的 white

白色在英语中主要有以下几个文化内涵。

(1)表示纯洁与洁净。在西方的婚礼上,新娘一般都会穿着白色婚纱,手捧鲜花,新郎则会身着白色西服,表示婚姻生活的伊始,也代表纯洁无暇。这一点与中国文化中以白色为孝服的颜色是截然不同的。近年来,受西方文化的影响,中国的新娘也会在婚礼上着白色婚纱。

(2)表示快乐、欢悦与吉利,如 a white day(吉日),a white Christmas(欢快的圣诞节)等。圣诞节是西方国家最重要的节日,英美人喜欢户外活动,特别是滑冰、滑雪,而圣诞节正是冬季滑雪的最好时间。

(3)表示善意,如 a white lie(一个善意的谎言),a white war(不流血的战争)等。

2. 汉语文化中的"白色"

在中国文化中,白色有着自相矛盾的内涵。

(1)褒义内涵

在汉语文化中,白色首先能让人联想到"圣洁、洁净、坦诚",如"清清白白、白璧无瑕、洁白如玉"等。在现代社会中,白色也是对女性美和婴幼儿健康标准的一种评价。人们普遍认为美丽的女性应该是肌肤白皙的;人们对婴幼儿加以评价时经常说道"又白又胖"。

（2）贬义内涵

在汉语文化中，白色也有很多贬义内涵，具体体现在如下几个方面。

①表示诀别、凶兆或死亡。白色具有诀别的含义。《史记·荆轲传》中记载了荆轲与太子丹在诀别之时，众人前往易水河边相送的场景："皆白衣冠以送之"。《三国演义》中也多次写到因送别亡人身着白衣白冠相送。直到今天，一旦有人去世，其后人都会穿上白衣为其送终。例如，亲人死后家属都要披麻戴孝办白事，设白色灵堂，出殡时要打白幡。

②表示落后、反动或投降。例如，"白色恐怖"是指反动政权制造的镇压革命的恐怖氛围；"白区"是指反动政权控制的地区或区域；"白军"是指反动军队；"白色政权"专指反动政权等。

③表示愚蠢、失败与无利可得。智力低下的人常被称为"白痴"；出力不讨好叫作"白忙"、"白费力"、"白干"等。此外，在战争中，失败的一方要以白旗表示投降。

④表示奸邪、阴险。例如，忘恩负义的人可以被称为"白眼狼"，将戏剧中演奸臣的角色称为"唱白脸"。

⑤表示知识浅薄、没有功名。例如，人们把平民百姓称为"白衣"；缺乏锻炼、阅历不深的文人则常被唤作"白面书生"等。

（3）中性内涵

白色的中性内涵是"明白、清楚"。例如，"不白之冤"是指无法破解的冤情、冤枉；"真相大白"、"大白于天下"是指找到事实真相，将其公之于众等。

（三）red—红色

1. 英语文化中的 red

（1）褒义内涵

red 在英语中具有"荣誉、尊贵、喜庆"等意思。西方人在迎接贵宾时通常会用红色表达敬意。例如，迎接他国首脑时会铺设红地毯（the red carpet），以表示对对方的尊重；参加一些圣餐仪式时会穿红色服装以示圣爱。此外，血红色象征着坚毅不拔的精神。

（2）贬义内涵

①表示暴力、流血。在西方人眼中，红色就是鲜血的颜色，他们视鲜血为"生命之液"，并认为一旦人体的鲜血流出，就意味着生命之花开始凋零。因此，西方文化中的红色多与暴力、恐怖、流血等有关。例如：

a red battle 血战

red revenge 血腥复仇

the red rules of tooth and claw 残杀和暴力统治

red hot political campaign 激烈的政治运动

see red 气的发疯、大发雷霆

②表示危险、紧张。例如,red alert(空袭报警)。

③表示放荡、淫秽。红色在西方具有"邪恶的美"、"性"、"诱惑"等隐喻意义,所以西方的红色也暗指放荡与淫秽。例如:

paint the town red 花天酒地地玩乐、出没于娱乐场所

a red waste of his youth 他那因放荡而浪费的青春

④表示负债、亏损。西方人在记账或者结算财政收支情况时,如果账上和损益表上的净收入为负数,那么就会用红笔登记,以达到提醒、醒目的目的,于是 red 在西方也就有了负债、亏损的含义。例如:

in the red 亏本

red ink 赤字

red figure 赤字

red balance 赤字差额

2. 汉语文化中的"红色"

在中国文化中,"红色"常与火与血的颜色联系在一起,中国人除了会用红色来表示物体的颜色外,还会用它表达"热烈、欢快、喜庆、吉祥、胜利、好运或受欢迎"等情感。在中国古代,王公贵族豪宅的大门多为红色,象征着富贵。今天,中国人在结婚、过节、欢庆等时刻也都喜欢用红色来装点周围的环境。可以说,在中国,红色的积极意义要多于其负面意义。例如,表示兴旺和发达的词有"开门红、红光满面、红日高照、满堂红、红利、红包、分红"等;表示成功和圆满的词有"演红了、走红、红得发紫、红极一时"等;在中国的戏剧中,红色还象征着正义忠良,如"一片丹心"。由于红色常与"火"联系在一起,所以红色还代表着革命,如"红军、红旗、红色政权、红色根据地、红色旅游、唱红歌"等。此外,由于红色与"血"有关,所以其也含有凶兆、灾难之意,如"血光之灾"。

(四)blue—蓝色

1. 英语文化中的 blue

blue 在英语中有着各种各样的文化内涵。在英国的传统文学中,经常会用 blue 歌颂大海。因为海洋文化是英国最典型且传统的文化。肉眼看大海的颜色就是深蓝的。例如,英国诗人 Bryan Waller Procter 在 *The Sea* 中曾写道:

The sea! The sea! The open sea!

The blue,the fresh,the ever free!

大海啊大海,漫无边际的大海!

湛蓝,清新,永远自由自在!

除此此外,blue 也有其他引申含义,这些含义都是我们无法凭空想象的。

(1)表示地位的高贵、法规的严格以及人们对某种事物的热情。例如:

blue ribbon 最高荣誉的标志

blue blood 贵族血统、名门望族

blue laws 严格的法规

blue nose 严守教规的卫道士

True blue will never stain.

忠实可靠的人绝不会做坏事。

(2)表示色情的、下流的。例如:

blue films/movies 黄色电影

blue video 黄色录像

blue jokes 下流的玩笑

(3)表示情绪低落,心情郁闷等感情。例如:

to feel blue 闷闷不乐

to look blue 深色沮丧

to cry the blues 情绪低落

in a blue mood 处于忧郁的情绪中

(4)表示迅速、突然。例如:

blue streak 一闪即逝的东西

out of the blue 突爆冷门

可见,blue 在英语中的文化内涵属于两个极端,所以在对其加以分析和使用时应该联系语境充分考虑其内涵,进而避免产生歧义或者误用。

2. 汉语文化中的"蓝色"

在所有颜色中,蓝色是一种最能给人以明快感的颜色。这是因为蓝色是大海和天空的色彩。人们一看到大海或者天空就会立即感到轻松。但是,由蓝色构成的汉语词语是非常贫乏的。无论是在古代汉语还是现代汉语中,"蓝"字一般都是就事论事的使用,没有其他引申义,如《荀子·劝学》中的"青,取之于蓝而青于蓝",白居易《忆江南》中的"日出江花红胜火,春来江水绿如蓝"等。

但就象征意义而言,现在汉语中的"蓝色"经常用于表示"依据"。例如,"蓝本"原指书籍正式付印之前为校稿审订而印制的蓝色字体的初印本,后

来专指撰著、改编等所依据的底本、原稿。再如,"蓝图"源自英语 blueprint 一词,原指设计图纸,因其为蓝色而得名,如今也用来喻指建设所依据的设计、规划以及人们对未来的宏大设想等。

（五）yellow——黄色

1. 英语文化中的 yellow

yellow 在英语中没有太多含义,一般指"卑劣"、"怯懦"、"猜忌"等。例如:

a yellow dog 卑劣的人

a yellow livered 胆小鬼

yellow looks 阴沉多疑的神色

此外,yellow 在英语的含义也是就事论事的,但是 the yellow pages 或 the yellow book 的意思是电话薄而不是汉语中的"黄色书刊"。在英语国家中,电话薄可以分为两种,一种是印成黄色的公用电话薄,另一种是印成白色的私人电话薄,即 the White Pages 或 the White book。

2. 汉语文化中的"黄色"

在汉语文化中,黄色有着与英语文化截然不同的联想与文化内涵。

(1)表示尊贵、皇权或者富足。在古代社会中,黄色多象征着至高无上的地位。这或许是与中华民族文化的发祥地——黄河流域的中原地区有关,这里的土地为黄色的,且以农业经济为主。人们始终坚信,中华民族的始祖就是"黄帝"。中国古代帝皇的服饰也都是以黄颜色为主。溥仪在其回忆录《我的前半生》中写道,北京皇宫里"无一不是黄的"。因此,汉语中有大量与"黄"有关的表达皇家专用的词语,如"黄榜、黄袍、黄赦、黄帛"等。

(2)表示神灵。相传,道教是由黄帝和老子共同研究而成的道家学说,于是汉语中就产生了黄老学派和黄老之学的说法。道家子弟们穿着的服饰为黄色,用于驱鬼避邪、祭祀神灵的均为黄纸。为了记录时间,黄帝创建了"黄历"。此外,封建社会编写的大历书也是黄色,所以就有了今天的"黄道吉日"的说法。

(3)表示色情淫乱、腐化堕落。黄色被赋予这一贬义是近代的事,据说在 19 世纪中期,竞争激烈的美国报业中,有一份报纸因连载了一个名为 *The yellow kid*（《黄色孩童》）的连环漫画大获成功,而在这个连环漫画中,作者用黄色对漫画中的某些地方进行处理,表现出低俗的涵义,同时该环漫画中还刊登一些低级趣味的内容,不料却大受欢迎,取得成功。后来,这种新闻报道方法进入了中国,"黄色"慢慢演变成了淫秽色情的代名词。如汉语中有"黄色小说"、"黄色书刊"、"黄色电影"、"黄色图片""黄段子"(即色情的或带点荤味的短小笑话、故事)等词语。需要指出的是,虽然汉语中黄色一词所具有的"淫秽"象征意义来源于英语,但是 yellow 在英语中并没有"色情、淫秽"之义,英语中表示"色情"含义的色彩词是 blue。

(4)表示稚嫩。黄色可用来指幼儿,如"黄童白叟",这是由于婴儿的头发是细细的黄毛;黄色也常用来讥诮未经世事、稚嫩无知的年轻人,如"黄口小儿"、"黄毛丫头"等。

(六)green—绿色

1. 英语文化中的 green

(1)表示幼稚、新手、没有经验、不成熟、缺乏训练等。例如:
green hand 新手
to be green as grass 幼稚,无经验
green from school 刚出校门的年轻人
(2)表示新鲜。例如:
a green wound 新伤口
green meat 鲜肉
green corn 嫩玉米
(3)表示妒忌。例如:
green with envy 眼红
green-eyed 害了红眼病妒忌
(4)表示钞票、金钱。绿色是美国钞票的主色调,所以绿色常用来象征金钱。人们称"美钞"为 green back,并逐渐衍生出 green power(金钱的力量,财团)这一说法。
(5)表示青春、活力。例如:
in the green 血气方刚
in the green wood 青春期
随着全世界对环保问题越来越关注,中西方人均将"绿色"当作环境保护的代名词。例如:
Green Peace Organization 绿色和平组织
Green-house effect 温室效应

2. 汉语文化中的"绿色"

绿色有着天然的悦目色彩,但其在汉语文化中有着褒贬不同的文化

内涵。

（1）表示春天，象征新生和希望，也象征生命、青春等。例如，宋代诗人王安石用"春风又绿江南岸"来歌颂春天。

（2）表示不忠。妻子有外遇，丈夫会被别人讽刺称为"戴绿帽子"。

（3）其他含义。例如，"绿色农业"指少农药、有机化肥的农业种植；"绿色食品"指天然或农药含量很少的食品；"绿色通道"指便捷的办事途径；"绿色旅游"指切近大自然的山水游等。

（七）purple—紫色

在英语文化中，purple 具有如下文化内涵。

（1）象征王位、显贵和权力。例如：

be born in the purple 出身于王室贵族，或身居显位

Purple Heart 授予在作战中受伤的紫心勋章以示嘉奖

purple 在英语中之所以有这一文化内涵是因为古罗马、古希腊的帝王高官都身着紫袍以示其显贵与尊严。

（2）在文学中，表示词藻华丽。例如：

purple passage 词藻绚丽的篇章或段落

purple prose 华丽的散文

（3）表示不好的脸色。例如：

be purple with fury/rage 脸都气紫了

"紫色"一词在汉语中含义褒贬不同，如"紫气东来"表示祥瑞，"紫禁城"表示皇宫禁地，"紫书"则是指皇帝的诏书。

（八）grey—灰色

英汉语言中的 grey（灰色）均可表示暗淡、不明了。英语中如 grey area（未知的知识领域）；汉语中如"灰不溜秋"、"前途灰暗"等。英语中，"He is a teacher with grey experience."这里的 grey 是指"老练的、成熟的"。"灰色"在汉语中可用来形容"消沉、灰溜溜的（地）"，如"他灰溜溜地走了"、"心灰意冷"、"灰心"。

二、英汉颜色词的翻译

（一）直译

尽管英汉文化中同一颜色的联想具有较大差异，但是为了保持原文的风格与特色，应尽量采用直译法进行翻译。例如：

black list 黑名单

white flag 白旗

red rose 红玫瑰

yellow brass 黄铜

blue-collar workers 蓝领阶层

green tea 绿茶

He was dressed in a European-style suit of a pale grey material with pale blue stripes.

他穿着一身浅灰色底子淡蓝色条纹的西装。

The man was a tall, hurly fellow with long hair and more white than black to this eyes.

这是一个高大身材,长头发,眼球白多黑少的人。

The leafless trees, that against the leaden sky now revealed more fully the wonderful beauty and intricacies of their branches.

那叶儿落尽的树木,映衬着铅灰色的天空,此刻显得更加枝丫交错,姿态万千。

红雨随心翻作浪,青山有意化为桥。

Crimson rain swirls in waves under our will,

Green mountains turn to bridges at our wish.

(二)意译

当颜色词无法直译时,还可以考虑采用意译法。在意译过程中可以对原文进行适当地增补或删减,以使译文符合译入语的表达习惯。例如:

oasis 绿洲

grease pump 黄油油泵

black smith 铁匠

a white elephant 耗费巨大却无实用价值的东西

black tea 红茶

brown sugar 红糖

black mail 敲诈;勒索;敲诈或勒索之款

wedding and funeral 红白喜事

make a good start 开门红

weddings and funerals 红白喜事

牛皮纸 brown paper

糙米 brown rice

马口铁 white iron

I dislike John, for he is a yellow dog.

我讨厌约翰,他是个卑鄙小人。

She is green with jealousy.

她醋意大发。

He is a white-haired boy of the general manager.

他是总经理的大红人。

A fine old gentleman, with a face as red as a rose…

一位红光满面,精神矍铄的老绅士……

Mr. Brown is a very white man. He was looking rather green the other day. He has been feeling blue lately when I saw him he was in a brown study. I hope he'll soon be in the pink again.

布朗先生是个非常忠实可靠的人。那天,他脸上颇有病容,近来他闷闷不乐,我看到他时他在沉思之中。希望他早日恢复健康。

The competing interests groups confront each other with a show of passion and drama, sometimes over inconsequential matters or over a mere linguistic difference.

利害冲突集团有时为了一些枝节问题或仅仅为了一个字眼而争论得面红耳赤,剑拔弩张。

（三）直译加注释

一些颜色词在直译后仍无法将源语的意思清楚、准确、完整地再现出来,这时就要增加注释进行翻译。例如:

green pound 绿色英镑（英国参加欧洲共同体农产品交易使用的货币）

yellow ribbon 黄丝带（表达希望某人安全归来的愿望）

white paper 白皮书（西方国家发布的正式文件）

在他们分别的前一天,他送给她一颗红豆。

On the day before their departure, he gave her a red bean, which is a token of their love and remembrance.

（四）增译

在翻译过程中,有时原文中虽然没有直接使用颜色词,但是可以根据译文的表达需要以及原文意义,适当增补颜色词。例如:

infrared rays 红外线

make a good start 开门红

see red 大怒

red ruin 火灾

red tape 繁文缛节

white coffee 加奶咖啡

Her eyes became moist.

她眼圈红了。

She is a popular singer and in fact she becomes even more popular after the competition.

她是个红歌星,事实上经过那些比赛她就更红了。

(五)减译

有时候,英汉语中的一部分颜色词无法进行直译,也无法替换颜色词进行翻译,此时可以去掉颜色词进行意译,以便更准确地表达本意。例如:

evil mind 黑心肠

a black look 怒目

Neither of the two organizations uses public funds for direct support of abortions, but they do support groups which provide abortions with other funds a red flag for conservatives.

这两个组织都未动用公款直接资助堕胎,但他们所资助的团体,却利用其他经费来资助堕胎,这就激怒了保守派人士。

We must serve the people with utter devotion.

我们必须赤胆忠心为人民。

贾爷……爷曾留下话与和尚转达老爷,说:"读书人不在'黄道'、'黑道',总以事理为要。"

Mr. Chia…asked the monk to tell that scholars are not scholars are not superstitious about lucky or unlucky days but like to act according to reason.

第二节　英汉数字词文化对比与翻译

一、英汉数字词文化对比

(一)one——一

英语 one 对应的汉语数字是"一",二者的意义既有相同的地方又有不同的地方。具体体现在如下几个方面。

（1）数字 one 与"一"均表示"同一"、"统一"、"一致"。例如，英语中的 as one（一齐、一致）,at one（完全一致）,one and the same（同一个）等；汉语中的"天人合一"、"万众一心"、"清一色"、"同一个世界，同一个梦想"等。

（2）数字 one 与"一"均表示"少"。例如，英语中的"One flower makes no garland."（一朵花做不成花环）,"One swallow doesn't make a summer."（一只燕子形不成夏天）,"One and only."（绝无仅有）等；汉语中的"一针一线"、"一笑千金"等。

（3）数字 one 与"一"的文化内涵也有不对应的时候。英语 one 不能与其他词搭配使用,但汉语中"一"可以与其他词搭配并产生新的意义。例如,"一针见血"（hit the nail on the head）、"一见钟情"（to fall in love at the first sight）、一本万利（make big profits with a small capital）等。

（二）two—二

two 对应的汉语数字为"二"，它们均可以表示数字"两个"。但是，二者也有着不同的文化内涵。

在英语文化中,two 并不是一个吉利的数字。传说中,每年的第二个月份的第二天对普路托（Pluto,冥王,阴间之神）来说是一个神圣的日子,所以这一天被人们认为是不吉祥的日子。在现代英语中,two 除了带有一定的中性含义外,还会包含一定的贬义色彩。例如：

Two of a trade never agree.

同行是冤家。

Two heads are better than one.

两个总比一个强。

Put two and two together.

综合起来推断。

然而,在汉语中,"二"除了代表具体的数字外,几乎没有其他引申含义。在实际的生活中,"二"多作为一个名词的构成成分来使用。例如,"二锅头"、"二流子"、"二鬼子"等。数字"二"之所以不被重用,是因为人们更习惯用"双"、"两"来代替"二"。例如,"双喜临门"、"两叶掩目"、"两面三刀"等。

（三）three—三

three 对应的汉语数字是"三"。二者在英汉文化内涵上的差异主要体现在如下几个方面。

在西方人眼中,three 是一个最完美的数字。他们认为,世界由天空、大地、海洋三部分构成；大自然包括动物、植物和矿物三部分；人体有心灵、肉体和精神；基督教倡导圣父、圣子和圣灵"三位一体"；政权也施行政权、立法权和司法权的"三权分立"。由于三角形是最稳固的形状，所以 three 常用来象征稳定和牢固。

此外，数字 three 还可以引申出其他意义。例如：

three handkerchief 催人泪下的伤感剧

three sheets in the wind 醉得东倒西歪

three-ring circus 乱糟糟的场面

在汉语中，数字"三"是一个极为普通的数字。但是，在数字的发展历史中，"三"的出现标着了人类对数字认识的一个飞跃。《老子》中的"三生万物"其实就是对人类数字思维发展飞跃的一个最基本的解释。在传统的汉文化中，"三"特别受人们的喜爱和推崇。"三"可以表示天、地、人；惜、今、未；上、中、下等，似乎有"三"就能代表全部，所以在中国人们常用"三"归纳事物，表示"全部"、"多"等意思。"三"不但涉及政治制度、伦理道德、宗教关键等概念，而且也关涉到军事地理、社会民俗和日常生活等方面的内容。在现代汉语中，"三"也是一个异常活跃的词语。例如，"三更"、"三角恋"、"三言两语"、"三个代表"、"三线建设"、"三农问题"等。

(四)four—四

尽管 four 在历史上有着诸多含义，但从根本上说其所表达的还是以物质世界的构成要素为主的。例如，古希腊文明将世界构成的要素描述为：土(earth)、水(water)、气(air)和火(fire)。并且，西方文明还认为地球有四个角落(the four corners of the earth)此外，在政治领域，最著名的是美国前总统罗斯福提出的"四大自由"：言论自由(freedom of speech)、信仰自由(freedom of worship)、不虞匮乏的自由(freedom from want)和免于恐惧的自由(freedom from fear)。

在汉语文化中，"四"则有着不同于英语 four 的内涵。在中国传统文化中，"四"表示一个整体且完整的概念，象征着周全、平稳、安定、昌盛。但是，由于"四"与"死"构成谐音，所以汉语中的阿拉伯数字 4 被看成是不吉利的数字，是不受欢迎的。例如，医院避免设 4 号床位，宾馆避免设 4 号房间，就连含 4 的车牌和电话号码也不受欢迎。

(五)five—五

five 在英语中被认为是一个不吉利的数字，这主要与西方的宗教有关。《圣经》记载：耶稣是在星期五被钉在十字架上的，所以 Friday 多代表着"厄运"，被称为"黑色星期五"。又如，the Fifth Column 通常指"被敌军收买的内奸"。

在汉语中，"五"是一个神秘的数字。这是因为"五"是"一"到"九"中居于最中间的数字，这在《易经》中被称作"得中"。这与中华民族的中庸之道、不偏不激的做事风格相一致，因而它常象征着和谐，备受人们青睐。例如，汉语中有"五常"（仁、义、礼、智、信）、"五伦"（君臣、父子、兄弟、夫妇、朋友）、"五义"（父义、母慈、兄友、弟恭、子孝）等说法。

（六）six——六

six 在英语文化中有着双重含义。但是，在当今的语言使用中，其多表示不好的意思。例如，666 是魔鬼的数字，圣经中代表可怕的邪恶。这是因为西方国家的基督徒认为，新世纪的第 6 年 6 月 6 日是魔鬼降临的日子。再如：

hit(knock)for six 彻底打败，完全挫败

six penny 不值钱的

six of the best 一顿痛打

at sixes and sevens 乱七八糟，不和

six to one 力量相差悬殊

相反，在汉语文化中，"六"是一个时空和谐数字，人们经常会说"眼观六路、耳听八方"，这里的"六路"又称"六合"，分别指前、后、左、右、上、下，或者指天地四方。"六"是中国人最喜欢的一个数字之一，它被认为是一个吉祥的数字，如"六六大顺"。自古代，中国就有崇尚"六"的传统观念。例如，先秦时期的六部儒家经典被称为"六经"或"六艺"，诸子百家中的阴阳、儒、墨、名、法、道总称为"六家"，周代兵书共六卷称作"六韬"，周礼有"六典"，管制有"六部"，皇后寝宫有"六宫"；中西将心、肝、肾、脾、胆合称为"六府"；民间有"六六大顺"、"眼观六路，耳听八方"等俗语。如今，人们在日常生活中也都刻意选择带有"六"的手机号或车牌号，人们特别喜欢尾数是"66，666，6666"的几组数字，因为它们象征着顺顺利利，万事如意。[①]

（七）seven——七

seven 在英语中是一个非常矛盾的数字，首先它有着积极的联想意义，多预示着快乐与幸福。例如：

the seven virtues 七大美德

---

① 黄勇．英汉语言文化比较[M]．西安：西北工业大学出版社，2007：77．

the seven sacraments 七大圣礼

the seven heavens 七重天

the seven spiritual works of mercy 七大精神善事

the seven corporal works of mercy 七大肉体善事

the seven gifts of the spirit 圣灵的七份礼物

与此同时,seven 也有着消极的寓意,如七宗罪:Pride(骄傲),Envy(嫉妒),Wrath(易怒),Sloth(怠惰),Greed(贪婪),Gluttony(贪食),Lust(贪色)。

但是,在汉语文化中,"七"是一个忌讳的数字,具有贬义色彩。因为汉语中的"七"与死有关。例如,人死后第七天为"头七",之后七天一祭,祭完七七四十九天即"断七",丧祭结束。再如,"杂七杂八"、"七窍生烟"、"三分像人,七分像鬼"等。因此,中国人在送礼时,忌讳送七样或七件,饭桌上也避免出现七盘菜,喜事避开带"七"的日子。

(八)eight—八

eight 在英语文化中并没有什么现实的意义,也不具有相应的文化关联性,而是常与其他词汇构成短语。例如:

behind the eighth ball 穷途末路,处于不利地位

have one over the eighth/ be over the eighth 酩酊大醉

然而,"八"总会给中国人带来愉悦的心情。中国人对"八"的喜爱源于广东人对它的发音,他们将 88 念成"发发",寓意着发大财、交好运。于是,"八"就成了中国人最喜爱的一个数字,代表着财富、美好和富足。如今,中国人在选择门牌号、房间号、手机号、日期等时,都会关注"八"这个数字。

(九)nine—九

在英语中文化中,nine 也是一个神秘的数字。在西方文明中,nine 有很多宗教与历史意义,所以现代英语中的 nine 多用来表示众多、完美、长久等意思。例如:

nine day's wonder 昙花一现/轰动一时的人或物

to have nine lives 命大

crack up to the nine 十全十美

a stitch in time saves nine 一针不缝九针难补

be dressed up to the nines 盛装出席

ninety-nine times out of a hundred 几乎没有例外

A cat has nine lives nine tenths 猫有九命

与"八"一样,"九"也是一个谐音吉祥词。在现代汉语中,人们常将"九"与"久"联系在一起,代表天长地久。

另外,"九"是汉语数字一至九中最大的阳数,也是"三"的倍数,被视为天数。例如,"九牛一毛"、"九死一生"等。又因为"九"是龙行(在中国古代,数字"九"即为龙)的图腾化文字,天有九层,九重天是天的最高处,由此演化出神圣之意,享有独特的尊贵位置(殷莉、韩晓玲,2004)。古代帝王也通常被称作"九五之尊"。

(十)thirteen—十三

thirteen 是西方人最忌讳的一个数字,常与不幸联系在一起。《圣经》记载,在一次天国款待阵亡将士英灵的宴会上,有 12 位神祇聚餐。期间,出现了一位不速之客——凶神罗基,他为众神带来了灾难,使宴会上的众神之首奥丁之子——光神巴尔德丧生。之后,众神开始一蹶不振。《圣经》中人尽皆知的故事——"最后的晚餐"就来源于此。因此,西方人忌讳 thirteen 这个数字。例如,每月的 13 日都不适宜举行庆典等喜庆活动;宴会上不能 13 个人同坐一桌,也不能有 13 道菜;高楼的第 13 层,用 12A 表示;剧院、火车、飞机等也没有第 13 排。

汉语中的"十三"多带有褒义色彩。例如,明代帝陵合称"十三陵",《孙子兵法》有十三篇,而主宰中共思想文化的儒家经典则俗称"十三经"。

二、英汉数字词的翻译

(一)普通数字词的翻译

1. 直译

数字的直译就是将原文中的数字词对等地翻译出来,主要用于数字词代实际数字的情况。例如:

The strength of nine bulls and two tigers.

九牛二虎之力。

One day apart seems three autumns.

一日不见如隔三秋。

If you run after two hares, you will catch neither.

同时追两兔,全都抓不住。/一手难抓两头鳗。

2. 意译

每个数字都具有一定的民族文化内涵和特定的表达习惯,如果照搬直译成另一种语言,会使译文晦涩难懂,也不利于读者理解,此时就需要意译。例如:

It's none off my business.

管他三七二十一。

Across the street on the side of a house was painted a giant woman with a five-foot smile and long blond hair,holding out a giant bottle.

街对面的墙上有一幅大型广告画——一位肩披金色长发的女郎,笑容满面,手里举着一个大瓶子。

3. 换位翻译

由于英汉语言的表达方式存在较大差异,所以就无法照搬原文的句式进行翻译。为了使译文既可以确切地表达原作的含义,又不失通顺、得体,我们可以采用换位翻译法,即将英文数字的前后顺序加以调换再翻译。[①]例如:

Ninety-nine times out of a hundred,he's lying.

我百分之九十九地肯定,他在撒谎。

Every two or three days whole companies of troops combed the mountains.

大队鬼子三天两头出发,到山里扫荡。

4. 转换翻译

由于数字不但有基本的实指义功能,而且也有虚指义功能。所谓虚指义功能,是指数字并不代表其本身的数目,而是一种脱离数词的文化意义。当翻译这类数字时,译者必须对其文化内涵加以了解,然后再用转换翻译法将其翻译成意义相当、符合目的语习惯的表达方式。例如:

Seventy times has the woman been abroad.

这位女士不知出了多少次国了。

I haven't had time to clear up,so I am all at sixes and sevens.

我还没空收拾,所以什么都是乱七八糟的。

---

① 杨竹. 英汉数字词文化内涵异同及翻译[J]. 毕节学院学报,2011,(6):81.

5. 解释性翻译

由于中西方文化的差异,很多滋生于特殊历史文化土壤的数字词都无法采用直译、意译等来表达其文化内涵,此时就可以采用解释性翻译对其加以说明。例如,"臭老九",该词是中国文革时期产生的带有数字的词,其有着鲜明的地域性和历史性,要想准确地翻译出其意义,可以采用解释性翻译的方法:"stinking ninth category. The slanderous term applied to intellectuals during the Cultural Revolution by the Gang of Four. The gang placed intellectuals in the ninth Position after landlords. Rich peasants, counter-revolutionaries, bad elements, rightists, traitors, spies, and capitalist roaders, and regarded all of them as targets for reform and dictatorship."。

6. 借用翻译

英汉语言中的一些数字在内容和形式均很相似,不但意义相同,而且修辞色彩也相同,此时在不损害原文含义的条件下,就可以采用借用法进行翻译。例如:

The days of our years are three score years and ten.

人生七十古来稀。

The burnt child dreads the fire.

吃一堑长一智。

(二)地名中数字词的翻译

英汉语中的住所、通讯地址、营业地等都会包含有数字。英语地名中的数字一般只用于表示门牌号码和邮政区号,译为汉语时只需把阿拉伯数字移植过来即可。例如:

470 Pierce Street, Monterey, California, 26587 USA

美国加利福尼亚州蒙特雷市皮尔斯路 470 号,邮编:26587

12 Stamford Road, Oakleigh, Melbourne 3166, Australia

澳大利亚墨尔本市奥克莱区斯坦福德街 12 号

汉语地名中的数字除了表示门牌号、邮政区号之外,还和其他词组合成专有名词。英译时,门牌号、邮政区号可直接移植。专有名词则应采用音译法进行翻译。例如:

北京市朝阳区朝阳门南大街 1 号　邮编:100701

No. 1, Chaoyangmen Nandajie, Chaoyang District, Beijing, 100701

Wukesong Sports Center 五棵松文化体育中心

Sitang Town, Youjiang District, Baise 百色市右江区四塘镇

（三）概数的翻译

所谓概数，是指用来表示简略、大概情况的数字。下面就列举一些翻译概数时的方法。

(1)表示"多于"或"多"。英语中常用 more than, above, over, past, in excess of, or more, long, odd 等词加上英语的数词，表示"多于"或"多"之类的概数，在翻译时就可以采用相应的数词进行翻译。例如：

This car has run a long thousand miles.

这辆车已经跑了 1 000 多英里。

There are five thousand odd students in that middle school.

那所中学有 5 000 多名学生。

有时，英语中也用具体的数字来表达"多"。例如：

We have a hundred things to do.

我们有许多事情需做。

She has twenty things to tell her father about her new school.

关于她的新学校，她有好多话要对爸爸讲。

(2)表示"不到"或"少于"。英语中常用 less than, under, below, off, or less 等词加上数字表示"不到"或"少于"，翻译时用相对应的数词进行翻译。例如：

The thermometer stood below 10℃.

温度计显示的温度不到 10 度。

We won't sell this sweater under twenty dollars.

这件毛衣低于 20 美元我们不卖。

(3)表示"刚好"、"整整"、"不多不少"。英语中用 flat, sharp, cool, just, whole, exactly 等词表示"刚好"、"整整"、"不多不少"的概念。翻译时也用对应的汉语即可。例如：

The teacher visited cool 40 students the whole day.

那位教师一整天走访了整整 40 个学生。

She finished the homework in 3 hours flat.

她写完作业正好用 3 个小时。

(4)表示"大约"、"左右"、"上下"。英语中常用 or less, more or less, about, in the region of, approximately, some, around 等词加上数词表示"大约"、"左右"、"上下"等概念。翻译时直接用对应汉语即可。例如：

four weeks or so 大约四周

in the region of 8,000 Yuan 8 000 元左右

I get up around five every morning.

我每天早上五点起床。

His monthly pay is in the region of 5,000 Yuan.

他的月薪在 5 000 元左右。

(5)不定量词短语的翻译。不定量词短语主要用于表示不确切的范围或是概念,有时也表示事物所处的状态等。多由数词和介词或其他词类搭配而成。例如:

a hundred and one 许多

one or two 少许;几个

by ones or twos 三三两两;零零落落

two over three 三分之二

five to five 五比五;五对五

the second half 后一半

nine tenths 十之八九;几乎全部

by halves 不完全

a long hundred 一百万

billions of 几十亿

第三节　英汉价值观文化对比与翻译

一、英汉伦理道德对比与翻译

英汉文化中的伦理道德观念差异主要体现在长幼尊卑观念上。由于中国长期受儒家"长幼尊卑"观念的熏陶,各种亲属和社会关系都有着严格的界定与区分,而西方国家对此却没有太多要求。英汉亲属关系的差异主要体现在五大方面,包括行辈差异、同辈长幼差异、父系母系差异、血亲姻亲差异、直系旁系差异,本书第七章会做详细对比,这里通过几个例子说明亲属关系翻译时应注意的问题。

她进屋时,外祖母已经醒了。

As she entered, her grandmother had already been awake.

在汉语中,"外祖母"指的是妈妈的妈妈,所以不分父系还是母系,故可以英译为 grandmother。

母亲告诉我眼前的人是我的大舅母。

译文 1：My mother told me the person in front of me was my aunt.

译文 2：My mother told me the person in front of me was my elder uncle's wife.

众所周知，在英语中"舅母"的对应词汇为 aunt。但是通过对比上述两个译文可以发现，译文 1 中的指称关系显然没有译文 2 中的指称关系更加清晰明了。译文 2 更加准确地体现出了亲属的关系，因此比译文 1 严谨。

黛玉虽不曾识面，听见她母亲说过：大舅贾赦之子贾琏，取得就是二舅母王氏的内侄女；自幼假充男儿教养，学名叫做王熙凤。黛玉忙陪笑见礼，以"嫂"呼之。

Though Tai-yu had never met her, she knew from her mother that Chia Lien, the son of her first uncle Chia Sheh, had married the niece of the Lady Wang, her second uncle's wife. She had been educated like a boy and given the school-room name Hsi-feng. Tai-yu lost no time in greeting her with a smile as "cousin".

（杨宪益 译）

上文描述的是黛玉初见王熙凤时的情景。对《红楼梦》有所了解的读者都知道其人物亲戚关系十分复杂。王熙凤是黛玉的表兄贾琏之妻，和黛玉之间是同辈的表亲关系。因此，在译文中将"表嫂"译为 cousin，清楚地传达出了两人之间的亲属关系。

These poets were individualists, wanting to explore their own thoughts and feelings, not content with the general truths.

英汉伦理道德除了涉及亲属关系的问题，还与社会关系有关。下面就对英汉社会的观念进行对比。英汉社会观念差异具体包括如下几个方面。

(1)西方人的求变心态与中国人的求稳心态。西方人更倾向于求变心态。他们认为，事物始终是变化发展的。这里的变化主要表现为：不断打破常规，不断创新的精神。因此，西方人向来不满足于已取得的成就，也不执著于传统的秩序，更不甘愿接受各种条件上的限制。西方人特别看重变化、改善、进步、发展与未来，他们认为没有变化就没有进步，没有创新就没有成就，没有发展就没有未来。因此，整个西方社会都充满了打破常规、不断创新的精神。

中国人普遍存在求稳心态，这是因为群体与个体相比，"变"和"不变"受到限制，中国人不会轻易改变心态。受儒家中庸哲学思想的影响，中国人习惯于在一派和平景象中"相安无事"、"知足常乐"。求稳心态已深深地扎进了中国人的心中，中国社会也在这种"求稳"的观念下取得了进步，大家（国家)与小家(家庭)都基本达到了和谐稳定。

(2)西方人的个人取向与中国人的群体取向。在西方,个人取向特别明显。西方的个人取向价值观可以追溯到 15 世纪的文艺复兴时期,而个人主义得到充分发挥应该源于 17 世纪英国哲学家洛克为代表的西方哲学传统之中。洛克认为,"生物的个体是自然的基本单位。"西方的哲学家们则更加明确地指出,社会制度产生于社会秩序建立之前的为个人利益而行动的个体之间的交往之中,这一个人本位的观点对早期美国社会发展影响很大。英国前首相的丘吉尔(Churchill)将个人主义描写为:"我们从我们的父母那里得到的只是我们的名字而已,不是财产。我们必须寻找机会。我之特殊不是继承来的,而是我通过拼搏取得的。"

在西方人看来,个人主义还体现在追求个性、差异上,人们的行为、言论、思想都要力争与众不同。差别化总会受到赞赏;而保持一致则是个体人格丧失的表现。因此,西方人都喜欢独辟蹊径,标新立异;他们更加追求个人享受,放任个性的发展;他们不满足于物质利益的享受,还注重对个人意志、自我实现的追求。

西方人追求个性从英语合成词中就可以看出,如以 self(自我)为前缀的合成词有 self-abased/contempt(自卑的),self-abnegation/denial(自我牺牲),self-affected/conceit(自负的,顾影自怜的),self-assured(自信的),self-collected/possessed(镇定的,自制的),self-concern(自私自利),self-defeating(弄巧成拙的),self-reproach(自责)等。

当然,西方人的个人主义也存在一些缺陷,如淡漠亲情、过分强调自我利益、我行我素、以自我为中心等。

中国是一个典型的注重群体的国家。在处理个人与集体或环境的关系时,中国人都会秉承一样的方式:个人利益服从集体利益;个人利益必须与集体、国家利益一致。这种集体主义价值观的本质特征要求集体发展与个体发展相统一,并树立起了中国人对家庭、社会、民族和国家强烈的责任感、义务感和使命感,自觉担负起各种社会职责。例如,中国人提倡"家事、国事、天下事,事事关心",反对"两耳不闻窗外事,一心只读圣贤书"的行为。

同样,中国人的群体意识也有一定的弊端,如人们缺乏个人进取精神,缺乏个人竞争意识,过于循规蹈矩,所以很难在发明、创造上取得突出的成就。

基于以上差异,在翻译时就应该特别注意词语的内涵意义。例如,mass produced 不可以直译为"大量出人才"。这是因为英语中的 mass produced 一词反映的是西方人的价值观。西方教育注重对学生个性的培养,不主张整齐划一。因此,mass produced 一词带有贬义色彩。相反,中国的教育则特别强调共性,教育就像是批量生产的活动。因此,"大量出人才"在汉语中是一个褒义词。

二、英汉时间观念对比与翻译

(一)直线型与环型

1. 西方人的直线型时间观

西方人将时间看成是一条直线,认为时间是不断延伸的,永不复返的,所以在生活中总是向前看,注重未来的发展。例如,英国诗人弥尔顿(Milton)将时间比作"偷走青春的神秘窃贼"。马维尔(Marvell)则将时间比作"急驰而来的带翼飞车"。莎士比亚将时间描述为"(时间的)步伐轻快得令人眼花缭乱"。

2. 中国人的环型时间观

中国人的时间观是环型的,他们认为时间是冬去春来,周而复始的,所以中国人注重过去,喜欢回忆之前发生的事情。例如,陈子昂《登幽州台歌》中的绝句:"前不见古人,后不见来者,念天地之悠悠,独怆然而涕下。"这首诗里的"前"指的就是过去,"后"指的是未来。这与西方的直线型时间观是完全相反的,翻译时要注意转化。例如:

tasks for the period ahead 今后的任务

from this time forward 从此以后

two years back 两年以前

the dates are moved back in time 日期提前了

the latest news 最新消息

the latest discovery of sth. 最新发现

the latest development of sth. 最新发展

此外,forward(前)指未来的时间,而 back(后)指过去的时间,因此 look back 译为"回顾过去",look forward to 则可译成"盼望未来"。

(二)单元与多元

美国文化人类学家爱德华·霍尔(Edward T. Hall)根据中西方不同的文化将时间习惯划分为两大类:单元与多元。

1. 西方人的单元时间观

西方人有着单元的时间观念,他们认为时间像一条线,在单一时间内只能作单一的一件事。受单元时间观的影响,西方人做事总是严格地按照明确的时间表进行,并强调阶段性的结果。

2. 中国人的多元时间观

中国人有着多元的时间观,他们认为时间是由点构成的,认为可以在一段时间内同时做多件事情。因此,中国人做事时不会按照规定好的时间表,而是比较随意,只要在最终期限内完成所有任务即可,不看重阶段性结果。他们认为时间是一种无形的东西,不讲究做事的效率,而强调"以人为本"。汉语中有很多谚语与问候均反映了中国文化的时间观念。例如,"慢走"、"慢工出细活",这种表达就不可以直译为英语。因为如果将"慢走"直译为 ride slowly 或 walk slowly 将会传递给读者错误的信息。

第六章　英汉生态文化对比与翻译

在人类社会的发展过程中,动物、植物、山水自然等生态文化始终与人们的生活息息相关。而由于不同民族的历史、地理等的不同,人们对生态文化所产生的情感态度也不尽相同,这就需要在翻译过程中格外注意。本章就以动植物文化和山水、东西风文化为例,探讨英汉生态文化的对比及其翻译。

第一节　英汉动物文化对比与翻译

大部分动物在英汉语言中都能找到对应的词汇,但是由于英汉民族所在的地域不同、生活方式不同,相同的动物对人们所起的作用也不同。因此,在翻译过程中,不能只看表面词汇的对等而忽视其蕴含的文化含义。本节就对英汉动物文化进行对比,并在此基础上探讨其翻译问题。

一、英汉动物文化对比

这里主要从以下三个方面进行英汉动物文化的对比。

（一）相同动物词汇表示相同的文化内涵

尽管东西方文化之间存在着巨大的差别,但是这不代表两者之间没有任何共同之处。就动物文化而言,有些词汇表示的文化内涵是相同或相似的。

1. pig—猪

在中国传统文化中,猪是"馋"、"懒"、"笨"的象征,究其原因,主要是因其猪肥胖的形象及其贪吃、贪睡的习性所致。而由此也衍生出了很多表达,这些成语大多是贬义的。例如,"懒得像猪"、"肥得像猪"、"笨得像猪"、"猪狗不如"、"猪朋狗友"、"辽东之猪"、"泥猪瓦狗"等。

当然,猪在中国文化中也有憨厚、可爱的形象。例如,中国民间有"金猪"一说,很多存钱罐惯以猪的形象制作。在我国四大名著之一的《西游记》中,猪八戒虽然好吃懒做、贪图美色、自私自利,但仍不乏吃苦耐劳、憨厚率直的美好品质,受到很多观众的喜爱。而红极一时的电视剧《春光灿烂猪八戒》中也塑造了一个憨厚、可爱的猪八戒。

西方文化中,pig 的文化内涵与中国的"猪"基本相同:肮脏贪婪、行为恶劣。因此,与猪有关的说法经常带有贬义色彩。例如:

pig it 住在肮脏的环境里

make a pig's ear out of something 弄得一团糟

This place is a pigsty.

这地方又脏又乱,跟猪圈一样。

You mean you've eaten all three pieces of cake? You greedy pig!

你是说你把三块蛋糕全吃完了? 你真是头贪吃的猪!

此外,在英语文化中,pig 还可以作为一个中性词出现。例如:

make a pig of oneself 吃得太多

teach a pig to play on a flute 教猪吹笛;做不可能实现的事

bring one's pigs to the wrong market 卖得吃亏

buy a pig in a poke 未见实物就买了

pigs might fly 异想天开,无稽之谈

pig in the middle 两头为难,左右不是

2. snake—蛇

（1）蛇在汉语文化中的内涵

在传统中国文化中,蛇是一种毁誉参半的形象。作为汉文化图腾崇拜——龙最初的原始形象,蛇无疑具有一种积极的含义。在中国神话传说《白蛇传》中,蛇是一种极具同情心、敢于追求美好生活的动物生灵。[①] 但是在传统的中国文化中,人们更倾向于把蛇与恶毒、邪恶、狡猾、猜疑等联系起来,如汉语中有"地头蛇"、"美女蛇"、"毒如蛇蝎"、"人心不足蛇吞象"等说法。此外,在汉文化中,蛇又是一种令人捉摸不定的物种,所以汉语中的蛇也是众多性情的代名词。

（2）snake 在英语文化中的内涵

根据《圣经(旧约)创世记》中的记载,蛇在撒旦的唆使下,诱惑人类始祖

---

① 闫传海,张梅娟. 英汉词汇文化对比研究[M]. 西安:西安交通大学出版社,2008:115.

夏娃犯下了原罪。这是公元前 5 世纪左右的记载。《圣经》中的故事实际上反映了远古人类对蛇诡秘的行踪和剧毒的恐惧。因为毒蛇常致人于死地，于是蛇成为魔鬼与邪恶的象征，在英语中的含义也多为负面的。例如：

a snake in the bosom 恩将仇报的人

a snake in the grass 潜伏的敌人，潜伏的危险

warm (cherish) a snake in one's bosom 姑息坏人，养虎贻患

此外，蛇在英语中单独使用时还可以用来指阴险冷酷的人或叛逆不忠的人。

可见，英语中的蛇有着与汉语中相近的含义，但是汉语中的蛇更具有双面性的联想意义。

3. fox—狐狸

在汉语文化中，狐狸通常象征着奸诈狡猾、生性多疑。例如，"狐假虎威"、"满腹狐疑"、"狐疑不决"。

在英语中，fox 也常常含有狡猾、诡计多端的含义。例如：

as sly as a fox 像狐狸一样狡猾

play the fox 行为狡猾

An old fox is not easily snared.

老狐狸不会轻易被捉住。

4. peacock—孔雀

孔雀有十分美丽的外表，尤其是在开屏的时候，鲜艳夺目、五颜六色。正因如此，在中西方文化中，孔雀都有骄傲、虚荣、炫耀、洋洋得意的含义。例如：as proud as a peacock（像孔雀那样骄傲）。不过，在汉语中孔雀还象征着吉祥好运。

5. ass—驴

在汉语中，驴通过用来形容人比较"笨、愚"，如有"笨驴"的说法。在英语中，an ass 也表示 a foolish person，即"傻瓜"。可见，ass 和驴的文化内涵基本是一致的。

除了上述介绍的几种动物词汇的文化内涵相同，还有一些英汉动物词汇的文化内涵也是相同或相似的。例如：

as black as a crow 像乌鸦一样黑

as busy as a bee 像蜜蜂一样忙

as free as a bird 像鸟儿一样自由

as slow as a nail 像蜗牛一样慢

（二）相同动物词汇表示不同的文化内涵

由于不同的地理环境、历史、宗教等因素的影响，相同的动物词汇在不同的民族中具有不同的文化内涵。

1. dragon—龙

（1）龙在汉语文化中的内涵

我国在远古时期就有了龙的雏形——人面蛇身。这些人面蛇身像大多描绘的是女娲、伏羲等一干众神，后来就逐渐演化成了龙。这反映了远古人类最原始的崇拜和敬畏。在远古人类的生活中，有太多的东西不被当时的人所理解，也有太多的东西使人们感到畏惧与无助。于是，法力无边、呼风唤雨的龙就出现了，并逐渐形成了龙图腾。这可以说是人类将自然具象化的结果。正是由于龙的上述特性，后来就用于象征帝王、皇权，成为权力和地位的象征，大约从秦始皇开始，就有把帝王称之为"龙"的说法。汉朝以后，"龙"就成了帝王的象征。与帝王有关的事物也被冠以了"龙"字。例如，"龙体"、"龙颜"、"龙椅"、"龙床"、"龙袍"、"龙子龙孙"等。再后来，龙就逐渐带有了权威、力量、才华、吉祥等褒义涵义。例如，"真龙天子"、"卧虎藏龙"、"蛟龙得水"、"龙吟虎啸"、"望子成龙"、"龙凤呈祥"、"乘龙快婿"等。

时至今日，龙的形象已经成为中华民族的象征，至今海内外的炎黄子孙仍自称"龙的传人"，在世界上以作为"龙的传人"而自豪。

（2）dragon 在英语文化中的内涵

英语词典里对 dragon 一词的定义有很多，但大多都含贬义。例如，它是一种长有翅膀，有爪子的，喷火的类似鳄鱼或蛇的怪物（*Oxford Advanced Learner's Dictionary of Current English*）；它是一种长着狮子的爪子，蛇的尾巴，模样像巨大的爬行动物的怪物（*The American Heritage Dictionary*）；它常常跟邪恶联系在一起（*The New Columbia Encyclopedia*）。[①]

在西方，人们通常认为 dragon 是有翅膀、吐火焰的怪物。在一些描写圣徒和英雄的传说中讲到和龙这种怪物进行斗争的事迹时，也多以怪物被杀为结局。因为人们认为它是恶魔的化身，是一种狰狞、凶残的怪兽，应该予以消灭。例如，《圣经》中说龙是被圣乔治用大梭镖捅死的。而在基督教美术中，龙也总是代表着邪恶。又如，在著名的英雄叙事史诗《贝奥武甫》（*Beowulf*）中，与贝奥武甫搏斗的就是一只会喷火的凶恶巨龙。即使在现

---

① 吕煦. 实用英语修辞[M]. 北京：清华大学出版社，2004：45.

代,英语中也经常用 dragon 来代指凶悍之人。例如,国外对可恶的专门打人的警察就叫"龙"。总之,dragon 在西方是指一种没有"地位"的爬行动物,是西方人心目中凶恶而丑陋的象征。例如:

Two fiery dragons could not have been more furious than they were.

他们当时凶神恶煞,两条喷火恶龙也会难以望其项背。

The angel child and the dragon mother, Hagan thought, returning the mother's cold stare.

"天使般的女儿,恶龙般的母亲",夏根想道,勇敢地回应着她母亲那冷冰冰的目光。

可见,龙与 dragon 虽然都是神话中的动物,但它们在中西方文化中的内涵却相去甚远。随着近几年来中西文化交流的不断加强,西方人士对中国的传统文化了解日渐增多,知道中国的"龙"远非 dragon 可比。因此,一些人在翻译"龙"时用 Chinese dragon 以示与西方 dragon 的区别。

2. dog—狗

西方人与中国人都有养狗的习惯,但是两者对狗的看法和态度截然不同。

(1)狗在汉语文化中的内涵

中国人自古就有养狗的习惯,但是中国人从民族感情、文化传统、思维方式上对狗并不像西方人对狗那样亲近。狗在汉语文化中是一种卑微的动物。汉语中凡是同"狗"连在一起的成语、词组大都表示贬义。例如,"狗仗人势"、"偷鸡摸狗"、"猪狗不如"、"狼心狗肺"、"狐朋狗友"、"狗嘴里吐不出象牙"、"狗咬吕洞宾"、"狗头军师"、"狗尾续貂"、"狗眼看人低"、"狗急跳墙"、"丧家之犬"、"狗血喷头"、"鸡鸣狗盗"等,它们基本都是含有贬义、辱骂性质的词语。

当然,随着我国人民生活水平的提高,人们在物质上得到了满足,开始有了精神需求,于是养狗的人数大大增加,给狗看病的医院也十分常见。现如今,狗也逐渐成为很多城市人生活中不可缺少的一部分。

(2)dog 在英语文化中的内涵

在西方,dog 主要是一种爱畜、宠物,尤其对英国人而言,dog 既可以帮助人们打猎、看门,也可以作为宠物或伴侣看待。在西方国家,dog 通常被看作是人们的保护者和忠实的朋友,甚至被视为人们家庭中的一员,因而 dog 常常被称为 she(她)或 he(他)。可见,"狗"在西方文化中的形象比较积极、正面。正因如此,在英语中以"狗"作为喻体的词语多数含有褒义。西方人用 dog 指人时,其意思相当于 fellow,不仅没有贬义相反还略带褒义,使语气诙谐风趣。例如：

a lucky dog 幸运儿

a jolly dog 快活的人

top dog 重要人物

Every dog has his day.

凡人皆有得意时。

Love me, love my dog.

爱屋及乌。

He works like a dog.

他工作努力。

英语中的 dog 一词除了含有褒义之外，还有表示中性的含义，如 dog eat dog（残酷竞争）。当然，在英语中，也有少数与 dog 有关的习语也表示贬义。例如：

a dirty dog 坏蛋

a lazy dog 懒汉

a dog in the manger 占着茅坑不拉屎的人

a dead dog 毫无价值的东西

但总体而言，dog 在西方文化中褒义的成分居多。

由此可见，英汉语言中"狗"的文化内涵有很大区别，在翻译过程中要多加注意。

3. cock——鸡

(1) 鸡在汉语文化中的内涵

中国文化中，雄鸡破晓而啼预示了一天的开始，象征着勤奋、努力和光明的前途。例如，《孟子·近心上》有云，"鸡鸣而起，孳孳为善者，舜之徒也"，意思是"鸡一叫就起身，孜孜不倦地行善的，是舜这类人"，这是孟子对行善者勤勉、德行的赞美。而毛泽东的《浣溪沙·和柳亚子先生》中则有"一唱雄鸡天下白，万方乐奏有于阗，诗人兴会更无前"的诗句，表现了新中国朗朗乾坤的气象。

鸡还有武勇之德。传说中，鸡鸣日出，带来光明，因此鸡被认为可以驱逐妖魔鬼怪，也成为画家画中的辟邪镇妖之物。也正因如此，斗鸡在我国民间久盛不衰，斗鸡甚至被用到军队中以鼓舞士气。可见，雄鸡作为善斗的勇士，其英姿气魄被人们所称颂。

另外，由于"鸡"与"吉"同音，鸡在中国也常有吉祥之意。例如，我国电影界有一个著名的奖项就是"金鸡奖"；市场上也有一些与鸡有关的品牌，如

"金鸡牌"闹钟、"金鸡牌"鞋油、"大公鸡"香烟等;而部分民间地区更有在隆重仪式上宰杀大红公鸡和喝鸡血酒的习俗。随着时代的变化,"鸡"字在今天又被赋予了一个极不光采的含义,即提供性服务的女性,这也是由于"鸡"和"妓"谐音所造成的。

(2)cock 在英语文化中的内涵

在英语中,cock 也有着丰富的文化内涵,这主要体现在以下几个方面。

①具有好斗、自负的含义,这主要与公鸡的习性有很大关系。英语中常用 cock 来描绘人好斗、自负的行为。例如:

I've never heard such cock in my life.

我一生从未听说过这样的胡说八道。

The jury did not believe the witness' cock and bull story.

陪审团不相信证人的无稽之谈。

He's been cock of the office since our boss went back to America.

自从我们老板回了美国以后,他就一直在办公室里称王称霸。

②具有迎宾的含义。在英国的一些小酒馆里,人们经常可以看到 cock and pie 的字样。这里的 cock 就有翘首以待来客的含义。

③具有宗教含义。在基督教传统中,cock 通常被置于教堂的尖顶,它在清晨一声鸣叫,魔鬼便惶然隐退,因此被视为圣物。在希腊神话中,cock 引起了人们对东升旭日的注意,因此它被专门奉献给太阳神阿波罗(Apollo)。而在罗马神话中,墨丘利(Mercury)系为众神传信并管商业、道路的神,而 cock 在清晨的啼叫中使千行百业开始工作,故被奉献给墨丘利。

4. cat—猫

(1)猫在汉语文化中的内涵

在汉语文化中,猫的天职是捕鼠,昼伏夜出,主动出击,从不偷懒,满足了人们除鼠保粮的愿望。因此,猫在汉文化中的形象通常是温顺可爱的,带有褒义。例如,形容某人嘴馋会说"馋猫一只";称小孩嘴馋为"小馋猫"或某人懒为"大懒猫"等。当然,汉语中也有一些对"猫"不大好的说法,如"猫哭耗子假慈悲"等。

总体来看,汉语中关于"猫"的负面联想比较少,与"猫"有关的词语也相对较少。这是因为,中国长期处于封建农业社会,城市发展时期很短,而猫作为一种城市化动物,在汉语词语中的活跃程度也自然较低。①

---

① 闫传海,张梅娟. 英汉词汇文化对比研究[M]. 西安:西安交通大学出版社,2008:113.

（2）cat 在英语文化中的内涵

cat 在英语中是一个非常活跃的词，与它相关的说法很多。这在很大程度上是因为 cat 在西方是一种城市动物。在西方文化中，cat（猫）有着各种各样的形象，且褒贬共存。人们对 cat 有各种各样的昵称，如 puss，pussy，pussycat，称呼小猫则用 kitty，kitten；land like a cat 表示安然脱离困境，带有褒义。而 cat 所含有的贬义也是显而易见的。例如，魔鬼撒旦常化身为黑猫游荡，女巫身边也有黑猫陪伴；美国人则认为，当在走路时如果前面跑过一只猫，就是不吉祥的征兆。当然，cat 在英语中也有一些带有中性含义的表达。下面就列举一些有关 cat 的说法。

a cat nap 打盹

rain cats and dogs 下倾盆大雨

that cat won't jump 这一手行不通

have not a cat in hell's chance 毫无机会

a barber's cat 面带病容和饥饿的人

old cat 脾气坏的老太婆

copy cat 抄袭别人的人，看样学样的人

She is a cat.

她是一个包藏祸心的女人。

A cat has nine lives.

猫有九条命。

The hope could not be killed, as it had more lives than a cat.

这种希望是消灭不了的，它比猫更具有生命力。

5. rat，mouse—鼠

（1）鼠在汉语文化中的内涵

在汉语文化中，老鼠是一种形象负面的动物。这主要是因为它面目丑陋、偷吃人类食物、破坏人类家居陈设，因而普遍为人们所憎恶。汉语中关于老鼠的表达大部分都是负面的。例如，"鼠目寸光"、"鼠肚鸡肠"、"胆小如鼠"、"官仓老鼠"、"贼眉鼠眼"、"抱头鼠窜"等均有"猥琐、卑微、心胸狭窄"的含义。《诗经・硕鼠》中也痛斥了老鼠的恶行："硕鼠硕鼠，无食我黍！三岁贯女，莫我肯顾。逝将去女，适彼乐土。乐土乐土，爰得我所！"正因如此，人们也常将憎恶之人比作"过街老鼠"——人人喊打。

（2）rat，mouse 在英语文化中的内涵

在英语文化中，rat 和 mouse 也是一种不受欢迎的动物，常被用来形容那些自私的、不忠的人。例如：

smell a rat 对……觉得可疑,感到事情不妙

A rat crossing the street is chased by all.

过街老鼠,人人喊打。

不过,rat/mouse 在英语中的形象主要还是以胆小、安静为主,因此常被用来形容胆小、害羞的人。例如:

as timid as a mouse 胆小如鼠

as mute/quiet/silent/still as a mouse 悄没声儿

a mousy girl 没有多少女子气质的或不太谦逊的女孩

He's such a mouse, he never dares complain about anything.

他很胆小,从来不敢抱怨什么。

当然,在西方的影视作品里,观众仍然能够看到可爱、充满正义感和智慧的老鼠,如《米老鼠和唐老鸭》中的 Micky Mouse,《猫和老鼠》里的 Jerry,《精灵鼠小弟》里的 Stuard 等。

6. phoenix—凤凰

(1)凤凰在汉语文化中的内涵

在中国古代神话中,凤凰是主掌风雨的神鸟,也是鸟中之王。史记中就有"凤凰不与燕雀为群"之语,认为凤凰是不与燕雀为群的高贵之鸟。在古代,人们认为如果凤凰出现,则是"时代呈祥"的吉兆。同时,凤凰也象征着人间美德,如"凤毛麟角"就指珍贵而不可多得的人或事物。此外,根据古书记载,风和凰性别不同,风是雄性,凰是雌性,因此凤凰也象征着爱情。司马相如在《琴歌》中唱道:"风兮风兮归故乡,邀游四海兮求其凰",表达了对卓文君的爱情。随着岁月的变迁,凤凰被简化为了雌性的凤,象征着富贵和吉祥。到了今天,凤已经成了普通女性的专用词,很多中国女性的名字里都有"凤"字。汉语中还有"百鸟朝凤"、"有凤来仪"、"凤毛麟角"之类的成语。

此外,凤和龙在中国文化中是不可分割的,它们共同构成了我国独特的龙凤文化。人们多用龙比喻皇帝,用凤凰比喻皇后。普通百姓生了男女双胞胎就称为"龙凤胎",还有很多成语中也包含了"龙"、"凤"二字,如"龙驹凤雏"、"龙凤呈祥"、"龙章凤彩"、"龙飞凤舞"、"望子成龙、望女成凤"等。

(2)phoenix 在英语文化中的内涵

相传,phoenix 是一种供奉于太阳神的神鸟。公元前 5 世纪的希腊历史学家希罗多德(Herodotus)将其描述为一种有着红色和金色羽毛、像鹰一样的神鸟。在西方文化中,phoenix 总是与复活、重生有关。phoenix 的生命周期是 500 年,在生命周期结束时,它会建造一个焚烧场所,并在其中烧成灰烬,然后在灰烬中又会出现一个新的 phoenix。因此,phoenix 在基

督文学作品乃至其他文学作品中都象征着"死亡"、"复活"和"永生"。例如：

Much of the town was destroyed by bombs in the war but it was rebuilt and in the following decade rose from the ashes like the phoenix.

该城的大部分在战争中被炸弹摧毁但是又得以重建并且在以后十年中像火中的凤凰一样从灰烬中再生。

7. bat—蝙蝠

（1）蝙蝠在汉语文化中的内涵

在汉语文化中，蝙蝠是幸福、吉祥和健康的象征。这些联想很可能由于蝙蝠本身的名称，因为"蝠"与"福"同音。也正因如此，蝙蝠在我国的剪纸、绘画、器物纹饰中十分常见，备受青睐。例如，古人做寿时常有五只蝙蝠围绕篆书"寿"字或寿桃的图案，即"五福捧寿"，寓意多福多寿。另外，蝙蝠也常与梅花鹿、寿桃、喜鹊画在一起，即"福禄寿喜"，寓意生活美满、吉祥幸福。

（2）bat 在英语文化中的内涵

bat 喜欢居住在阴暗潮湿的地方，因而英国人认为 bat 是邪恶的动物，总是将它与邪恶、黑暗势力等联系在一起。英语中的 vampire bat（吸血蝠）更是令人不寒而栗。在英语中，凡带有 bat 的词语大多含有贬义。例如：

be bats 神经不正常

crazy as a bat 发疯，精神失常

have bats in the belfry 精神失常，行为乖张

as blind as a bat 跟蝙蝠一样瞎；有眼无珠

bat out 粗制滥造（多指故事、报道等）

8. bear—熊

（1）熊在汉语文化中的内涵

"熊"在汉语中多有"愚笨"的联想意义。例如，"你真熊"，意思就是"你真笨"、"你真窝囊"。此外，"熊包"、"熊样"等词也有无能、废物的意思。

（2）bear 在英语文化中的内涵

bear 一词在英语中主要有"鲁莽汉"、"饥饿"、"脾气暴躁的人"等联想意义。例如：

He is as cross as a bear.

他的脾气像熊一样坏。

I rushed to the dining room like a hungry bear.

我像只饿熊一样向食堂冲去。

值得一提的是，"熊"在俄罗斯人的心目中是特别崇高的形象，1978 年

莫斯科奥运会就曾把熊定为吉祥物。

9. hare,rabbit 与兔子

（1）兔子在汉语文化中的内涵

兔子在中国文化中的形象较为复杂。它既有温顺、可爱、敏捷的一面，如"兔辉"、"玉兔"、"动如脱兔"等；又有狡猾、缺乏耐性的一面，如"狡兔死，走狗烹"、"狡兔三窟"、"兔子不吃窝边草"、"兔子尾巴长不了"等。另外，汉语中还有一些粗俗语也带有"兔"字，如"兔崽子"、"兔孙子"等。

（2）hare,rabbit 在英语文化中的内涵

在英语文化中，hare 和 rabbit 通常都带有贬义，常指那些不可靠的、要弄花招的人。例如，英语俚语中，hare 指坐车不买票的人，口语中的 rabbit 则多指拙劣的运动员（尤指网球运动员）。兔子在西方文化中的这种负面形象在其他一些词语中也有所体现。例如：

odd rabbit 真该死

hare-brained 轻率的、愚蠢的、卤莽的

make hare of somebody 愚弄某人

breed like rabbits 生过多的孩子

mad as a march hare 十分疯狂的、野性大发的

rabbit on about sb. /sth. 信口开河；絮絮不休地抱怨

（三）不同动物词汇表示相同的文化内涵

1. tiger,lion 与老虎、狮子

在汉语文化中，虎是"山兽之君"、"百兽之王"，是英勇大胆、健壮有力、坚决果断、威猛勇武的象征。中国人常借虎以助威和驱邪，保佑安宁。传说中老虎还是神仙和道人的坐骑，道教首领张天师就是乘坐猛虎出行。因此，虎的勇猛形象自然就成了英勇作战的将士们的象征，故汉语言里有"虎将"、"虎士"、"将门虎子"之称，成语表达则有"猛虎下山"、"如虎添翼"、"虎踞龙盘"、"虎胆雄威"、"虎背熊腰"、"虎虎有生气"、"九牛二虎之力"等。不过，人们在尊虎为"百兽之王"的同时，也对虎的凶残毫不掩饰，如"虎穴"、"虎口拔牙"、"拦路虎"、"虎视眈眈"等词。

在西方文化中，百兽之王不是虎（tiger）而是狮子（lion）。在英语中，lion 是勇敢、凶猛、威严的象征。英国国王 King Richard 曾由于勇敢过人而被人称为 the Lion-Heart，而英国人则以 lion 为自己国家的象征。

可见，英语中 lion 的文化内涵与汉语中老虎的文化内涵是相似的。因

此,在对有关 lion 或老虎的词语进行翻译时要注意做相关调整。例如,虎将(brave general),虎胆英雄(hero as brave as a lion),虎虎有生气(vigorous and energetic;be full of vigor),虎背熊腰(of strong build),虎威(powers of general),as brave as a lion(勇猛如狮),fight like a lion(勇敢地战斗),great lion(名人,名流),lion-hearted(非常勇敢的),make a lion of(捧红某人)。

2. horse 与牛

中国古代是农耕社会,牛是农业生产劳动中最重要的畜力,这种密切的联系使人们常常把牛当作喻体来形容人的品质。因此,在中国文化中牛是勤劳、坚韧、任劳任怨的象征,汉语中有"牛劲"、"牛脾气"、"牛角尖"、"牛头不对马嘴"等词语。

而在西方文化中,牛主要是用来做祭祀的一种动物。在西方的许多宗教活动中,祭牛是一种主要的仪式,献祭的牛被看作是人间派往天国的使者;同时,在西方文化中,牛也是能忍受劳苦、任劳任怨的化身。例如,as patient as an ox(像牛一样具有耐力)。此外,a bull in china(闯进瓷器店里的公牛)用来形容举止粗鲁、行为莽撞、动辄惹祸、招惹麻烦的人。但是,由于英国气候湿润凉爽,不利农耕但适宜畜牧,所以牛的主要用途就是奶和肉。

正因如此,在西方国家牛没有得到与在中国一样所得到的重视。相反,牛在中国所得到的厚爱在英国却主要落到了马的身上。这是因为在英国历史上人们打仗、运输和体育运动都离不开马,马也以其力量和速度受到西方国家人们的喜爱。因此,在表达同一意思时,汉语中的"牛"往往和英语中的 horse 相对应。例如:

牛饮 drink like a horse
吹牛 talk horse
力大如牛 as strong as a horse
饭量大如牛 eat like a horse

二、英汉动物文化的翻译

(一)直译:保留形象

如果英汉动物词汇的表达形式和文化内涵都是相同的,也就是说,当英语和汉语用动物词汇表示事物性质或者人物品质并且在意义形象、风格上

是相同的或者具有相似之处时,就可以"对号入座",保留原文的动物形象进行直译。例如:

to play the lute to a cow 对牛弹琴

as faithful as a dog 像狗一样忠诚

barking dogs do not bite 吠犬不咬人

as sly as a fox 像狐狸一样狡猾

to stir up the grass and alert the snake 打草惊蛇

to be like a frog at the bottom of a well 井底之蛙

to drain to catch all the fish 竭泽而渔

feel just like fish in water 如鱼得水

the great fish eat small fish 大鱼吃小鱼

Don't make yourself a mouse, or the cat will eat you.
不要把自己当老鼠,否则肯定被猫吃。

(二)意译:舍弃形象

当无法保留动物形象进行直译,并且无法改变动物形象进行套译时,我们可以舍弃原文中的动物形象进行意译。例如:

big fish 大亨

top dog 最重要的人物

be like a bear with a sore head 脾气暴躁

Dog does not eat dog.
同类不相残。

It rains cats and dogs.
下着倾盘大雨。

My father will have a cow when I tell her.
我爸爸听说后一定会发怒的。

Last night, I heard him driving his pigs to market.
昨夜,我听见他鼾声如雷。

(三)套译:改换形象

在翻译动物词语时,将其在源语中的象征意义传达到目标语中或者用目标语中具有相同象征意义的词来替代,这就是套译。例如:

a lion in the way 拦路虎

as happy as a cow 快乐得像只鸟

teach a pig to play on a flute 赶鸭子上架

Better be the head of a dog than the tail of a lion.

宁做鸡头，不做凤尾。

Don't believe him, he often talks horse.

不要信他，他常吹牛。

It had been raining all day and I came home like a drowned rat.

终日下雨，我到家时浑身湿得像一只落汤鸡。

第二节　英汉植物文化对比与翻译

英汉语言中的很多植物词都具有丰富的文化内涵，这些内涵有些是相似的，有些是不同的，此外还存在文化内涵空缺的现象。本节就对英汉植物文化进行对比，并探讨其翻译。

一、英汉植物文化对比

（一）相同植物词汇表示相似的文化内涵

1. rose—玫瑰

玫瑰（rose）在英汉语言中都象征着爱情、美丽，这可以说是相同植物词汇具有相同文化内涵的典型例子了。尽管如此，玫瑰在汉语文化中所象征的爱情含义主要是受英语文化的影响，因为玫瑰对汉民族来说是外来物种，而 rose 在西方国家则是一种十分常见的花。

虽然在汉语中对玫瑰的描述并不多见，不过我们还是可以从一些文学作品或诗句中略窥一二。例如，《红楼梦》的作者曹雪芹在描写探春的美丽形象与性格时就使用了玫瑰。宋朝杨万里在《红玫瑰》中这样描述："非关月季姓名同，不与蔷薇谱谍通。接叶连枝千万绿，一花两色浅深红。风流各自燕支格，雨露何私造化功。别有国香收不得，诗人薰入水沈中。"

在英语中，借 rose 歌颂爱情的诗歌很多。例如，苏格兰农民诗人彭斯有脍炙人口的诗句："My love's a red red rose."（我的爱人是一朵红红的玫瑰。）而玫瑰与百合放在一起（lilies and roses）更是用来形容女性的"花容月貌"。

除了上述相似的这些文化内涵，英语中的 rose 还有保持安静的意思，如在会桌上悬挂一枝玫瑰就意味着要保持安静；而汉语当中常把漂亮而不易接近的女性比喻为"带刺的玫瑰",这是二者寓意的细微不同之处。

2. lily 与百合

在中国,百合是一种吉祥之花、祝福之花。由于百合洁白无瑕的颜色与"百年好合"构成了联想意义,所以深受中国人的喜爱。例如,福建省南平市和浙江省湖州市就都以百合为市花。而我国古代文人也有咏颂百合的诗词。例如:宋代韩维的《百合花》:"真葩固自异,美艳照华馆。叶间鹅翅黄,蕊极银丝满。并蒂虽可佳,幽根独无伴。才思羡游蜂,低飞时款款。"此外,百合还具有医学价值。中医认为,百合具有养心安神、润肺止咳的功效。因此,百合常被用作食材,经常出现在日常饮食之中。

西方文化中,lily 通常象征着贞节、纯真和纯洁。例如,在"圣母领报节"(the Annunciation, Lady Day)的宗教图画中经常有这样一个场景:天使加百利(Gabriel)手持百合花枝,奉告圣母玛利亚(the virgin Mary)耶稣即将诞生。而正跪着祈祷的玛利亚面前就放着一个插着百合花的花瓶。因此,lily 经常和 white 搭配,表达"纯白"、"天真"、"完美"之意。例如:

He marveled at her lily-white hands.

他惊讶于她洁白的双手。

It's ironic that he should criticize such conduct—he's not exactly lily-white himself.

讽刺的是,他自己也不是毫无过错,竟然还批评别人的行为。

All in one with ordinary, especial, tradition, open, vogue, simplicity, gumption, eremitic etc., deeply understood world but who is keeping a lily-white heart.

平凡、特别、传统、开放、时尚、朴素、进取、退舍等集于一身,深知世故却保持一颗纯真的心。

可见,百合(lily)在英汉语文化中的内涵是很相似的。

3. oak—橡树

橡树(oak)具有高大挺拔、质地坚硬的特点。在英语文化中,oak 代表勇敢者、坚强者。例如:

a heart of oak 坚韧不拔者

Oak may bend but will not break.

像橡树一样坚韧顽强。

在汉语中,橡树常常用以形容坚强不屈的男性,如当代女诗人舒婷在其《致橡树》一诗中就把自己的爱人比喻为一株橡树。

4. laurel—桂树

桂树(laurel)象征吉祥、美好、荣誉、骄傲。在英汉两种语言中,人们都把桂树和"出类拔萃、荣誉"联系在一起。在中国文化中,桂树象征着吉祥、美好、优秀、出类拔萃。例如,张九龄的《感遇》:"兰叶春葳蕤,桂华秋皎洁。欣欣此生意,自尔为佳节。谁知林栖者,闻风坐相悦。草木有本心,何求美人折。"封建社会的举人若考中了状元,则被称为"蟾宫折桂,独占鳌头。"现代汉语依然沿用了"折桂"这一说法,喻指在考试、比赛中夺得第一名。

英美人喜欢用桂枝编成花环(laurel wreath)戴在勇士和诗人的头上,后来桂枝渐渐成了荣誉和成功的象征。在英美国家,人们就把那些取得杰出成就、声名卓著的诗人称为"桂冠诗人"(poet laureate)。再如:

gain/win one's laurels 赢得荣誉

look one's laurels 小心翼翼地保持荣誉

rest on one's laurels 满足于既得之功,不思进取

5. peach 与桃花

桃花(peach)因其外形优雅、色彩略带粉色而受到人们的广泛喜爱,常常用以比喻"美人,美好的东西或人"。英汉民族中都用桃花来形容皮肤细洁、白里透红的妙龄少女。在汉语中也有"人面桃花相映红","山桃红花满上头,蜀江春水拍岸流。花红易衰似郎意,水流无限似侬愁"等诗句。

在英语中,peach 可以表示美好的事物。例如,a peach of a room(漂亮的房间);而"She is really a peach."则常用来形容漂亮有吸引力的女子。桃花色还常常被用来形容女性白里透红的肤色,特别是双颊的颜色。

(二)相同植物词汇表示不同的文化内涵

1. willow—柳

(1)柳在汉语文化中的内涵

①象征女子的姿色。由于柳枝轻盈柔软、风姿绰约,因而在中国文化中常用于形容女子姿色。例如:白居易的《长恨歌》:"归来池苑皆依旧,太液芙蓉未央柳。芙蓉如面柳如眉,对此如何不泪垂。"

②象征风尘女子。每年春天柳絮都会纷纷扬扬到处飘飞,这就使人们觉得柳树过于轻浮、妖娆,因此柳树也就有了一层不好的含义。例如,"花街柳巷"指代妓院等色情场所,而"寻花问柳"则表示男子寻访风尘女子,嫖娼作乐。再如:

这贾蔷外相既美，内性又聪明，虽然应名来上学，亦不过虚掩眼目而已。仍是斗鸡走狗，赏花阅柳。

(《红楼梦》第九回)

③象征着忧伤。柳树之所以成为离别的象征，一方面是因为"柳"与"留"谐音，有"挽留"之意；另一方面是因为柳条纤细柔韧，象征绵绵的情谊。例如：刘禹锡的《柳枝词》："清江一曲柳千条，二十年前旧板桥。曾与美人桥上别，恨无消息到今朝。"

④象征友情。古时候，人们通常将柳树作为朋友分别时赠送的礼物，以期友人能够像柳树一样随遇而安。例如：王之涣的《送别》："扬柳东风树，青青夹御河。近来攀折苦，应为离别多。"

(2)willow 在英语文化中的内涵

在英语文化中，willow 主要有以下几个寓意。

①象征女子身材苗条与动作优雅。由于柳枝细长绵软，很容易让人联想起女性优美的身段。因此，英语中多用 willow 来形容女子。例如：

She is a willowy young actress.

她是一个苗条的年轻女演员。

Clothes always look good on her because she is so tall and willowy.

她又高又苗条，穿什么都好看。

②用于驱邪。在复活节前的星期日，西方人常用柳树来祈福，将之挂于家中驱赶所有的邪恶。

③象征失恋、哀伤、死亡。这一象征意义与以前英国人带柳叶花圈以示哀悼的习俗有关。在莎士比亚的著名戏剧《奥赛罗》(Othello) 中，黛斯德蒙娜(Desdemona)说道：

My mother had a maid call'd Barbara;

She was in love, and he she lov'd prov'd mad

And did forsake her; she had a song of "willow";

An old thing't was, but it expressed her fortune,

And she died singing it.

And then comes the song:

The poor soul sat sighing by a sycamore tree,

Sing all a green willow;

Her hand on her bosom, her head on her knee,

Sing willow, willow, willow;

The fresh streams ran by her, and murmur'd her moans;

Sing willow, willow, willow;

Her salt tears fell from her, and soften'd the stones;

Sing willow, willow, willow.

2. lotus—莲

（1）莲在汉语文化中的内涵

莲又名"荷花"、"芙蓉"，在中国文化中，它常被用来形容女子的娇美。这在中国古代的诗词作品中极为常见。例如：唐代王昌龄的《越女》："越女作桂舟，还将桂为楫。湖上水渺漫，清江不可涉。摘取芙蓉花，莫摘芙蓉叶。将归问夫婿，颜色何如妾？"

此外，莲虽生于污泥之中却仍纯洁无瑕，故而有着"花中君子"的美誉。这也是莲在中国文化中最重要的文化形象。例如：唐代温庭筠的《莲》："绿塘摇艳接星津，轧轧兰桡入白萍。应为洛神波上袜，至今莲蕊有香尘。"

（2）lotus 在英语文化中的内涵

在英语文化中，lotus 是象征企图摆脱尘世痛苦的忘忧树。传说中，如果人吃了莲的果实就会忘记朋友和家人，也会失去回到出生地的愿望。因此，在英语中 lotus 就有懒散、舒服、无忧无虑的含义。例如：

lotus land 安乐之乡

lotus eater 过着懒散舒服生活的人

lotus-eating 醉生梦死、贪图安逸的行为

a lotus life 懒散、悠闲和无忧无虑的生活

3. peony—牡丹

（1）牡丹在汉语文化中的内涵

①象征着国家的繁荣昌盛。在古代，牡丹就有国家繁荣昌盛的代表意义，这在很多诗句中都有体现。例如，唐代诗人刘禹锡写道："惟有牡丹真国色，花开时节动京城。"之后，牡丹便成为幸福吉祥、国家繁荣昌盛的象征。

②象征人们对富裕生活的期盼。人们赋予了牡丹富贵的品格，一提到牡丹，人们就很容易想起"富贵"二字。因此，人们常用牡丹表达对富裕生活的期盼与追求。

③象征不畏权贵的高风亮节。牡丹虽然被誉为"富贵之花"，但是其并不娇嫩脆弱，因此被赋予不畏权贵和恶势力的含义。

④象征纯洁和爱情。在中国传统文化中，牡丹还是美、纯洁与爱情的象征。例如，在我国西北广为流传的民歌"花儿"指的就是牡丹，也是对唱双方中男方对女方的称呼。

此外，在汉文化中，牡丹还可以与别的花一起被赋予象征意义，这多体

现在一些传统工艺和美术作品中。例如,牡丹与芙蓉一起具有"荣华富贵"的含义;牡丹与海棠一起具有"门庭光耀"的含义;牡丹与水仙在一起具有"神仙富贵"的含义;牡丹与长春花一起则具有"富贵长春"的意义。

（2）peony 在英语文化中的内涵

在英语文化汇中,peony 一词源于神医皮恩(Paeon, the god of healing),确切来说,peony 是以皮恩的名字命名的。这源于皮恩曾经用牡丹的根治好了天神宙斯(Zeus)之子海克力斯(Hercules)。因此,在西方文化中牡丹被看作具有魔力的花;而在欧洲牡丹花与不带刺的玫瑰一样,都象征着基督教中的圣母玛利亚。

4. plum——梅

（1）梅在汉语文化中的内涵

梅花原产于中国,可以追溯到殷商之时。因它开于寒冬时节、百花之先,所以在中国文化中象征着坚毅、高洁的品格,为我国古代的历代文人所钟爱,很多诗词歌赋都以咏梅为主题。例如:宋代陆游的《卜算子·咏梅》:"驿外断桥边,寂寞开无主。已是黄昏独自愁,更著风和雨。无意苦争春,一任群芳妒。零落成泥碾作尘,只有香如故。"

此外,梅花还象征着友情,成为传递友情的工具,享有"驿使"的美称,而"梅驿"成了驿所的雅称,"梅花约"则是指与好友的约会。例如,王安石的《梅花》:"驿使何时发,凭君寄一枝"中的梅花便成为传达友情的信物。

总之,梅花在中国文化中有着崇高的地位,是高洁、傲骨的象征,象征着中华民族典型的民族精神。毛泽东也曾对梅花大加赞赏,曾作诗"风雨送春归,飞雪迎春到。已是悬崖百丈冰,犹有花枝俏。俏也不争春,只把春来报。待到山花烂漫时,她在丛中笑。"此外,毛泽东还用"梅花欢喜漫天雪,冻死苍蝇未足奇"一句来表达中国人民像梅花一样不畏严寒与风雪作斗争的英雄气概。

（2）plum 在英语文化中的内涵

在英语中,与梅相对应的词语 plum 既指梅树或李树,又指梅花或者李子。在基督教文化中,梅树表示忠诚;在英国俚语、美国俚语中,plum 表示奖品、奖赏。现在,plum 则成为美国国会常用的委婉语。例如:

A congressman or senator may give a loyal aide or campaigner a Plum.

国会议员会给重视的助手和竞选者一个有好处、有声望的政治职位,作为对其所做贡献的回报。

5. red bean—红豆

（1）红豆在汉语文化中的内涵

红豆又称"相思豆"，在汉语文化中表示思念和爱情。这是由于红豆呈心形，且有着鲜艳如血的红色和坚硬的外壳，所以多象征着忠贞不渝的爱情。我国古代还有一个传说：一位男子出征边塞，他的妻子因过于思念外面的丈夫而夜夜在树下哭泣，以致眼泪流干且流出了鲜红的血粒。血粒凝结不化，便在地上生根发芽，长成大树，结满红豆。这就赋予了红豆以思念的寓意，在交通不便的古代，寄托了人们深深的思念。很多古诗中都借红豆以寄相思。例如：唐代温庭筠《酒泉子》："罗带惹香，犹系别时红豆。泪痕新，金缕旧，断离肠。一双娇燕语雕梁，还是去年时节。绿阴浓，芳草歇，柳花狂。"

（2）red bean 在英语文化中的内涵

英语中 red bean 的文化内涵受《圣经》的影响颇深。《圣经》中，以撒为了一碗红豆汤而出卖了长子权。因此，红豆在西方文化中象征着见利忘义、为了微小的眼前利益而违背原则、出卖他人。例如，sell one's birthright for some red bean stew 表示"为了眼前的利益出卖原则，见利忘义。"①

（三）植物词汇中的文化内涵空缺现象

文化内涵空缺是指某些植物词汇在一种语言文化中具有丰富的文化内涵，在另一种语言文化中却没有相对应的联想。② 通过表 6-1 和表 6-2 可以了解在英汉语言中存在哪些文化内涵空缺的植物词汇。

表 6-1　仅在英语中有联想意义的植物词汇及其语例

英语植物词汇	文化内涵	语例
apple（苹果）	指人或者指事	the apple of disorder（祸端、争端的起因）
grape（葡萄）	和平、富饶	见《圣经》、《伊索寓言》
potato（马铃薯）	比喻人、事	a couch potato（成天看电视的人） a hot potato（棘手的事）
daffodil（黄水仙）	欢乐、春光	*The Daffodils*—William Wordsworth

---

① 李英. 英汉植物词汇文化意义对比[J]. 延安职业技术学院学报，2009，(3)：67.

② 唐美华. 英汉植物词汇文化内涵对比分析及其翻译策略[J]. 文教资料，2007，(1)：170.

续表

英语植物词汇	文化内涵	语例
pumpkin(南瓜)	笨蛋	pumpkin-head 笨蛋
tomato(西红柿)	美人	Jane is a real tomato. 简真是个美人
yew(紫杉)	不朽,致哀	英国等地的墓地上常种此类树
wild oats(野燕麦)	放荡(的青年)	sow one's wild oats 放荡、纵情玩乐
4-leaf clove(四叶苜蓿)	幸福,好运	be/live in clove 生活优裕
palm(棕榈树)	荣耀、胜利、优越	bear the palm(获胜,夺冠,居首位)

(资料来源:唐美华,2007)

表 6-2 仅在汉语中有联想意义的植物词汇及其语例

汉语植物词汇	文化内涵	语例
竹(bamboo)	高风亮节 谦逊坚强	"竹死不变节,花落有余香。" "宁可食无肉,不可居无竹。"
松(pine)	长寿;坚韧、挺拔	"福如东海水长流,寿比南山不老松。" "大雪压青松,青松挺且直。"
杏(apricot)	幸福、繁荣	"杏林高手"、"杏林俊秀"
粟(millet)	渺小的事物	"沧海一粟"
兰(orchid)	脱俗的高贵品格	"幽兰生庭前,含熏待清风;清风脱然至,见别萧艾中。"

(资料来源:唐美华,2007)

二、中西植物文化的翻译

(一)直译:保留形象

如果某一种植物词汇在英汉语言中具有相同文化内涵,或者文化内涵大致相同,即源语中的植物词在译入语中可以找到相同或相似的对应植物的形象时,我们就可以采取保留植物形象直译的方法。使用直译的方法不仅能够保留源语的文化特征,传递原文的风格,再现原文的神韵,而且能够使译文生动活泼,并且增进英汉文化的交流,丰富译文的语言。例如:

laurel wreath 桂冠

peachy cheeks 桃腮

Oak may bend but will not break.

橡树会弯不会断。

（二）意译：舍弃形象

在翻译植物词汇时，我们可以舍弃源语中的植物形象进行意译，即抛弃原文的表达形式而只译出原文的联想意义。例如：

harass the cherries 骚扰新兵

He is practically off his onion about her.

他对她简直是神魂颠倒。

If you lie upon roses when young, you lie upon thorns when you old.

少壮不努力，老大徒伤悲。

Every bean has its black.

凡人各有短处。

（三）直译加注释

在翻译植物词汇时，有时候为了保留原文的异域风味，丰富民族语言，同时便于译入语的读者理解，我们会使用直译加注释法进行翻译，即在翻译原文的植物词汇时保留原文的植物形象，同时阐释其文化意义。例如：

as like as two peas in pot 锅里的两粒豆（一模一样）

A rolling stone gathers no moss.

滚石不生苔（改行不聚财）。

The proof of the pudding is in the eating.

欲知布丁味道如何，只有吃上一吃（空谈不如实践）。

While it may seem to be painting the lily, I should like to add something to your beautiful drawing.

我想给你漂亮的画上稍加几笔，尽管这也许是为百合花上色，费力不讨好。

（四）转换形象翻译

植物词汇一般具有两层含义，一层是字面意义，另一层是由其引申而来的文化联想含义。字面意义相同的植物词汇，其联想含义可能不一致，而字面意义不同的植物词汇，其文化联想含义可能一致。而一种语言一旦被翻译为另一种语言，译入语的读者就会按照自己民族的文化传统来解读植物词汇所具有的文化内涵。因此，当一种植物在英汉语中所具有的文化内涵不一样的时候，译者在翻译植物词汇时就不得不考虑两种语言的文化差异、

译入语的文化传统以及译入语读者的习惯,并据此调整植物词汇在译入语中的表达方式。例如:

as red as a rose 艳若桃李

spring up like mushrooms 雨后春笋

potatoes and roses 粗茶淡饭

Oaks may fall when reeds stand the storm.

疾风知劲草。

My new jeep is a lemon.

我的新吉普真是个蹩脚货。

(五)引申阐发译

对于一些特殊的表达,在翻译过程中,为了更加准确地表达原文含义,译者可以根据上下文以及逻辑关系,对原文中植物词的内涵进行引申。此外,有时还需要进行阐述解释,以保证译文的流畅自然。例如:

Tom will come to the party; the chance of a free drink is like a carrot to a donkey to him.

汤姆一定会来参加宴会的,白喝酒的机会对他来说是很有诱惑力的。

Every weekend his father goes of golfing; he is tired of being a grass window.

爸爸每个周末都出去打高尔夫球,他已经厌倦透了这种爸爸不在家的日子。

第三节　英汉山水和东西风文化对比与翻译

人类生活所处的大自然中包含着各种奇妙的现象,如风、春、秋、月、山、水等,这些现象不仅直接或间接影响着人们的生活,而且寄托着人们的情感。由于地理环境以及思维方式等的不同,英汉语文化中的人对同一自然事物会有不同的情感态度。本节就从以下几个角度来讨论英汉自然文化对比及其翻译。

一、英汉"山水"文化对比与翻译

(一)"山水"文化对比

"中国山水文化",就是由山水而引发的文化沉积,也可以说是以山水为表现对象的文化。① 在中国历史中，许多文人墨客寄情山水，创作了无数的诗篇。尤其是在唐代，山水诗的创作达到了一个高峰，诗人总是将人生的悲哀与忧愁寄寓于流水之中。例如，张若虚的《春江花月夜》："不知江月待何人，但见长江送流水"；李煜的《虞美人》："问君能有几多愁，恰似一江春水向东流"。

此外，流水在唐诗中还常象征着时光逝去，如"君不见黄河之水天上来，奔流到海不复回。""无边落木萧萧下，不尽长江滚滚来"等表达的都是这种意境。

在唐诗中，"山"的寓意并没有流水那样丰富，山多用来比喻至死不渝的忠贞爱情。例如，"枕前发尽千般愿，要休且待青山烂。水面上秤锤浮，直待黄河彻底枯"（唐无名氏《菩萨蛮》）就以青山石烂来比喻至死不渝的爱情。

可以看出，在汉语文化中，流水和青山蕴含着丰富的文化意象，寄托了人们复杂、丰富的情感，能引起人们无限的联想。

而在英语文化中，"山水"只是客观存在的自然现象，并没有像汉语中如此丰富的文化内涵。

（二）"山水"文化的翻译

由于汉语"山水"有着丰富的文化意象，因此其翻译也就有了一定的困难。有人认为："像这样的文学意象具有高度可译性，如果把它们直接译成另一种语言中相对应的物象，它的寓意也基本上能得到转达。"（《外国语》1996 年第 3 期）这也就是说"流水"和"山"可直译为 water，river，stream 和 mountain，hill，直译后"流水"和"山"的文化内涵会基本得以保留。例如：

枕前发尽千般愿，
要休且待**青山**烂。
水面上秤锤浮，
直待**黄河**彻底枯"

（唐无名氏《菩萨蛮》）

On the pillow we make a thousand rows, and say

Our love will last unless **green mountains** rot away,

On the **water** can float a lump of lead,

The **Yellow River** dries up to the very bed.

（许渊冲 译）

---

① 白靖宇. 文化与翻译(修订版)[M]. 北京:中国社会科学出版社,2010:103.

望庐山瀑布

李白

日照香炉生紫烟，遥望瀑布挂前川。

飞流直下三千尺，疑是**银河**落九天。

译文一：

CATARACT ON MOUNT LU

Li Bai

The sunlit Censer perk exhales a wreath of cloud；

Like an upended **stream** the cataract sounds loud.

Its torrent dashes down three thousand feet from high；

As if the **Silver River** fell from azure sky.

（许渊冲 译）

译文二：

Viewing the Waterfall at Mount Lu

Li Bai

Sunlight streaming on Incense Stone kindles a violet smoke：

Far off I watch the waterfall plunge to the long **river**，

Flying waters descending straight three thousand feet，

Till I think the **Milky Way** has tumbled from the ninth height of

Heaven.

（Burton Watson 译）

二、英汉"东风"、"西风"文化对比与翻译

（一）"东风"、"西风"文化对比

虽然汉语中的"东风"、"西风"与英语中的 east wind，west wind 所指事物完全相对应，但所承载的文化内涵却完全不同。

1."东风"、"西风"在汉语文化中的内涵

在汉语文化中，"风"的喻意往往是东佳西劣，因此"东风"多喻指好的东西，而"西风"则相反，多喻指不好的东西。

具体来说，"东风"在汉语中多指"春风"，象征着"春天"和"温暖"。自古以来，中国人就对东风情有独钟，这可以从很多文人的诗句或文学作品中反映出来。例如，曹雪芹《红楼梦》中的"桃未芳菲杏未红，冲寒先已笑东风"；

陈毅的《满江红》:"喜东风浩荡海天宽,西风落";郭沫若的《新华颂》:"多种族,如弟兄,千秋万岁颂东风"。此外,"东风"在汉语文化中还可用来比喻其他事物。例如,罗贯中《三国演义》中记载:"孔明索纸笔,屏退左右,密书十六字曰:'欲破曹公,宜用火攻;万事俱备,只欠东风。'"这里的"东风"就喻指事情成功的必要条件;曹雪芹《红楼梦》中有云:"黛玉从不闻袭人背地里说人,今听此话有因,便说道:'这也难说。但凡家庭之事,不是东风压了西风,就是西风压了东风。'"这里的"东风"和"西风"指的就是对立的两面。① 当然,在汉语文化中,"东风"并非都表示令人高兴的东西,有时也表示不好的东西,如陆游的《钗头凤》:"东风恶,欢情薄。一杯愁绪,几年离索。错,错,错。"

而西风在汉语中则象征着"寒冷"、"凋零",一想到"西风",人们似乎就会瑟瑟发抖,因此其多被用于贬义。这在中国文人的诗词中也有所体现,如许浑的《早秋》:"遥夜泛青瑟,西风生翠萝。残萤栖玉露,早雁拂金河";王安石的《残菊》:"昨夜西风过园林,残菊飘零满地金";王实甫的《西厢记》:"碧云天,黄叶地,西风紧,寒雁南飞,晓来谁染霜林醉,尽是离人泪"。

2."东风"、"西风"在英语文化中的内涵

不同于汉语民族,英语民族的人们对"东风"和"西风"有着截然相反的感情态度,这主要是由于东西方地理位置的差异所致。英国西邻大西洋,东接欧洲大陆,所以从西面吹来的是暖风,从东面吹来的则是寒风。此外,在英国,东风常与寒冬、瑞雪相连,给人"寒冷"的感觉,因此也并不受人喜爱。例如,查尔斯·狄更斯(Charles Dickens)有诗:"How many winter days I've seen him, standing bluenosed in the snow and east wind!"(多少个冬日里,我都看见他,鼻子冻得发紫,站在冰雪和东风中!)

而从大西洋吹来的西风却给人以温暖的感觉,因此英国文人素来喜爱西风,并对其赞美有加。例如:

O, wind,

If winter comes, can spring be far behind?

啊,**西风**,假如冬天已来临,春天还会远吗?

以上是英国浪漫主义诗人雪莱的名诗 Old to the West Wind《西风颂》中最后一句。在诗的最后一句,诗人表达了自己对未来美好的憧憬和坚定的信念。再如:

---

① 闫传海,张梅娟. 英汉词汇文化对比研究[M]. 西安:西安交通大学出版社,2008:69.

Sweet and low,

Sweet and low,

Winds of the western sea,

Low，low，breathe and low，

Wind of the western sea!

轻轻的，柔和地，

轻轻的，柔和地，

西风吹来海风；

轻轻地，轻轻地吹拂，

西风吹来海风！

上述是英国诗人阿尔弗雷德·丁尼生(Alfred Tennyson)的诗句。

(二)"东风"、"西风"文化的翻译

1. 直译

虽然"东风"、"西风"在英汉语文化中存在着截然不同的文化内涵，但随着东西方文化的不断交流，大多数读者已经了解了其中存在的差异，因此有时直译也不会造成读者的理解错误。例如：

东风夜放花千树，更吹落、星如雨。

(辛弃疾《青玉案　元夕》)

One night's **east wind** adorns a thousand trees with flowers

And blows down stars in showers.

(许渊冲 译)

绮窗人在**东风**里，无语对春闲。也应似旧，盈盈秋水，淡淡春山。

(阮阅《眼儿媚》)

By the green window

The lady sits in the **east wind** gentle.

Speechless，she faces spring idle.

All should be as of old：

Pools of limpid autumn water——her eyes.

Distant hills in springtime——her brows.

(龚景浩 译)

金谷园

杜牧

繁华事散逐香尘，

流水无情草自春。

日暮**东风**怨啼鸟，

落花犹似坠楼人。

A wilderness alone remains,

all garden glories gone;

The river runs unheeded by,

weeds grow unheeded on.

Dusk comes, the **east wind** blows, and birds

pipe forth a mournful sound;

Petals, like nymphs, from balconies,

come tumbling to the ground.

（Giles 译）

碧云天，黄叶地，

西风紧，寒雁南飞。

晓来谁染霜林醉，

尽是离人泪。

（王实甫《西厢记》）

Grey are the clouds in the sky and faded

　　are the leaves on the ground.

Bitter is the **west wind** as the wild geese fly

　　from the north to the south.

How is it that in the morning the white-frosted

　　trees are dyed as red as a wine flushed face?

It must have been caused by the tears of those

　　who are about to depart.

香菱便又掷了个六点，该黛玉掷。黛玉默默的想道："不知有什么好的被我掷着方好。"一面伸手取了一根，只见上面画着一枝芙蓉，题着"风露游愁"四字，那面一句旧诗，道是："莫愁**东风**当自嗟。"

（曹雪芹《红楼梦》第六十三回）

Xiangling then threw a six, making it Daiyu's turn. "I hope I get something good," she thought while drawing a lot. It showed a hibiscus flower with the motto "Quiet and sad in wind and dew" and the line "Blame not **the east wind** but yourself."

（杨宪益、戴乃迭 译）

2. 意译

有时为了使读者更好地理解"东风"和"西风"的文化意蕴,可以考虑采用意译的方法对其进行翻译。例如:

虞美人

李煜

春花秋月何时了?

往事知多少?

小楼昨夜又**东风**,

故国不堪回首月明中。

雕栏玉砌应犹在,

只是朱颜改。

问君能有几多愁?

恰似一江春水向东流。

译文一:

Yumeiren

Too long the autumn moon and spring flowers last.

I wonder how much they've known of my past.

Last night **spring breezes** through an upper room—

Reminds me too much my present gloom.

With a bright moon, how could I my country recall—

Without a sense of defeat and despair at all.

The Palace should be still there as before—

With its carved railings; jade-like steps galore.

Only here are changes which my plight entail.

My complexion, once ruddy, had become pale.

Should I be asked how much anguish I have found,

Strange! It is like flowing water, eastward bound.

(徐忠杰 译)

译文二:

The Lost Land Recalled

Tune:"The Beautiful Lady Yu"

When will there be no more autumn moon and spring flowers

For me who had so many memorable hours?

— 166 —

My attic which last night in **vernal wind** did stand

Reminds me cruelly of the lost moonlit land.

Carved balustrades and marble steps must still be there.

But rosy faces cannot be fair.

If you ask me how much my sorrow has increased,

Just see the over brimming river flowing east!

（许渊冲 译）

不在梅边在柳边，个中谁拾画婵娟。团圆莫忆春香到，一别西风又一年。

（曹雪芹《红楼梦》第五十一回）

Not by plum trees but by willows,

Who will pick up the beauty's portrait here?

It is no use longing for a return in spring.

Autumn means parting for another year.

（杨宪益、戴乃迭 译）

桃花帘外**东风软**，桃花帘内晨妆懒。帘外桃花帘内人，人与桃花隔不远。**东风有意揭帘栊**，花欲窥人帘不卷。……泪眼观花泪易干，泪干春尽花憔悴。憔悴花遮憔悴人，花飞人倦易黄昏。一声杜宇春归尽，寂寞帘栊空泪痕。

（曹雪芹《红楼梦》第七十回）

Outside the blind, peach-blossom, **a soft spring breeze**;

Within, a girl is languidly dressing her hair.

Outside, the peach-blossom; within the girl—

Not far apart the blossom and maid so fair.

Obligingly, **the breeze** blows back the blind

And holds it to afford a glimpse of her bower;

...

As she gazes at the blossom her tears run dry—

Her tears run dry, spring ends, blooms fade away;

The fading blossoms hide the fading maid;

Blossoms drift down, she tires, dusk follows day—

A cuckoo-call and spring is left behind,

Only faint moonlight falls on the lonely blind.

（杨宪益、戴乃迭 译）

3. 直译加注释

为了避免读者产生不必要的误解,在翻译的过程中也可以对"东风"、"西风"进行适当的处理,即采用直译加注释法。例如:

闲愁万种。无语怨东风。

(王实甫《西厢记》)

I am saddened by a myriad petty woes

And, though I speak not,

I am angry,

At the **breezes from the east.**

(Henry Hart 译)

第七章 英汉宗教、习俗文化对比与翻译

宗教与习俗是英汉文化中的重要组成部分,二者承载着很多文化元素,对语言的形成与发展也有着一定的影响作用。翻译活动的进行不仅需要译者掌握多种翻译技巧,同时对两种文化的了解也是翻译进行的前提。本章将主要从宗教与习俗两个方面对英汉文化进行对比,同时对二者的翻译进行探究。

第一节 英汉宗教文化对比与翻译

在历史长河中,宗教对每一个国家和社会都有着重要的影响作用,其与社会的发展、国家的稳定密切相关。可以说,宗教文化的存在丰富着国家的语言和文化,在进行翻译的过程中,了解不同国家的宗教背景意义重大。

一、英汉宗教文化对比

英汉由于民族、历史等因素的存在,形成了截然不同的宗教文化,下面对其进行对比探究。

(一)宗教概念对比

1. 西方宗教的概念

英语中的 religion(宗教)一词,源于拉丁语 religare。其中,re-表示强调,ligare 是 to bind(捆绑)的意思,因此 religare 指的是 bind tightly(紧紧地结合在一起)。该词源很好地解释了 religion 的意义:用某种教义、教规和道德观念把教徒们束缚在一起。①

---

① 平洪,张国扬. 英语习语与英美文化[M]. 北京:外语教学与研究出版社,1999:107.

2. 中国宗教的概念

在汉语文化中,关于宗教的概念有着不同的说法,下面简要介绍一些书籍中"宗教"的出处。

华鸣在《"宗教"一词如何定义》一文中认为,"宗教"一词是日语借用汉字"宗"和"教"二字而造的一个新词。宗教就是奉祀神祇,祖先之教。

《景德传灯录》十三《圭峰宗密禅师答史山人十问》之九曰:"(佛)灭度后,委付伽叶,展转相承一人者,此变盖论当为宗教主,如土无二王,非得度者唯尔数也。"这种说法认为"宗教"二字合并起来使用始于佛教术语。

《辞海》给出的"宗教"的含义是:"宗教,社会意识形态之一。相信并崇拜超自然的神灵。"

通过对上述定义的分析可以看出,虽然莱汉语言中关于宗教的源出不同,但是二者都认为宗教是人对神灵的信仰,这点是英汉宗教中相通的地方。

(二)宗教神源对比

宗教文化是人类文明的重要瑰宝,是人类思想文化的重要组成部分。宗教带有鲜明的民族性,由不同民族的信仰、意识等组成。英汉民族之间由于文化背景的不同,形成了不同的宗教形式。在西方,各国普遍信仰基督教,而在中国,儒教、佛教、道教是其三大宗教。下面从神源方面对英汉宗教进行对比。

1. 西方宗教的神源

西方文化中的主要宗教是基督教,因此在很多西方人心中耶稣是他们的神。基督教的由来在很大程度上得益于对希伯来教的改造,因此在基督教中还保留了很多古希伯来的宗教因素。

耶稣是上帝耶和华同民间女子玛利亚之子,是上帝作为自己解救人类、替人类赎罪的使者,是上帝与普通人类之间联系的纽带。作为耶和华之子,"耶和华的灵必住在他身上,就是使他有智慧和聪明的灵,谋略和能力的灵,知识和敬畏耶和华的灵"。耶和华是无上的神,是超出于人类世俗之外的神,是先于人类,而且独立于人类而存在的。它是永恒的,绝对的,是一切存在的终极的原因。[①]

---

① 汪德华. 中国与英美国家习俗文化比较[M]. 杭州:浙江大学出版社,2011:281.

在西方的文化中,神一般都是通过上帝赐予的,是超越于世俗和人事之上的,这种神的来源形式和中国的有很大不同。

2. 中国宗教的神源

不同于西方中上帝赐予的神,中国宗教中的神大多是凡人通过自己的修炼而成为神的。例如:

儒教是中国的主要宗教之一,其代表是孔子。孔子年少时,生活贫困,后来成为收徒讲学的老师。

道教是中国三大宗教之一,其主神为太上老君——老子。在春秋战国时期,老子是一位有名的智者,并且其曾经为东周朝廷的柱下史。

上述两个宗教的神都是真实存在的人,都是凭借着自己渊博的学识和伟大的人格成为了神。

中国的佛教源自印度,其主神是释迦牟尼。释迦牟尼本是现实中的王子,后因厌倦王宫中的生活,对人生真谛进行探索,解救了无数处于痛苦之中的人民,经过四十九天的冥想,终于开悟,成为一个得道之人。因此,他吸引了大批的信徒,信徒尊崇他为思想的导师。

通过对中国三大宗教中神的来源的分析可以看出,在中国乃至东方,神一般都是得道之人,是一些杰出人物通过精神探索和人格修行的产物,并不是由天外之神加冕的。

(三)宗教地位对比

在英汉两种宗教文化中,人们对于宗教地位有着不同的认知观点。下面分别对二者的宗教地位进行对比。

1. 西方宗教的地位

通过对西方宗教神源的分析可以看出,在西方文化中,宗教是一种超越于世俗之外的文化形式,属于超文化的领域。

在中世纪时期,欧洲认为教权应该是凌驾于其他权力之上的。因此,在当时国家的最高统治权掌握在罗马教皇手中。罗马教皇既控制和管理宗教事务,也管理生活中的其他领域,包括政治、经济、法律、文化、教育、医疗、科学等。罗马教皇甚至对国王的任命拥有最终决定权。由此可见,教皇的权力高于一切,凌驾于其他一切文化权力(如政治、法律等)之上。此外,西方的宗教也是衡量一切价值的最高准绳。

2. 中国宗教的地位

与西方宗教的超文化性质不同,中国宗教在社会中的地位是世俗性的。

这主要是因为中国宗教中的各领袖都是来源于世俗社会,是由不同领域的杰出人物修炼而成的。

中国宗教是文化的重要组成部分。其教义一般都是由杰出的领袖通过对人生进行憬悟和理解而得来的,是对人生进行思考的结果。作为一种文化现象的中国宗教带有强烈的世俗性质。

纵观中国历史,宗教都是为皇权服务的,没有形成和皇权抗衡的现象。尽管历史上出现过宗教藐视皇权的倾向,但是随后都为统治阶级所控制,为其服务。

(四)宗教教义对比

不同的宗教教义是宗教文化内涵的反映,代表着宗教的特点,是其存在于世的显著标志。

1. 西方宗教的教义

在西方文化中,基督教是主要的宗教形式,每个国家都有 80% 以上的国民信仰基督教,基督文化已深入人心。基督教的教义主要是 Faith(忠经),Creed(信经),Confession(诚经)和 Love(爱经)。

Faith(忠经)教化人们要相信上帝的永恒存在,信徒是上帝的子民,凡事要遵从上帝的旨意。

Creed(信经)教化人们要相信上帝那无所不能的力量。

Confession (诚经)教化人们要将违背上帝意志所做的事坦率地说出来,向上帝认罪或者认错。

Love (爱经)教化人们要真爱上帝,因为上帝永远在身边,同时也要爱身边的所有人,还要爱自己。[①]

2. 中国宗教的教义

中国主要有三大宗教:儒教、道教和佛教,这三大宗教中对中国人影响最大的是佛教。

佛教的教义主要提倡"无神"(uncreativeness)、"无常"(no ever-lasting existence)、"无我"(anatma)、"因果相续"(the interdependent nature)等思想。

佛教使人相信生死轮回,善恶有因果报应,并认为人们来到这个世界上就是为了受苦,所有的苦难也都源于人们的欲望,因此教化人们去抵制各种

---

① 李建军. 文化翻译论[M]. 上海:复旦大学出版社,2010:27.

各样的诱惑并抑制自己的欲望,如贪、嗔、痴、慢、疑、恶等。在现实生活中,佛教倡导人们要用好智慧、向好学好、有善意的目的、符合伦理的言行、谨慎处事、感情专一等。

此外,佛教中的四圣谛对中国人的信仰和思想有着极其重要的影响。四圣谛的主要内容如下。①

(1)苦谛:指万物众生的生死轮回充满了痛苦烦恼。苦难始终贯穿人的一生,包括生、老、病、死等,人活着就是受苦受难。

(2)集谛:造成众生痛苦的根源是欲望。人总是摆脱不了各种欲望和诱惑,这是给人们带来苦难的根源。

(3)灭谛:指消除世间众生痛苦的途径是放弃欲望。

(4)道谛:指通向寂灭的道路。人们消除欲望,最终脱离苦海,到达极乐的境界。

佛教对中国文化的影响主要体现在两大方面:善恶因果的道德说教和生命与宇宙之间循环协调关系的哲学思辨关系。

(五)宗教包容性对比

宗教对社会的稳定以及历史的发展有着重要的影响作用。英汉宗教由于其教义的不同,对不同宗教的包容性也不尽相同。这种包容程度的高低在一定程度上也影响着社会的安定。

1. 西方宗教的包容性

西方宗教由于其无上性,因此具有明显的排他性。基督教就是典型的例子。在基督教中,一个人只能信奉一个神,一个宗教。在基督教之外,不允许其他宗教的存在,其他宗教都是非法的;而信奉这些非法宗教的人被称为"异教徒",是要受到惩罚的。

帕斯卡尔说:"凡是到耶稣基督之外去寻求上帝并且停留在自然界之中的人,要么便不能发现任何可以使他们满意的光明,要么便走向为自己形成一套不要媒介者就能认识上帝并侍奉上帝的办法;并且他们便由此不是陷入无神论便是陷入自然论,而这两种东西几乎都是基督宗教所同样憎恶的。"②

由于西方宗教的排他性,为了维持自身宗教的社会地位与名望,不同宗

---

① 李建军. 文化翻译论[M]. 上海:复旦大学出版社,2010:27.

② 汪德华. 中国与英美国家习俗文化比较[M]. 杭州:浙江大学出版社,2011:283.

教之间经常进行战争,甚至出现了迫害异教徒的事件。虽然从现代社会看,这种为了维护自身宗教唯一性的宗教战争不可取,但是在当时却从某种意义上推动了社会的发展与进步。

值得一提的是,基督教对待异教的态度与他们的教义是自相矛盾的。基督教的教义主张宽容、博爱,但在卫教问题上则却没有做到宽容、博爱。就基督教的性质本身而言,它不可能接受一个与它地位平等的宗教。否则,就等于否定了上帝的权力,动摇了上帝的至高无上性。

2. 中国宗教的包容性

儒教是我国的主要宗教形式之一,其倡导的"中庸"思想对我国社会影响极大。同时佛教中的"中观之道",道教中的"中和之道",也都对中国宗教的包容性影响深远。

由于中国宗教倡导相对性、相容性和多元性,因此它能允许不同宗教存在。

在中国社会中,不同的宗教之间是互相平等、互相尊重、互相交流的关系。除了个别时期曾发生过利用皇帝的权力排斥异教的事情之外,在大部分时期,三教是并存的。从唐代起,儒、道、禅三教逐渐走向融合;到宋代,便出现了合流之后的宋明理学,形成了中国思想史上的又一个高峰。

中国宗教的这种包容性,在教徒对异教领袖的态度上也有体现。中国各教教徒通常也很尊敬他教的领袖。这是因为,中国宗教的领袖一般都是人类中的最高智慧和最高人格的象征,是一个社会、一个民族、一个时代的灵魂。佛教的领袖释迦牟尼就教导那些投奔他的异教弟子,让他们仍然尊敬原来的宗教首领。

阿育王遵照释迦牟尼的这一教导,恭敬供养在其统治区内的所有宗教,并发布法文:"不可只尊重自己的宗教,而菲薄他人的宗教。应如理尊重他教。这样做,不但能帮助自己宗教的成长,而且也对别的宗教尽了义务。反过来做,则不但替自己的宗教掘了坟墓,也伤害了别的宗教。因此,和谐才是好的,大家都应该谛听,而且心甘情愿地谛听其他宗教的教义。"①

由此可见,东方宗教中的教义都比较开放、包容,并且宗教领袖们都对其他宗教具有十分宽广的胸襟。这些都证明了东方宗教的相对性、相容性。英汉文化中的相关事物文化与宗教文化是语言文化的重要表现形式,因此在英语语言学习和翻译实践中都有着重要的意义。

---

① 汪德华. 中国与英美国家习俗文化比较[M]. 杭州:浙江大学出版社,2011:285.

二、英汉宗教文化的翻译

随着世界一体化进程的加快,中西方在文化、经济等领域都展开了密切的沟通与交流。翻译是沟通不同国家的桥梁,对跨文化交际的顺利进行有着直接的影响。下面对英汉宗教文化翻译进行研究。

(一)西方宗教的翻译

在西方宗教中,其代表宗教是基督教,因此对西方宗教文化翻译的研究主要集中于基督教文化的翻译。

1.《圣经》典故的翻译

《圣经》是基督教的经典著作,通过生动鲜明的事物、人物形象阐述了大量的宗教观念。而《圣经》中的很多内容经过历代传承之后,形成了西方文化中耳熟能详的典故。对这些典故翻译的了解能够促进英汉宗教文化翻译的顺利进行。例如:

Would any of the stock of Barrabbas

Had been her husband rather than a Christian!

(莎士比亚《威尼斯商人》)

译文一:

我宁愿她嫁给强盗的子孙,不愿她嫁给一个基督教徒。

(朱生豪 译)

译文二:

哪怕她跟巴拉巴的子孙做夫妻,

也强似嫁给了基督徒!

注:巴拉巴(Barabbas):古时强盗名,见《新约·马太福音》XX—VII,15—20。

(方平 译)

例句中,Barrabbas 是一个强盗的名字,其出自《圣经·新约》第 27 章。对于这典故,英美人都非常熟悉。但是对于中国人而言,很少有人知道这一典故,因此理解起来就比较困难,更不会产生英美人所产生的联想。上述翻译中,朱生豪运用归化的方法,将 Barrabbas 翻译成了"强盗",这样不仅便于读者理解,也清楚地传达了原文含义。方平则采用了直译加注的方法,对Barrabbas 进行直译,同时又进行了进一步的解释,这样不仅可以让目的语读者了解这一典故的文化内涵,而且丰富了目的语读者的宗教文化知识。

但从文化翻译的角度来比较两位译者的翻译,方平先生的译法、译文更好。

Every gaze fastened on it with a kind of shrinking awe as if fearful to look upon a ghost … For five years he had been present in all their minds, not as a man, but as an idea; now he was going to walk through the door and they would look on Lazarus.

每个人的目光都带着一种令人敬畏的神情盯着门口,就像害怕看到一个幽灵似的……五年来,他们头脑中的他不是一个人而是一个概念。现在,他就要从这道门走进来,他们则要面对从坟墓站起来的拉撒路。

Lazarus(拉撒路)出自《圣经》。这一典故是指 Lazaru(拉撒路)染病而死,基督(Jesus)使拉撒路从坟墓站起来,起死回生。后来人们便用 Lazarus 喻指重病康复或大难不死。为了使读者充分理解典故的意思和文化内涵,译者做了直译和增词的处理,使读者一目了然。

2. 基督教观念的翻译

在对宗教文化进行翻译的过程中,对宗教观念的翻译是一个难点也是一个重点。

针对这种翻译,译者可以采用"转化"的方法。所谓"转化"指的是在翻译时,用本民族的宗教观念来取代源语中的宗教观点。这种翻译方法便于译入语读者的理解。但是其也有一个显著的弊端,那就是容易使宗教观念混乱,不能使读者感受异域文化。因此,译者应该根据具体的翻译实践,进行合理选择。对于基督教观念的翻译,译者在如实原则的指导下,进行原汁原味的异域宗教观念翻译。例如:

Winter Wonderland

Sleigh bells ring, are you listening?

In the lane snow is glistening

A beautiful sight, we're happy tonight

Walking in a winter wonderland

Gone away is the bluebird

Here to stay is the new bird.

He sings a love song as we go along

Walking in a winter wonderland

In the meadow we can build a snow man

And pretend that he is Parson Brown

He'll say,"are you married?"

We'll say,"No, man!"

But you can do the job when you're in town

Later on，we'll conspire

As we dream by the fire

And face，unafraid，the plans that we made

Walking in a winter wonderland

In the meadow we can build a snow man

And pretend that he's a circus clown!

We'll have lots of fun with Mr. Snow man

Until the other kiddies knock him down

Note：

Parson Brown：a legendary character in the church who often acts as a go-between

冬日的仙境

雪橇铃响了，你在听吗？

巷中的白雪，发光闪烁

美丽的景色，我们今晚好幸福

在冬日的仙境中行走

飞走的是蓝色鸣鸟

飞来的是只新鸟

当我们朝前走着时，它唱着一首爱情歌曲

我们在冬日的仙境中行走

在草地上，我们做了一个雪人

我们假设他就是布朗牧师

他问道："你们结婚了吗？"

我们回答："没有呢，布朗牧师"

但当你来到镇上时，你可为我们做这件事

过一阵，我们将密谋策划

当我们在火堆旁做梦时

毫无惧色地实施我们的计划

在冬日的仙境中行走

在草地上我们可以做一个雪人

我们假设他是马戏团的一位小丑

我们将把雪人先生很好地戏弄一番

直到其他孩子将他打倒

上述例子为一首圣诞歌曲,歌曲中的 winter wonderland 被译成了"冬日的仙境","仙"是中国宗教用词,指的是道教中的"神仙","仙境"则指"神仙居住的地方",所以将其译成"冬日的仙境"显然是不妥的。实际上,winter wonderland 描写的是白色圣诞的美丽景色,而并非"仙境",所以将其译成"冬日胜景"则更加符合歌曲的意思。

3. 基督教宗教节日的翻译

基督教有很多的宗教节日,这些节日也蕴含着丰富的文化寓意,下面我们就来了解一下其翻译以及文化意义。具体如表 7-1 所示。

表 7-1　常见基督教节日的翻译及意义

宗教节日	汉语释义	节日意义
Christmas	圣诞节	用来庆祝耶稣基督诞生的日子,也称"主降生节"或"耶稣圣诞瞻礼"。其时间是每年公历的 12 月 25 日
Circumcision of Jesus	耶稣受割礼日	耶稣受割礼日是每年公历的 1 月 1 日
Purification of Mary	圣母行洁净礼日,献主节	这一节日是每年公历的 2 月 2 日
Annunciation	圣母领报节,天使报喜节	天使 Gabriel 告知圣母 Mary 她将生耶稣。所以,每年公历的 3 月 25 日为圣母领报节或天使报喜节
Carnival	狂欢节,嘉年华会	狂欢节是指天主教徒在四旬斋 Lent 前一周内的狂欢饮宴
Lent	四旬斋,大斋期	复活节前 40 天,为纪念耶稣在荒野禁食 40 天而行绝食或忏悔
Good Friday	耶稣受难日	耶稣受难日是复活节前的星期五

续表

宗教节日	汉语释义	节日意义
Easter	复活节	庆祝基督复活的节日,是仅次于圣诞节的重要节日,以3月之后第一个满月的日子为基准
Ascension	(耶稣)升天节	此节日在复活节后第40天(5月1日至6月4日之间)星期四
Trinity Sunday	三一节,复活主日	圣灵降临节后的星期日
Nativity of Mary	圣母诞生日	每年公历的9月8日为此节日
Exaltation of the Cross	圣十字架节	每年公历的9月14日为此节
All Saints'Day	万圣节	每年公历的11月1日为此节
Thanksgiving Day	感恩节	为美国全国性节日,于每年公历11月的第四个星期四举行

4. 基督教宗教活动的翻译

基督教也有很多的宗教活动,这些活动的翻译及意义如表7-2所示。

表7-2 常见基督教活动的翻译及意义

宗教活动	汉语释义	活动意义
prayer	祈祷,祷告	基督教的信徒与上帝进行心灵上的直接沟通的一种方式
service	礼拜	新教的主要崇拜活动,通常在礼拜天举行,其他日子亦可。礼拜通常由主要牧师主领,仪式比较简单,包括祈祷、读经、唱诗、证道、祝福等
mass	弥撒	罗马天主教的礼拜仪式,包括圣餐的庆祝仪式。小弥撒用口说;大弥撒较为复杂,仪式还包括唱赞美诗和圣歌
abstinence	守斋	信徒们向上帝认罪、悔改或自洁、虔修的一种方式

(二)中国宗教的翻译

佛教是从印度传入我国的,因此佛教在中国的传播离不开对佛经的翻译。可以说,佛经的翻译开创了中国翻译事业的先河。相传现存的《四十二章经》就是《阿含经》的节要译本,这也是我国有记载的第一部佛经翻译。佛经的翻译不仅推动了佛教在中国的传播与发展,而且也对中国文化产生了巨大的影响,有力地促进了中国文学的发展。

1.佛教词语的翻译

随着佛教传入我国,大量的佛教词语也开始融入我国,不断丰富我国的词汇。对于这些词语的翻译,有的可以用原有的汉语来进行翻译,使之具有新的意义,如"境界"、"因缘"等,有的则可直接音译,如"菩萨"、"菩提"、"沙门"等。

(1)佛学用语

常见的中国佛学用语及其翻译如表 7-3 所示。

表 7-3　常见佛教词语及其翻译

佛教词语	英语释义
因果	cause and effect
轮回	cycle of rebirths
菩提	bodhi
众生	sentient beings
觉悟	to get enlightenment
成佛	to obtain the Buddhahood
善哉	Sadhu(good or excellent)
普度众生	to save all living beings from sufferings
大乘	the Great Vehicle
小乘	the Lesser Vehicle
十二因缘	twelve Links in the Chain of Causation
饿鬼	hungry ghost
地狱	denizen of hell
无我	no-soul
无常	impermanence

(2)佛教寺院

常见的佛教寺院及其翻译如表 7-4 所示。

表 7-4 常见佛教寺院及其翻译

佛教寺院	英语释义
佛教寺院	Monastery/Buddhist Temple
山门	The Front Gate
大雄宝殿	The Main Shrine Hall
祖师殿	The Hall of Patriarch
圆通殿	The Hall of Universal Understanding
观音殿	The Hall of Avalokitesvara Buddhisatva
罗汉堂	The Hall of Arhan
藏经阁	The Tripitaka Sutra Pavilion
四大天王	Four deva-kings, the protectors of Buddhism
韦驮	Vitasoka/Vigatasoka, the protector of Buddhism
客堂	Monastic Reception
礼佛	pay respect for Buddha
斋堂	Monastic Dinning Hall
佛像	Buddha statue
香炉	Incense burner
上香	To offer incense to Buddha
颂经	Sutra Chanting
释迦牟尼佛	Shakyamuni Buddha
弥勒佛	Maitreya Buddha
迦叶佛	Kasyapa Buddha
阿弥陀佛	Amitaha Buddha
菩萨	Buddhisattva
观世音菩萨	Avalokitesvara Buddhisattva

续表

佛教寺院	英语释义
文殊菩萨	Manjusri Buddisattva
方丈/住持	Abbot
首座	Chief monk
监院/当家	Monastic Manger
僧、尼(比丘、比丘尼)	monk, nun/Bhiksu, Bhiksuni
四大名山	Four holy mountains of Chinese Buddhism
五台山	Wutai Mountain is the Holy Place of Manjusri Buddhisattva
峨眉山	Ermei Mountain is the Holy Place of Mahasthama Buddhisattva
九华山	Jiuhua Mountain is the holy place of Ksitigarbha Buddhisattva
普陀山	Putuo Mountain is the holy place of Avalokitesvara Buddhisattva

2. 佛教诗词的翻译

佛教对中国文化的影响广泛而深远,就连诗词也蕴含了浓厚的佛教韵味。佛教在宣传教义中常使用一种与中国古体诗相近的形式(称为"偈"),它由固定字数的四句组成,种类较多,常以三言、四言、五言、六言及七言一句组成为主,它与汉以前的四言诗和汉以后的五言、六言、七言诗极相近。①佛教诗词中往往蕴含着深奥的智慧和思想,因此在翻译时要注意传递其深层的文化内涵。以下我们通过一些具体的佛教诗词来解释其翻译。

佛说名句:

诸恶莫做,众善奉行,

自净其意,即是佛教。

To do no evil,

to do only good,

to purify the will,

is the doctrine of all Buddhas.

(佚名 译)

---

① 白靖宇. 文化与翻译(修订版)[M]. 北京:中国社会科学出版社,2010:120.

　　以上译者将"恶"译成了 evil,将"善"译成了 good,将"净"译成了 purify,这样的翻译贴切地反映出了佛教劝诫人们弃恶扬善的思想。

　　菩提树 bodhi tree：

（一）

神秀

身是菩提树,心如明镜台,

时时勤拂拭,勿使惹尘埃。

译文一：

> Our body be a bodhi tree,
>
> Our mind be a mirror bright,
>
> Clean and polish frequently,
>
> Let no dust alight.

译文二：

> Body is a bodhi tree,
>
> the heart like a mirror sets,
>
> always wipe off ground,
>
> without rendering the dust alight

（二）

慧能

菩提本无树,明镜亦非台,

本来无一物,何处惹尘埃?

译文一：

> There is no bodhi tree,
>
> Nor stand of a mirror bright,
>
> Since all is void,
>
> Where can the dust alight?

译文二：

> There is no Bodhi tree.
>
> nor stand mirror;
>
> had no one.
>
> where can the dust alight

（佚名 译）

　　"菩提"是古印度语(即梵文)Bodhi 音译过来的,其含义是觉悟、智慧,用以指人豁然开悟、顿悟真理等。所以,"菩提树"是以上两首诗的灵魂,其翻译也就成了两首诗翻译的关键。在英语中,与"菩提树"相对应的词语是

peepul，Bo-Tree 或 Large-Tree，但这些词语只能表达"菩提树"的植物属性，而不能体现其佛教意义。而译成 bodhi tree 就能使其佛教意义显露出来，但是还需要添加注释，以使其内涵充分表达出来。

第二节　英汉习俗文化对比与翻译

一、英汉用语习俗对比与翻译

习俗，即习惯和风俗。习俗文化是指在人际交往和社会日常生活中根据民族的风俗习惯所形成的一种文化。不同的民族在道谢、致歉、告别、打招呼等方面表现出来的民族习俗各不相同。

（一）英汉见面语对比及翻译

见面语即人们在见面打招呼时所说的话。由于英汉习俗的差异，英语和汉语中所用的见面语也存在很大的差别。

中国人见面经常喜欢问"吃了吗?"，如果将它翻译成英语"Have you eaten or not?"，外国人听了一定会感到非常茫然。而在英语中，根据见面的场景可以翻译成"How do you do?"更好一些。

汉语中见面打招呼时常喜欢问一些对方的切身生活以表示关心，如年龄、婚姻、孩子、工资等，这些问题在西方人看来属于私人问题，其他人不应询问。所以要注意英汉文化上的这种差异，避免被误解为窥探他人的隐私。

汉语中经常用到的打招呼的话主要有"你吃了吗?""你要干什么?""你要去哪里?"在汉语里，这几句话没有任何具体的含义，它们只是一种打招呼的方式而已。但是在英语中"你要干什么?"（What are you going to do?）和"你要去哪里?"（Where are you going?）却触及到了英国人的隐私，而"你吃了吗?"（Have you eaten or not?）会让对方误以为你想请他（她）吃饭。因此，英汉语言中的见面语不能简单地直译，而要根据实际情况选用英语中的日常问候语。

（二）英汉礼貌用语对比及翻译

了解英汉文化中礼貌用语及其表达方式上的差异，能够有效避免翻译过程中出现的文化冲突，也能更好地保证原文翻译的准确性和合理性。英语中常用的礼貌用语主要有 Excuse me，Please，Thank you 等，这些礼貌用语可以用在任何人身上。但是在汉语文化中,礼貌用语只用于领导、长者或是陌生人。在汉语文化中,关系越是亲密,礼貌用语用得就越少。如果忽略了英汉文化中的这种差异,很容易造成尴尬的局面。有一个经典的例子是说,一个外国人夸赞一位中国姑娘长得很漂亮,中国姑娘礼貌地谦虚"哪里,哪里",如果将中国姑娘的话直接翻译成"Where? Where?"对方听了不知道会露出怎样吃惊的表情。这里中国姑娘的话翻译成 Thank you 就得体多了。另外,汉语中夫妻之间由于关系密切交谈时通常都用祈使句,句子中不会出现"请"字,只是说话的语气会委婉些,但是在翻译成英语时如果也不加上表示"请"的词(如 Please 等),会让人觉得说话的人太专横无理,或是夫妻关系不和谐。

中国由于受传统文化尊老爱幼观念的影响,汉语表达中常常流露着对老人的尊敬,汉语中经常会说"您这么大年纪了……"、"您老……"这样的话以表示对老人的尊敬和优待,但是在英语中,西方人都希望自己永远年轻,他们认为"老"就意味着"衰老",他们很忌讳 old 和 aged 这样的词,英语中通常用 senior 来表示汉语中"老"的意思。

英汉习俗上的差异还表现在打电话时用语的不同。中国人一般拿起电话都会说:"喂,您是哪位? 您找哪位? 我是某某某。"如果直接翻译成英语"Who are you? I am so-and-so",对方听到会觉得很莫名其妙。按照西方国家的文化习惯,一般可翻译成"This is so-and-so. Who is this speaking, please?"

二、英汉称谓习俗对比与翻译

(一)英汉亲属称谓词对比及翻译

称谓是人与人之间社会关系的反映,是习俗文化的重要组成部分。称谓可以分为两种:亲属称谓和社会称谓。对亲属称谓来说,同一个概念在不同的语言中所指的范围和使用的范围也不同。看起来简单的亲属称谓离开了特定的语言环境,就变得无法理解,很难翻译。

汉语中,哥哥和弟弟、姐姐和妹妹分得很清楚,而在英语中 brother 和 sister 却分不出长幼。例如,"Tom's brother helped Joe's sister."这句话就很难翻译,因为没有一个特定的语言背景根本无法知道 brother 是该翻译成哥哥还是弟弟,sister 应该翻译成姐姐还是妹妹。又如,英语中 cousin 一词,在汉语中可以翻译成"表哥、表弟、堂哥、堂弟、表姐、表妹、堂姐、堂妹"一系列的称谓。

英语中的亲属称谓大多比较笼统、比较简单,而汉语亲属称谓大多比较具体、比较详细。英语亲属称谓和汉语亲属称谓分别属于类分式和叙述式这两个不同的系统。

英语中的亲属称谓属于类分式系统。这种亲属称谓是以辈分来划分家庭成员的,英语中承认的血缘主要有五种基本形式,它们是兄弟姐妹、父母、祖父母、子女、孙儿孙女。在这五种等级中,第一等级包括我自己,我的兄弟姊妹及种种从表兄弟姊妹之属;第二等级包括我的父母以及他们的兄弟姊妹和种种从表兄弟姊妹之属;第三等级包括我的祖父母以及他们的兄弟姊妹和种种从表兄弟姊妹之属;第四等级包括我的儿女以及他们的种种从表兄弟姊妹之属。①

以这五种等级为依据,只有兄弟姐妹、父母、祖父母、子女、孙儿孙女有具体的称谓,其他亲属都没有具体的称谓。例如,在父母这个等级中,母称是 mother,父称是 father。父母的兄弟以及其他所有从表兄弟一律翻译成 uncle 这个词。英语中 Uncle 一词包含了汉语中的叔父、伯父、姑父,还包含了母亲的兄弟以及母亲姐妹的丈夫。英语的亲属称谓系统不会表明亲属是属于父系还是母系,属于直系还是旁系,英语的亲属称谓系统不区分亲属的排列顺序,只以辈分来区分亲缘关系。

而我国汉族采用的则是叙述式的亲属称谓制度。它既包括血亲及其配偶系统,又包括姻亲及其配偶系统。血亲是由血缘发展起来的,而姻亲是由婚姻关系发展起来的。所以,我国汉族的亲属称谓错综复杂,十分详细。我国的亲属称谓表明了长幼顺序和尊卑辈分,并且区分了直系和旁系亲族,也区分了父系和母系亲族。游汝杰先生对我国的亲属称谓做出了比较具体的区分。

1. 辈分的区别

在汉语中,亲属称谓是有辈分的区别的,由于辈分不同,所以称谓也不同。冯汉骥将中国现代的亲属称谓分为 23 个核心称谓,它们是祖、孙、父、子、母、女、姐、妹、兄、弟、叔、侄、伯、舅、甥、姨、姑、嫂、媳、岳、婿、夫、妻。这些称谓都是有辈分的区别。

2. 同辈之间长幼的区别

汉语中同辈亲属之间如果长幼不同则称谓也不同。在古代妻子称丈夫的哥哥为“伯”或“兄伯”、“公”或“兄公”,称丈夫的姐姐为“女公”,称丈夫的

---

① 白靖宇. 文化与翻译(修订版)[M]. 北京:中国社会科学出版社,2010:142.

弟弟为"叔",称丈夫的妹妹为"女叔"。

现代亲属称谓中,姐姐、妹妹、哥哥、弟弟、兄嫂和弟媳等都有区别。

而在英语的亲属称谓中,相同辈分之间是没有长幼之分的,如 sister,brother,aunt,uncle 等都没有长幼之分。

在汉语中,兄、弟都翻译成 brother,姐、妹都翻译成 sister;姨子、嫂子、弟媳都翻译成 sister-in-law;而堂兄、堂弟、堂姐、堂妹、表兄、表弟、表姐、表妹都翻译成 cousin。

3. 父系和母系的区别

在汉语中,同辈亲属之间由于父系母系的区别,亲属称谓也不同。例如,伯(或叔)—舅、侄—甥、父—岳父(丈人)、母—岳母(丈母娘)、姑—姨、堂兄—表兄。

而英语的亲属称谓则没有父系和母系的区别,如 uncle,aunt,nephew,cousin 等都没有父系亲属和母系亲属的区别。汉语中的祖父、祖母都翻译成 grandfather,外祖父、外祖母都翻译成 grandmother;汉语中伯祖父、叔祖父、姑公、舅公、姨公都翻译成 granduncle,而伯祖母、叔祖母、姑婆、舅婆、姨婆都翻译成 grandaunt;汉语中伯父、叔父、姑父、舅父、姨父都翻译成 uncle,而伯母、叔母、姑母、舅母、姨母都翻译成 aunt。

4. 血亲和姻亲的区别

血亲是由血缘发展起来的亲戚,而姻亲是由婚姻关系发展起来的。在汉语中,同辈亲戚之间由于血亲和姻亲的不同,称谓也各不相同。例如,现代称谓中的哥哥—姐夫、姐姐—嫂嫂等。

而在英语中亲属称谓没有血亲和姻亲的区别。

汉语中的岳父和公公在英语中都翻译成 father-in-law,而岳母和婆婆都翻译成 mother-in-law。

5. 直系和旁系的区别

汉语中同辈亲属之间由于直系和旁系的区别,他们的称谓也不同,如父—叔、女—侄女、甥女等。

而在英语中亲属称谓并没有直系和旁系的区别。

(二)英汉社会称谓词对比及翻译

社会称谓表现了一定的社会礼制,并受伦理习俗与社会制度的制约。中国向来都是礼仪之邦,西方则是一个自由民主的社会。不同的社会制度造就了特点不同的社会称谓。与封建宗法制社会相对应,中国的社会称谓等级性很强,并且复杂多样。而与基督教神学相对应,西方的社会称谓等级性较弱,并且比较简单。

1. 拟亲属称谓词

在我国,没有亲属关系的人之间也会使用表示亲属关系的称谓。这种称谓词模拟了亲属称谓,改变了称谓词原来的用法,我们把它叫做拟亲属称谓词。

使用拟亲属称谓词反映了人们的"趋近"心理,缩小了谈话双方的距离,密切了彼此的关系,被称呼者也能感受到来自称呼者的礼遇和尊重。

父母是亲属关系中最亲近的关系。汉语中通常称与自己父母年龄相近的长辈为"大叔、大婶"和"大伯、大娘"。称父辈的女子包括保姆等为"阿姨"。这些词在翻译上有很大的困难。如果将"王叔叔"译成 Uncle Wang,西方人就很难弄明白 Uncle Wang 与说话人之间是什么关系。在西方文化中,如果没有亲属关系,通常称呼姓名,或者是先生、女士(夫人)。所以,汉语中的"王叔叔"翻译成英语应该是 Mr. Wang。其他的类似称谓也是这样翻译。

除了父母,亲属中兄弟姐妹之间的关系最为亲密。在中国常有一些没有亲属关系的人为了增进彼此间的友谊,以兄弟姐妹的关系彼此相称。对于同辈的成年男子通常称呼为"老兄、大哥"或者是"老弟、兄弟"。而同辈的成年女子一般称为"大嫂、姐姐"或者是"小妹、妹妹"。也有些城市的青年男女互称"哥儿们"和"姐儿们"。如果将汉语中的"姐妹儿"翻译成 sister,西方人很难明白两人的关系。在英语中同辈朋友之间,或者是同学、同事之间通常互称姓名,或者向他人表明是两个人是同学或朋友的关系。

2. 汉语中敬称与谦称

中国受封建君主专制制度和儒家礼制的影响较大,所以中国人喜欢用恭敬的口吻称呼他人,借以抬高他人,而用谦恭的口吻称呼自己以表达自己谦恭的态度。于是便有了汉语中的敬称与谦称。汉语中的敬辞与谦辞主要有以下几种。

(1)称对方的父母(敬称):令尊、令翁、尊大人、尊侯、尊君、尊翁

称自己的父亲(谦称):家父

翻译成英语为:your father,my father

(2)称对方的母亲(敬称):令堂、令慈、尊夫人、尊上、尊堂、令母

称自己的母亲(谦称):家母

翻译成英语为:your mother,my mother

(3)称对方的妻子(敬称):太太、夫人、令妻、令正、贤内助、贤阁

称自己的妻子(谦称):妻子、爱人、内人、贱内

翻译成英语为:your wife,my wife

(4)称对方的兄弟姐妹(敬称):令兄、令弟、尊兄、尊姐、令妹

称自己的兄弟姐妹(谦称):家兄

翻译成英语为:your brother,your sister,my elder brother

(5)称对方的儿子和女儿(敬称):令嗣、令郎、令子、令媛、令爱

称自己的儿子和女儿(谦称):犬子、小女、息女

翻译成英语为:your son,your daughter,my son,my daughter

(6)称对方的著述(敬称):大著、大作、大稿、

称自己的著述(谦称):拙译、拙文、拙著

翻译成英语为:your writing,my writing

(7)称对方的住所(敬称):府上、尊府

称自己的住所(谦称):舍下、寒舍

翻译成英语为:your house,my house

(8)称对方的见解(敬称):高见

称自己的见解(谦称):鄙见、管见、愚见

翻译成英语为:your opinion,my opinion

3. 汉语中对职务称谓(敬称)

(1)对皇帝的称谓:天子、大家、官家、君王、人主、人君

翻译成英语为:emperor

(2)对宰相的称谓:君侯、中堂、相公、丞相

翻译成英语为:prime minister

(3)对将帅的称谓:大将军、主将、主帅

翻译成英语为:commander-in-chief

三、英汉节日习俗对比与翻译

(一)英汉典型节日的对比

1. 春节和圣诞节

春节和圣诞节作为中西方两个重大的传统节日,都表现了家族团圆和

欢乐祥和的氛围。

春节俗称"过年",是中国人亲情的展示。从上一年的腊月二十三开始,俗称"过小年",家家户户开始为春节做准备,大扫除、贴春联、挂灯笼,扫除旧的一年的晦气,迎接新的一年的喜气。春节的前一天,全家人齐聚一堂共进晚餐,吃"年夜饭",寓意团圆吉祥。从大年初一直到正月十五,人们都沉浸在节日的气氛中,大家纷纷走亲访友,拜年祝福,祈求新年平安喜乐。

西方与春节类似的节日是圣诞节。圣诞节是西方国家一年当中最重要的节日。圣诞节从 12 月 24 日一直到新一年的 1 月 6 日。圣诞节期间,西方人喜欢以红、白、绿三种颜色为吉祥色。人们在绿色的常青树上挂满五颜六色的礼物和彩灯,点燃红色的蜡烛,等待圣诞老人的降临。西方的圣诞节也注重家人的聚会,一家人围坐在圣诞树下,共进晚餐,共唱圣诞歌,为新的一年祈福。

2. 清明节和万圣节

清明节也是中国很重要的传统节日,清明节这天,人们一起去上坟扫墓,踏青赏春。人们举行简单的仪式,为祖先清除杂草、添土烧纸,表达对逝者的怀念。"清明时节雨纷纷,路上行人欲断魂。借问酒家何处有,牧童遥指杏花村。"杜牧的《清明》既表现了节日情景,也蕴含着中华民族崇尚生命、敬重祖先的文化内涵。[①]

万圣节在西方是第三大节日,仅次于圣诞节和感恩节。在这一天,人们可以随意装扮自己。孩子们会在万圣节前夕恶作剧,背上布袋挨家挨户地按门铃,如果有人开门,他们就喊"Trick or treat."。如果被拒绝了,孩子们就会捉弄开门的人。人们会在圣诞节大游行的时候随意聊天,尽情享受节日的轻松愉快,感受大自然带来的和谐之美。

3. 七夕节和情人节

在中国,农历七月初七是"七夕节"。"七夕节"是一个关于爱的节日,是为了纪念牛郎和织女之间美丽而又忧伤的爱情故事。"纤云弄巧,飞星传恨,银汉迢迢暗度。金风玉露一相逢,便胜却人间无数。柔情似水,佳期如梦,忍顾鹊桥归路。两情若是久长时,又岂在朝朝暮暮。"秦观的《鹊桥仙》对他们的爱情做了最甜蜜的注解。[②] 每到这一天晚上,人们就会仰望星空,寻

---

① 汪德华. 中国与英美国家习俗文化比较[M]. 杭州:浙江大学出版社,2011:251.

② 同上.

找牛郎织女星,并为他们祈祷。年轻的姑娘会在这一天默默祈求上天,希望自己能够获得坚贞的爱情和美满的婚姻。

西方的情人节是每年的 2 月 14 日这一天。在这一天,会有情人表达爱意,也有人手捧玫瑰向心爱已久的人大胆求婚。西方的情侣们追求的是一种浪漫,很多情人会在这一天互赠礼物,并以收到情人的礼物为荣。通常巧克力和玫瑰是最甜蜜的礼物搭配。这一天,街上到处都是手捧玫瑰的情侣,到处都洋溢着节日的浪漫。

4. 重阳节和感恩节

中国的重阳节是为了纪念东汉时期恒景用茱萸叶和菊花酒驱除瘟魔的故事。由于双九在中国的传统观念中有健康长寿、生命长久的意思,所以重阳节也被称为"老人节"。在中国,重阳节成了尊老、爱老、敬老、助老的节日。在这一天,人们登山赏景、临水玩乐,尽享自然,表达自己对前辈老人的尊敬和对大自然的感恩。

美国的感恩节是每年 11 月的第四个星期四。感恩节最早是清教徒为了感谢上帝,感谢丰收欢聚一堂举行的宗教仪式,1863 年,为了鼓励人们继承祖先的精神,林肯正式将感恩节定为法定假日。在感恩节这一天,整个美国都非常热闹。戏剧表演、体育比赛、化妆游行充斥着全国的街道,人们都会到教堂做感恩祈祷。那一天远离家乡的人都会赶回家和亲朋好友相聚。人们团坐在南瓜、蔬菜、火鸡旁边,畅聊心事。有些家庭还会做一些游戏,如玉米游戏和南瓜赛跑等。

(二)中国节日的英译方法

由于中国的节日有其特殊的渊源和特色,所以对于中国节日的翻译不能使用千篇一律的方法,更不能随意翻译。对中国节日的翻译可以采用以下几种方法。

1. 直译

直译,即字面翻译,是指保持原文内容和形式的翻译方法。直译在保证原文特点的同时也让读者接受了原文的文学风格。例如,春节、建军节、中国青年节等,这些节日都可以采用直译的方法。春节中的"春"翻译成 spring,"建军"翻译成 army,"中国青年"翻译成 Chinese youth,所以三个节日分别翻译成 the Spring Festival,the Army Day,Chinese Youth Day。这样的翻译既坚持了翻译的原则,又避免了翻译太过僵硬。

2. 按照习俗翻译

按照习俗翻译是指按照人们庆祝节日的方式和内容进行翻译。在中国,每一个节日的庆祝方式都是不同的,都有其独有的特色。例如,中国的端午节是为了纪念伟大的爱国诗人屈原。在端午节这天中国人都要吃粽子、赛龙舟。因此,通常将端午节翻译成 The Dragon-Boat Festival。而中国的中秋节是为了纪念嫦娥和后羿的爱情故事。中国人在这一天都要赶回家和家人一起赏月吃月饼,期盼团团圆圆。所以中秋节通常翻译成 the Moon Festival。西方人可以从中国节日的名字当中了解到一些中国的节日习俗。

3. 按照农历翻译

中国是个以农为本的国家,一些传统节日多用来祈求农业丰收,风调雨顺。因此,大部分中国节日都与农历有关。例如,重阳节是农历九月初九,据说在这一天插茱萸可以让自己身体健康,驱赶瘟魔;而七夕节是农历的七月初七,是为了纪念牛郎织女的爱情故事。因此,这两个节日可以翻译成 the Double Ninth Festival 和 the Double Seventh Festival。

有一些节日可以有几种翻译,如中秋节既可以翻译成 the Mid Autumn Festival,又可以翻译成 the Moon Festival。清明节既可以翻译成 the Qing Ming Festival,也可以翻译成 Tomb-sweeping Day。

对中国传统节日的翻译不一定要拘泥于表面形式,而要根据中国的习俗灵活运用多种翻译方法,将中国节日的内涵准确清晰地传达给世界各国。

第八章　英汉人名、地名文化对比与翻译

语言学上将人名和地名统称为"专名",即某一事物的专有名称。人名和地名涉及大量历史、地理、民俗、心理、社会等领域的知识,蕴含着丰富的文化内涵。由于中西方文化背景不同,英汉两种语言中的人名与地名也具有很大差异,这些差异会在一定程度上给翻译带来一定的影响。本章就对英汉人名、地名文化对比与翻译进行探究。

第一节　英汉人名文化对比与翻译

人名是现实生活中每个人相对应的特定指称。人名是一种符号,通常代表了个人及其家族,具有识别作用。作为一种特殊的语言现象,人名受到各民族的语言习惯、社会制度、风俗等因素的影响,有着独特的历史发展轨迹和文化内涵。英汉两个民族有着不同的人名文化。本章就重点研究英汉文化对比与翻译。

一、英语人名文化

(一)英语姓氏的来源

英语姓氏的来源主要有以下几个方面。

(1)以颜色名称或个性特征为姓。例如:

Brown 布朗(棕色)

Black 布莱克(黑色)

White 怀特(白色)

Short 尚特(矮个子)

Red 雷德(红头发者)

Whitehead 怀特海(白色的头部)

Wise 怀斯(聪明)

Grey 格雷（面色铁灰或头发银灰者）

Long 朗（个子瘦高者）

Strong 斯特朗（身体强壮者）

Campell 坎佩尔（歪嘴）

(2)以职业为姓。例如：

Clerk 克拉克（办事员）

Barber 巴伯（理发师）

Thatcher 撒切尔（盖屋顶的人）

Weaver 威弗尔（织布工）

Smith 史密斯（铁匠）

Tailor 泰勒（裁缝）

Cooper 库伯（制桶匠）

Hunter 亨特（猎手）

Fisher 费舍尔（渔夫）

Turner 特纳（车工）

Carter 卡特（马车夫）

Cook 库克（厨师）

(3)以居住地附近的地形、地貌为姓。例如,住在小溪边的姓 Brook(布鲁克),住在田地边的姓 Field(菲尔德),居住在山中的就姓 Hill(希尔)等。事实上,西方的姓氏有很多都是由表示地貌特征的词汇衍化而来的。再如：

Lane 莱恩（小巷）

Bush 布什（灌木丛）

Well 韦尔（水井）

Lake 雷克（湖）

Pond 庞德（池塘）

Ford 福特（渡口）

Green 格林（草地）

Cliff 克利夫（悬崖）

Forest 福雷斯特（森林）

Moor 穆尔（小山）

Churchill 丘吉尔（山丘）

Wood 伍德（丛林）

(4)以官衔为姓。例如：

Marshall 马歇尔（元帅）

Judge 贾奇（审判官）

King 金（国王）

（5）以《圣经》中的人物名和基督教中的圣徒名为姓。例如：

James 詹姆斯

John 约翰

Elliot 埃利奥特

Lawrence 劳伦斯

Gregory 格雷戈里

Michael 迈克尔

（6）以地名为姓。例如，住在伦敦的就姓 London，住在华盛顿的就姓 Washington。再如，Kent（肯特），Oxford（牛津），York（约克），Sheffield（雪菲尔德）等。

（7）以动物或植物名称为姓。例如：

Wolf 沃尔夫（狼）

Rice 赖斯（大米）

Lamb 拉姆（羔羊）

Bull 布尔（公牛）

Rose 罗斯（玫瑰花）

Fox 福克斯（狐狸）

Flower 福拉沃尔（花）

Cock 科克（公鸡）

（8）以武器、器物或货币名称为姓。例如：

Sword 索德（剑）

Pike 派克（长矛）

Coffin 科芬（棺材）

Pound 庞德（英镑）

（9）以人体部位名称为姓。例如：

Temple 坦普尔（太阳穴）

Arms 阿姆斯（手臂）

Foot 富特（足）

（10）以自然现象为姓。例如：

Rain 雷恩（雨）

Snow 斯诺（雪）

Frost 弗罗斯特（霜）

（11）以表示血缘继承关系的词及其所构成的词为姓。例如，Clinton（克林顿），Jones（琼斯）等姓都是直接把自己的名字作为后代的姓氏使用的。还有一些是在名字上加一些前缀或后缀转为姓氏来使用。常见的前缀有 Mac-(表示父子关系)，Fits-(表示父名)等，如 Mccarthy(麦卡锡)，Mac Arthur(麦克阿瑟)，Fitzgerald(菲茨杰拉德)等；常见的后缀有-s,-son(表示某人之子或后代)等，如 Adams(亚当斯)，Johnson(约翰逊)，Robertson(罗伯逊)等。

(二)英语名字的命名方式

英语名字的命名方式主要包括如下几种情况。

(1)以职业取名。例如：

Durward 德沃德(意为"守门人")

Mason 梅森(意为"石匠")

Penelope 佩内洛普(意为"织女")

Spencer 斯潘塞(意为"库保管人或粮食分配者")

(2)以历史人物的名字取名。例如：

Harold 哈罗德

Richard 理查德

Edward 爱德华

Lincoln 林肯

Byron 拜伦

Jackson 杰克逊

Monroe 梦露

(3)以宗教取名。基督教对整个西方文化有着极为深远的影响，英语中的许多人名均来自基督教的《圣经》。例如：

Daniel 丹尼尔

John 约翰

Samuel 塞缪尔

Abram 亚伯兰

Obadiah 奥巴代亚

(4)以货币取名。例如：

Mark 马克(德国货币"马克")

Dollar 多拉尔(美国货币"美元")

Pound 庞德(英国货币"英镑")等。

(5)以人的外貌、性格特征取名。例如：

Dump 邓普(意为"矮胖子")

Calvin 卡尔文(意为"秃头")

Crispin 克里斯潘（意为"卷发"）

Anne 安妮（意为"善良、优雅、喜欢帮助人的女孩"）

Cathy 凯西（意为"可爱年轻、充满活力、外向、有趣的金发女子"）

William 威廉（意为"强大的捍卫者"）

Albert 艾伯特（意为"聪明的人"）

（6）以动、植物取名。例如：

Arthur 亚瑟（雄熊）

Leo 利奥（狮子）

Gary 盖里（猎犬）

Daisy 黛西（雏菊）

Ivy 艾薇（长春藤）

Daphne 达芙妮（桂树）

Cherry 彻丽（樱桃）

（7）以知识、权威、声誉等取名。例如：

Alfred 艾尔弗雷德

Asher 阿舍

Vivian 维维安

Agnes 阿格尼丝

（8）利用英语构词取名。例如：

May 梅（由 Mary 变移构成）

Rosemary 罗斯玛丽（由 Rose 与 Mary 组合而成）

二、汉语人名文化

（一）汉语姓氏的来源

汉语姓氏的来源主要有下列几个方面。

（1）远古母系氏族社会，以母为姓，以"女"为旁。例如，姜、姬等。

（2）以古国名或地名为姓。例如，周、夏、齐、鲁、晋、秦、楚、赵、屈等。

（3）以居住地为姓。例如，春秋时期齐国公族大夫分别居住在城郭四周，就以东郭、西郭、南郭、北郭为姓。再如，西门、柳下、东门、欧阳、南宫、百里等。

（4）以官职、职业为姓。例如，司马、司徒、石、屠、陶、卜、巫、贾等。

（5）由帝王赐姓。例如，周穆王的一个宠姬死后，其为了表示哀痛之情，便赐她的后代姓"痛"；周惠王死后追为"惠"，他的后代便姓"惠"。又如，唐为李家天下，"李"就是国姓，唐太宗赐有功之臣为"李"姓。

（6）以原始部落图腾的动物、植物为姓。例如，牛、马、羊、鱼、龙、熊、杨、柳、花等。但是，需要注意的一点是，汉语中的人名一般不以凶狠的动物为姓，如狼。

（7）以神话中的传说为姓。例如，传说舜时有个纳言是天上龙的后代，其子孙便以龙姓传世。又如，传说神仙中有个青鸟公，便有了复姓青鸟。

（8）以数字为姓。例如，伍、陆、百、万、丁等。

（9）以借词为姓。这些借词有少数民族姓音译而来，一般为双字姓，如贺兰、长孙、耶律、呼延等。

（10）以古代同音字的分化为姓，如"陈"由"田"姓分出，"何"由"韩"姓分出（《华夏文化词典》，1988）。

（11）其他来源。除了上述介绍的姓氏来源之外，汉语姓氏还有以乡、亭之名为姓氏的，如阎、郝、欧阳、陆等；以山河名称为姓氏的，如乔、黄、武等；以家族次第为姓氏的，如孟、仲等。还有一些姓氏在一般人看来则非常不可思议。例如，据2005年9月7日《羊城晚报》记载，一些人以"虫、酱、兽、妖、尸、犬、仄、炕、鸡、兔"等为姓。

（二）汉语名字的命名方式

汉语名字的命名主要有如下几种方式。

1. 以长辈的寄托取名

有些汉语名字中反映着父母长辈对孩子的期望或祝福。
（1）希望耀祖光宗的名字有"显祖"、"光祖"、"耀宗"等。
（2）希望家业昌盛的名字有"承嗣"、"隆基"等。
（3）希望消灾祛祸、长命百岁、上天保佑的名字有"去病"、"弃疾"、"鹤寿"、"延寿"、"天佑"等。
（4）希望报效国家的名字有"兴国"、"建邦"、"爱民"、"爱国"、"惠民"、"振宇"等。

2. 以出生的地点取名

中国人的乡土观念很重，子曰："父母在，不远游，游必有方。"由此可见，中国人对故土、宗族有一种难以割舍的情怀。因此，大人在为小孩子取名字的时候也常用孩子的出生地、家乡等为名，让孩子将来不要忘本。例如，郭沫若先生出生在四川乐山，乐山的大渡河古名为沫水，雅砻江古名为若水，因此合此两江的古称而取名为"沫若"。

3. 以出生的时间取名

孩子出生的时间、天气状况是中国人取名字的一个重要依据。例如,春天出生的孩子名叫"春生";孩子出生时外面正在下雪则叫"小雪"等。类似这样的名字还有"冬生"、"冬梅"、"小雨"等。

4. 以出生顺序、体重取名

出生时的顺序、体重是汉语命名的一个重要方式,如"王老大"、"张小二"、"倪二"、"大大"、"小小"、"七斤"、"八斤"、"九斤"等。这种方式在文化作品中有着明显的体现。

5. 以父母的姓或名取名

有些父母为了纪念彼此之间的感情,而取各自姓名的一部分组合起来作为孩子的名字。例如,如果父亲姓陈,母亲姓林,则孩子可能叫"陈林"或"陈琳"。这样的取名方式在中国也是十分常见的。

6. 以八字、五行取名

中国人讲究生辰八字、五行。因此,八字、五行也成为汉语名字命名的一种方式。一般来说,孩子一出生,父母就会记下孩子的生辰八字,为取名字做准备(如庚生、子初等),然后给孩子算命,如果发现孩子命中缺哪一行,就会用该行的字来给孩子命名。例如,若孩子缺木,则会在孩子的名中使用带"木"的字眼,如林、森、枫等,以弥补孩子生辰八字中的不足。

7. 以动物或植物取名

中国人喜欢借物抒情、以景寓情,也同样喜欢用一些象征威武雄壮的动物或象征品质高洁、不屈的植物来给男孩取名,如龙、鹏、虎等;而用一些吉祥灵巧、讨人喜欢的动物或娇美艳丽的花朵来给女孩取名,如雁、燕、凤、松、梅、莲、荷等。

8. 以重大历史事件取名

重大历史事件往往会影响人们生活的方方面面。这一点在名字命名方面也有所体现。很多中国人在为孩子取名时也会使用这些历史事件的名字或用一些与这些历史事件有关的词语。例如,新中国诞生之初在全国进行土改运动,期间还发生了抗美援朝战争,因而在此期间出生的孩子的名字里多有"建国"、"解放"、"国庆"、"卫国"、"援朝"等字眼;大跃进时期出生的孩子的名字里多有"跃进"、"超英"等;纪念文化大革命的名字有"文革"、"卫东"、"红卫"等。

9. 以器物取名

有些中国人的名字是以器物命名的。例如,苏轼的"轼"字本为车前横木,用来凭靠瞭望。尽管"轼"没有车轮、车身等重要,却是车子必不可少的组成部分。以"轼"为名就暗含了苏父苏母希望苏轼长大之后不要成为装饰、浮华之人,而要成为低调、朴实的有用之人。类似这样的例子还有"宝玉"、"宝珠"、"金斗"、"金莲"、"银莲"、"铜锁"、"铁柱"等。

10. 利用汉字结构取名

有些汉语名字是从此人的姓氏上演化出来的,或加减姓氏的笔画,或将姓氏拆开,或用叠字来取名。例如,王玉、吕品、聂耳、盛成、张长弓、胡古月、雷雨田、刘莉莉等。

11. 以外国名称的汉译或外语取名

有些汉语名字是用外国名称的汉译或外语命名的。例如,我国老一代表演艺术家陈强在出访布达佩斯后,给自己的孩子分别取名为"陈布达"和"陈佩斯"。著名哲学家艾思奇原名李生萱,他将马克思的"思"和伊里奇·列宁中的"奇"进行组合,取名"艾思奇"。

三、英汉人名文化对比

(一)英汉姓名结构文化对比

在英美等西方国家,人们的姓名是名在前,姓在后,如 William Shake-speare,Shakespeare 是姓,William 是名。英语姓名一般由三部分构成,即教名(the Christian name/the first name/the given name)+中间名(the middle name)+姓(the family name/the last name),如 Eugene Albert Nida(尤金·阿尔伯特·奈达)。但很多时候,英语的中间名仅写首字母或不写,如 Eugene Albert Nida 写成 Eugene A. Nida 或 Eugene Nida。

在中国,汉语姓名的结构是"姓+名"的形式。具体来说,汉语三字姓名其实更多的是"姓+辈分+名"。可以说,用专字表辈分是汉语人名所独有的一种现象,这体现了个人在家族中的排行顺序。随着社会的不断发展和思想的不断解放,我国的家族观念也受到了很大的冲击,正在不断地淡化,而且辈分也不像从前那么受到人们的重视,名字中对于辈分的体现已经不那么普遍。目前的汉语姓名可以分为两种,即显性名(三字姓名)和隐性名(两字姓名)。

　　造成英汉姓名结构差异既有客观方面的原因,也有主观方面的原因。下面对其予以分析。

　　(1)客观原因。英汉姓与名产生的时间先后不同,这是造成英汉姓名结构差异的客观原因。西方是先有名,后有姓。很多西方国家,如英、法、德等在很长一段时间内都处于有名无姓的时期。姓直到中世纪后期才开始出现,如英国的贵族 11 世纪才开始使用姓,文艺复兴时期以后才在全国普及开来;德法两国人 13 世纪以后开始使用姓。因此,西方人的姓名呈现出"名前姓后"的排列结构。而汉语的姓最初产生于母系氏族社会。而汉语的名则产生于夏商时期,晚于姓。正是由于汉语姓名的演变是先有姓,后有名的历史过程,因此呈现出"姓前名后"的排列结构。

　　(2)主观原因。中西方价值观念不同是造成英汉姓名结构差异的主观原因。西方文化强调个人独立,推崇人的自由、平等,个人的利益、价值受到极大重视和保护,因而代表个人的名就位于代表群体的姓之前。而中国古代社会具有明显而强烈的宗法观念,宗族可以说在中国传统文化中占据举足轻重的地位,是社会凝结的核心。因此,相对于代表个人的名字而言,代表宗族的姓氏要重要得多。体现在姓名结构上,就表现为姓氏在前,名字在后的排列顺序。

(二)英汉姓氏文化对比

1. 数量对比

　　英语姓氏在数量上要远多于汉语姓氏。根据《中华古今姓氏大辞典》所收录的情况,目前汉语的姓氏(包括少数民族的姓氏)共有 12 000 个。而英语的姓大约有 15.6 万个,常用的有 35 000 个左右。英国的社会、经济状况对英语民族的多姓现象具有重要影响。郑春苗在《中西文化比较研究》一书中解释了造成这一现象的原因:[①]

　　这个时期(18~19 世纪,笔者注),欧洲的城市资本主义经济有了广泛发展,宗法大家庭越来越被小家庭所代替。征兵纳税以及各国之间贸易往

---

　　① 转引自殷莉,韩晓玲.英汉习语与民俗文化[M].北京:北京大学出版社,2007:236—237.

来和人口频繁迁徙等等因素使个人的地位和作用越来越突出,于是作为解决财产所有权和承担社会权利和义务的姓就必然成为广泛的社会问题,迫使各国政府下令每人都必须有姓。在这种个体小家庭广泛存在的社会条件下,姓氏数量就自然比中国人多。

2. 作用对比

从所起的作用来看,汉语的姓氏所负载的内容比英语的姓氏负载的内容要多。汉语的姓氏主要有以下两方面的作用。

(1)承载宗族观念。姓氏是家族或宗族的标志,一方面标志着血缘、亲属关系,另一方面也区分了不同的族群。中国的家族或宗族通常因姓聚居,互相帮衬、扶持,人们在心理上也有强烈的归属感。而这种对于宗族观念的强调最终也反过来加深了中国的宗法观念和制度,成为中国古代乃至现代人际交往的一大凭据。

(2)区别婚姻。中国有"同姓不婚"的习俗。这不仅是为了下一代着想,更是巩固家族的需要。因为不同姓氏的宗族集团一旦结成姻亲,就能互相扶助,增强势力。

相比之下,英语的姓氏就没有这些作用。另外,姓氏在西方文化中也远没有在中国文化中重要。

3. 随意性与求美性

西方人的姓氏十分随意,各种千奇百怪,五花八门的姓氏都很常见,甚至一些中国人认为不雅的、不吉利的、不悦耳的词,都可以作为他们的姓氏。例如,wolf(狼),poison(毒药),fox(狐狸),tomb(坟墓)等。

中国人对姓氏的要求极为严格,追求姓氏的美感。例如,汉语姓氏中不会出现"丑"、"恶"等字眼。汉语中源自部落图腾的姓,如"狼"、"猪"、"狗",为了避丑后来将其改成了"郎"、"朱"和"苟"。

4. 表述性与概括性

英语的姓氏具有表述性,更多地描述了个体的特征。相比之下,汉语姓氏则具有概括性,多表示族群,并不表述个体的特征。例如,英汉语言中均有源于动物的姓氏,但其反映出的文化却又有所不同:英语中的动物姓氏反映出了个人的特征,如 bull 反映了人的忠实厚道或力气大的特点,wolf 反映了人的凶残者,Longfellow 反映了人的身子很长等;汉语中的动物姓氏,如龙、熊等皆为原始部落图腾的标志。

（三）英汉名字文化对比

1. 宗教性与宗法性

西方英语国家人的名字中体现出鲜明的宗教和神话色彩。这主要与下面两个因素有关。

（1）基督教。前面已介绍到，英语中很多名字都和宗教有关。这是因为，西方文化很大程度上可以说是基督教文化，基督教是英语民族社会生活的中心，对人们的行为和道德有着极大的约束作用。

（2）古希腊、罗马文化。古希腊、罗马文化是西方文化的另一个源泉，它对西方国家的影响涉及方方面面。因此，英语中也有很多源自希腊、罗马神话的名字。

与之相比，汉语名字则通常带有浓重的宗法色彩，具有"美教化厚人伦"的作用。中国古代的人名，尤其是男子名字，通常由"字辈名"和父母所起的名字构成。"字辈名"表明辈分和排行，宗法意识浓厚。而父母所起的名字也无不反映出极强的宗法观念和伦理精神。这种"字辈名＋父母取名"的名字构成方式即使在今天的一些传统中国家庭中也极为常见。例如，男子名字中常使用的字有德、义、仁、礼、孝、忠、信、智、勇等，女子名字中常使用的字有慧、淑、静、贞、娴等。

2. 取名倾向与避讳

西方人在给孩子取名时通常追求来源好、含义好、有灵意、有人名故事，有《圣经》经文，除此以外还会考虑以下两点。

（1）避免英文元音的困扰。一个好的名字，要避免名的字尾和姓的字首都是元音，如 Evan Anderson（伊瓦·亚历山大）。

（2）避免英文辅音字母的困扰。这是因为辅音会使名字读起来不好听，如 Lucy Liu（露西刘）。

中国人在取名时考虑的因素很多，不仅要注意音美、形美、意美、知趣美之外，还有下面一些禁忌。

（1）忌用贬义取名。

（2）忌用繁难、怪僻的字眼取名。

（3）忌用"凶"、"坏"字眼取名。

（4）忌用"丑"、"陋"字眼取名。

四、人名的翻译

(一)英语人名的翻译

英语人名翻译为汉语时通常采用音译法和形译法。

1. 音译法

将英语人名译成汉语时,首先要以英语的发音为主,译成相应的汉语,遵循"名从主人"的原则。运用音译法翻译英语人名时,需要注意以下几个方面。

(1)译名要简短

音译名要避免太长,以简短为佳,便于记忆。翻译时,可将英语中一些不明显的发音省略掉。例如,将 Rowland 译为"罗兰",而不是"罗兰德";将 Engels 译为"恩格斯",而不是"恩格尔斯"。

(2)符合标准发音

符合标准发音是指译出的音不仅要符合人名所在国语言的发音标准,还要符合汉语普通话的标准发音,以使不同的翻译工作者在对人名进行翻译时可以做到"殊途同归",从而避免不同的译名。

(3)根据性别翻译

人名有性别上的差异。在采用音译法翻译英语人名时,要注意选择可以显现性别的汉字。例如,将 Emily 译为"艾米丽",将 Edward 译为"爱德华"。

(4)译名避免使用生僻字和易引起联想的字

音译时必须采用译音所规定的汉字,不能使用那些生僻的不常使用的字以及容易让人引起联想的字。例如,将 Kennedy 译为"肯尼迪",而不能译成"啃泥地"。

2. 形译法

有些译著或媒体在翻译英语人名时通常采用形译法。由于各民族之间的文化融合速度较快,随之涌现出很多新的人名,这些人名没有约定俗成之名可以遵循,也不便采用音译法进行翻译,此时就可以采用形译法。例如,计算机语言 Pascal 语言,Pascal 这一人名在计算机书本中就直接形译,而没有采用其音译名"帕斯卡"。

（二）汉语人名的翻译

翻译汉语人名通常采用音译法、音译加注法、释义法。还有一些汉语人名是按威妥玛式拼音方案来翻译的。下面分别予以介绍。

1. 音译法

音译法就是按照汉语拼音拼写方法先姓后名进行翻译。例如：

贾瑞忙喝："**茗烟**不得撒野！"**金荣**气黄了脸，说："反了！奴才小子都敢如此，我只和你主子说。"

（曹雪芹《红楼梦》）

"How dare you, **Mingyan**!" bellowed **Jia Rui**. Livid with anger **Jinrong** bawled, "The rebel! How dare a slave run wild like this? I'll have a word with your master. "

马慕韩一听到朱延年要报告福佑药房的情况，马上预感到他又要大煞风景，在林宛之三十大庆的日子来大力募股了。

（周而复《上海的早晨》）

As soon as he heard Chu Yen-nien say this, **Ma mu-han** had a presentiment he was going to pour cold water on the proceedings again by vigorously solicting investments at Lin Wan-chi's thirtieth birthday party.

（A. C. Barnes 译）

2. 音译加注法

音译加注法是先用汉语拼音翻译人名，然后在括号或引号中解释汉语人名的含义。采用这种方法翻译汉语人名，可以使读者更好地体会汉语人名的内涵、寓意。例如：

不管人事怎么变迁，**尹雪艳**永远是**尹雪艳**。

（白先勇《台北人》）

But however the affairs of men fluctuated, Yin Hsuen-yen remained forever **Yin Hsueh-yen**, the "Snow Beauty" of Shanghai fame.

（白先勇、叶佩霞 译）

原来这女孩正是程郑的女儿。此女原也有两个哥哥，一个姐姐，可惜都未久于人世。为了保住这条小命，程郑给她取了"顺娘"这个名字，希望她顺顺当当长大成人。

（徐飞《凤求凰》）

Shunniang was his only surviving child, he had lost two boys and a girl born before Shunniang. **It was his fervent wish that she, at least, would survive to grow adulthood.**

（Paul White 译）

3. 释义译法

释义译法就是在翻译中对原文中的人名进行解释。例如：

这人原先胆子小，干啥也是脚踏两只船，斗争**韩老六**，畏首畏尾，不敢往前探。

（周立波《暴风骤雨》）

This man Liu had formerly been a coward, a fence-sitter. In the fight against the landlord **Han Number Six**, he had not dared to venture out.

（Hsumengh-siung 译）

布帘起处，走出那妇人来。原来那妇人是七月七日生的，因此小字唤做**巧云**，先嫁了戈吏员，是蓟州人，唤做王押司，两年前身故了。方才晚嫁得杨雄，未及一年夫妻。

（施耐庵、罗贯中《水浒传》）

The door curtain was raised and a young woman emerged. She had been born on the seventh day of the seventh month, and she was called **Clever Cloud.** Formerly she had been married to a petty official in Qizhou Prefecture named Wang. After two years, he died, and she married YangXiong. They had been husband and wife for less than a year.

（Sidney Shapiro 译）

4. 按威妥玛式拼音方案翻译

这种翻译方法不常用，但是有些名字原来就是按照威妥玛式拼音方案进行翻译，已经被大家所接受，一般就沿用下来了。例如：

金桂意谓一不做，二不休，越性发泼喊起来了。

（曹雪芹《红楼梦》）

Determined to go the whole hog, **Chirt-kuei** went on ranting more wildly.

（杨宪益、戴乃迭 译）

这位先生是浙江沿海人，名叫**吉民**，他喜欢人唤他 Jimmy。

（钱钟书《围城》）

Mr. Chang was from the coastal area of Chekiang. His given name was **Chi-min**, but he preferred people to call him Jimmy.

（珍妮·凯利、茅国权 译）

第二节　英汉地名文化对比与翻译

地名是人们赋予各种地理实体的指称。[①] 地名的作用在于识别地理方位。地名是历史发展的产物,它被深深地烙上了社会变迁的痕迹,并代表着一个民族的文化特征。英汉两个民族的地名文化也存在诸多差异。本节就对英汉地名文化对比与翻译进行分析。

一、英汉地名文化对比

（一）英语地名的来源

英语地名主要源于下面几种情况。

（1）来自普通名词。英语中有些表示地方的专有名词来自于普通名词。这是因为这些地方在所属类型的地形中十分突出,因而被直接冠以该地形的名字,成为专有名词。

①原意是"平原"的地名,如 Seville（塞维利亚）,Syria（叙利亚）等。

②原意是"港口"的地名,如 Portsmouth（朴茨茅斯）,Bordeaux（波尔多）等。

③原意是"湖泊"的地名,如 Chad（乍得）等。

④原意是"河"的地名,如 Niger（尼日尔）,Elbe（易北）,Douro（杜罗）等。

⑤原意是"山"的地名,如 Balkan（巴尔干）,Alps（阿尔卑斯）,Pyrenees（比利牛斯）等。

（2）来自山河湖泊。这样的地名在英语中也比较常见。

①根据山脉命名的地名,如美国的 Nevada（内华达州）等。

②根据河流命名的地名,如美国的 Tennessee（田纳西州）,Ohio（俄亥俄州）,Colorado（科罗拉多州）等。

③根据湖泊命名的地名,如美国的 Michigan（密歇根州）,加拿大的 Ontario（安大略省）等。

（3）来自姓氏、名字。为了纪念某个历史人物,西方很多地名常用人的姓氏或名字命名。例如,Bering Sea（白令海）,Bering Strait（白令峡）都是以

---

① 卢红梅. 华夏文化与汉语翻译[M]. 武汉:武汉大学出版社,2006:100.

丹麦航海家维图斯·白令(Vitus Bering)的名字命名的。美国的首府华盛顿哥伦比亚特区(Washington D. C.)和西北部的华盛顿州都是为了纪念美国总统华盛顿(George Washington)而命名的。美洲国家地名用著名航海家哥伦布(Columbus)的名字命名的也有很多,如美国南卡莱那州(South Carolina)首府哥伦比亚(Columbia)、西北部的哥伦比亚河(the Columbus River)、佐治亚州(Georgia State)的哥伦布城(Columbus City)等。再如,19世纪是英国女王维多利亚(Victoria)在位时期,英国在世界各地进行殖民掠夺,出现了很多以维多利亚命名的地名。例如,北美的维多利亚湖、澳大利亚的维多利亚州和维多利亚大沙漠以及津巴布韦的维多利亚堡和维多利亚瀑布城。

(4)来自形状和特征。例如,Holland,Netherlands(荷兰)的意思就是"低洼的土地",这与荷兰地势低洼的地理特征相吻合。

(5)来自矿藏和物产。例如,美国犹他州(Utah)首府盐湖城(Salt Lake City)因其附近的大盐湖(Salt Lake)而得名。

(6)来自日常事物。例如,Money(马尼,意思是为"金钱"),Hot Coffee(霍特咖啡,意思是"热咖啡"),Tombstone(汤姆斯通,意思是"墓碑")等。

(7)来自动物。例如,亚速尔群岛(Azores Islands)因岛上海鹰众多而得名;坎加鲁岛(Kangaroo Island)因岛上袋鼠成群而得名。

(8)来自美好愿望。例如,Pacific Ocean(太平洋)的字面意思就是"温和的、和平的、平静的海洋",体现了人们对和平的向往和美好愿望。再如,位于非洲的好望角(Cape of Good Hope)的名字由来是因为这里常年因强劲的西风急流掀起惊涛骇浪,航行到此处的船舶往往会因这种"杀人浪"而遇难,而被认为是世界上最危险的航海地段,人们希望这个海角可以为人们带来好运,就将原名"风暴角"改为"好望角"。

(9)来自移民故乡。众所周知,美国是一个移民国家,英国、法国、西班牙等国是其早期的移民来源地。因此,美国的地名很多都是以移民地名称命名的。例如,New York(纽约),New Jersey(新泽西),New England(新英格兰),New Mexico(新墨西哥),New Plymouth(新普利茅斯),New Orleans(新奥尔良)等。

(10)来自宗教。英语地名中有很多与宗教文化相关的命名。这类带有宗教色彩的地名通常以 San,Santa 或 ST 开头,如 San Francisco(旧金山),San Ardo(圣阿杜),Santa Anna(圣安娜)。此外,在美国以"上帝"冠名的地名达一千多处,以 Bethlehem(圣城,耶稣诞生地)命名的地名有 800多处。

(11)来自动物。例如,Kangaroo Island(坎加鲁岛,因岛上袋鼠成群而得名），Azores Islands(亚速尔群岛,因海鹰众多而得名)等。

（12）来自矿藏和物产。例如,盐湖城(Salt Lake City)是因附近的大盐湖(Salt Lake)而得名。

（13）来自神话故事或传说。例如,Saine River(塞纳河)这个名字就来源于一个古老的传说:在塞纳河源流的小溪上,有一个小洞,洞里有一尊女神雕像。她白衣素裹,半躺半卧,手里捧着一个水瓶,神色安详,嘴角流露微笑,姿态优雅,以泉水为源的塞纳河源头小溪就是从这位美丽的女神背后流出的。传说中这尊女神是于公元前5世纪降临人间的,名字叫塞纳,是降水大神,后来塞纳河就是源自这位女神的名字。

（14）来自地理方位和位置。例如,南斯拉夫(Yugoslavia)指的是南方说斯拉夫语言的国家。又如,美国以方位命名的地名也很常见,其中以"西"开头的地名最多,如西弗吉尼亚州(West Virginia)。

（15）其他来源。英语地名中还有下面一些特殊的来源。

①有些地名是人们创造的奇怪词语,如 Tensleep(滕斯利普,意思是"睡十觉"),Deadhorse(戴德霍斯,意思是"死马"),Malad City(马拉德城,意思是"瘟疫城")等。

②因一时误会而将错就错产生的地名。例如,美国阿拉斯加州西部的 C. Nome(诺姆角)的产生就是如此:一位早期的地图编制者发现这个地方尚未命名,于是写上"? name"的字样,意思是问"名字呢"。但由于笔迹潦草,因而被误以为此地的名为 C. Rome。久而久之,人们便将其作为该地的名字。

（二）汉语地名的来源

汉语地名的来源主要包括以下几个方面。

（1）来自方位和位置。在中国,以东、南、西、北方向为依据产生的地名有河南、河北、湖南、湖北、山东、山西、广东、广西等。古代中国将"山南水北"称为"阳",将"山北水南"称为"阴",由此产生了很多包含"阴"与"阳"的地名,如洛阳(位于洛水以北)、衡阳(位于衡山之南)、江阴(位于长江以南)等。

（2）来自矿藏和物产。例如,无锡、铜陵、铁岭、铁山、盐城、钨金县、铜鲁山等。

（3）来自地形、地貌特点。中国有些地名来源于地物本身的特征。例如,黄河、黄海皆因其水中含有大量泥沙而得名;齐齐哈尔因该城市拥有天然牧场而得名;海南岛的五指山因其形状像五指而得名。类似的例子还有金沙江、清水河、流沙河、黑山、狼牙山、白云山、摩天岭等。

(4)来自河流、湖泊、山脉、海洋等。例如,四川因省内有四条江(长江、岷江、嘉陵江、沱江)流过而得名。再如,澳门位于珠江口,当地将海湾内可以泊船的地方称为"澳",因此得名"澳门"。

(5)来自神话故事。我国的五湖四海,山川河流的名字与神话故事有关。例如,珠穆朗玛峰就与一个古老的传说有关。传说这座山是后妃女神变成的,珠穆朗玛系藏语"久穆拉面"的转音,意思为"后妃天女"。

(6)来自姓氏、人名。中国有很多地名是以姓氏取名的,表现了人们重宗族的社会心态。例如,李家湾、石家庄、王家屯、肖家村等。此外,有些汉语地名是以人名命名的,反映了人们对历史人物或民族英雄的崇敬、敬仰之情。例如,中山市来源于革命先行者孙中山、左权县来源于革命先烈左权、靖宇县来源于革命先烈杨靖宇、志丹县来源于革命先烈刘志丹等。类似的例子还有夫子山、卧龙岗、韩江、韩山、太白山、黄盖桥、子龙滩、黄浦江、木兰溪等。

(7)来自动物、植物。源于动物的地名,如马鬃山、鸡公山、凤凰山、瘦狗岭、奔牛镇、黄鹤楼等;源于植物的地名,如桂林、樟树湾、桃花村、榆林庄、三柳镇等。

(8)来自美好的愿望。汉语中有很多地名可以体现出中华民族的期盼和愿望。例如,反映人们追求长寿幸福、昌盛富强愿望的地名有福寿山、万寿山、昌水河、万福河、富裕县、永昌县、昌平县、万寿城、福州市、福建省等;反映人们对太平、安康社会的期盼的地名有太平山、太平桥、太平寺、永宁河、永宁镇、永安市、永安县、永和县、永和镇、安定门、东安市场等。

(9)来自宗教。自古代以来中国就曾经出现很多影响较大的宗教,如道教道教、佛教、伊斯兰教等。这些宗教名胜古迹的名称都是宗教文化的产物。例如,道教的历史文化古迹有白云观、永乐宫、楼观台、武当山、九宫山、青城山;佛教的有代表性的名胜古迹有少林寺、白马寺、五台山、峨眉山、九华山、普陀山等;伊斯兰教的名胜古迹有北京宣武区牛街礼拜寺、北京东四清真寺、陕西西安化觉寺、江苏扬州仙鹤寺、上海大桃园清真寺、南京净觉寺、福建泉州圣友寺等。

(10)来自移民故乡。在中国历史上,由于种种原因发生过很多次大规模的移民。为了表达对故乡的思念之情,移民常常用自己故乡的地名来给新的居住地命名。例如,明朝时期为充实京城而从山西迁入了很多人口,于是北京大兴凤河两岸有长子营、霍州营、南蒲州营、北蒲州营、屯留营等地名,顺义西北有夏县营、忻州营、河津营、东降州营、西降州营、红铜营等地名,而这些地名原本都是山西的县名。

(11)来自避讳。所谓避讳,是指在中国的封建社会,皇权至高无上的特征要求凡与帝王以及皇族名字相同的任何名称都要更改。避讳是中国特有的地名来源,在中国很常见。例如,湖北省的天门县原名"景陵县",因其与康熙陵号相同而被更改为天门县。再如,三国时期,因孙权祖父的名字叫孙锺,锺山(即钟山,又名紫金山)被改名为蒋山。又如,五代后唐时期,因避李国昌讳,很多县名都进行了修改,如湖南的昌江县改名为平江县;河南的昌乐县改名为南乐县;山东的博昌县改名为博兴县,昌阳县改名为莱阳县等。

二、地名的翻译

(一)英语地名的翻译

英语地名的翻译通常采用如下几种方法:音译法、习惯译名以及直译法。下面举例加以分析。

1. 音译法

音译法是翻译英语地名的主要方法。翻译时应避免使用生僻词和容易产生联想的词,还要注意不要体现褒贬意义。例如:

Atlanta 亚特兰大

Berlin 柏林

Boston 波士顿

Chicago 芝加哥

Barcelona 巴塞罗那

Copenhagen 哥本哈根

Canberra 堪培拉

Toronto 多伦多

Wellington 惠灵顿

Lisbon 里斯本

Sydney 悉尼

Vienna 维也纳

需要提及的一点是,在翻译英语地名中的专有名词时,通常也采用音译法。例如:

Ball 鲍尔

Branch 布兰奇

City Island 锡蒂岛

Fall City 福尔城

Tendal 滕达尔

Bellflower 贝尔费劳尔

2. 习惯译名

习惯译名法多用于翻译以人名、宗教名、民族名命名的英语地名。例如：

Bombay 孟买

Bangladesh 孟加拉

Brazil 巴西

Burma 缅甸

Cambridge 剑桥

Indiana(State) 印第安纳（州）

John F. Kennedy Space Center 约翰·肯尼迪航天中心

Oxford 牛津

Philadelphia 费城

San Luis Canal 圣路易斯运河

White Harbor 怀特港

3. 直译法

运用直译法翻译的英语地名包括：英语地名中的通名部分；数字或日期命名的地名；表示方向、大小等修饰地名的专名的形容词等。例如：

Big Canyon River 大峡谷河

East Chicago 东芝加哥

Great Sandy Deserts 大沙沙漠

Great Smoky Mountains 大雾山

Hot Spring County 温泉县

King George County 乔治王县

Long Island City 长岛城

Little Salt Lake 小盐湖

New Baltimore 新巴尔的摩

Sixty mile River 六十英里河

Three Lakes 三湖村

Thousand Islands 千岛群岛

（二）汉语地名的翻译

汉语地名的翻译常用的方法有意译法、增译法、音意结合法以及音译＋重复意译法。

1. 意译法

有些汉语的地名因某些原因有一个固定的意译名字,此时就应采用此固定的英语表达。例如:

南海 South China Sea

黄河 Yellow River

万寿寺 the Longevity Temple

白云观 White Cloud Monastery

娘娘庙 the Temple of the Goddess of Fertility

颐和园 the Summer Palace

紫禁城 the Forbidden City

聚仁巷 Gathering Benevolence Lane

南海 South China Sea

2. 增译法

有时在翻译汉语地名时,可以增译地名雅称,作为地名的同位语,可以前置,也可以括注。例如:

山城重庆 a mountain city, Chongqing

古城西安 Ancient City—Xi'an

中国铁城——鞍山市 Anshan City—the steel centre of china

葡萄之乡——吐鲁番 The Grape Land—Tulufan

日光城——拉萨市 the Sun City, Lhasa

3. 音意结合法

在翻译汉语地名的专名部分时要用音译,而对通名部分则需要意译。例如:

上海市 Shanghai Municipality

江苏省 Jiangsu Province

四川盆地 Sichuan Basin

青海湖 Qinghai Lake

洪洞县 Hongtong County

琼州海峡 Qiongzhou Straits

六盘水市 Liupanshui City

4. 音译+重复意译法

地名中的专名为单音节词(不含 n,ng 以外的辅音结尾的单音节)时,通名被看作是专名的一个组成部分,与专名一起音译,再重复意译通名。例如:

黄山 Huangshan Mountain

太湖 Tai Lake

礼县 Lixian county

天池 Tianchi Lake

长江 the Changjiang River

此外,需要注意的是,中国有些地名相同,但表示的是不同的地点。翻译时要按照约定俗成的原则,不能随意更改,严格按照中国地名词典标注的读音和书写形式进行翻译。例如,将位于黑龙江双城县的单城镇译为 Dancheng Town,而将位于山东单县的单城镇译为 Shancheng Town。

第九章　英汉习语、典故的文化对比与翻译

习语、典故是一个民族语言的精华,也是其文化积累的结果,其中必然蕴含着丰富的文化信息。这些文化信息大多具有民族性,不熟悉其文化的人很难理解,更难以将其翻译准确。因此,要做好英汉习语、典故的翻译工作,就必须了解其中的异同,并据此选择合适的翻译方法。本章就对此展开深入的研究。

第一节　英汉习语文化对比与翻译

一、英汉习语概念对比

（一）英语习语的定义

世界上历史悠久的国家、民族的语言中总是包含大量的习语(idioms)①。这些习语是人们在长期的生产生活中总结出来的短语、短句,凝聚了一个民族的智慧,反映着一个民族的文化。然而,究竟什么是习语？很多英语辞书、语言学家纷纷给出了自己的解释。

(1)《牛津高阶》(1997)将 idiom 翻译为"习语;成语;惯用语",即 phrase or sentence whose meaning is not clear from the meaning of its individual words and which must be learnt as a whole unit(整体意义与组成词的个体意义没有明确关系的短语或句子,必须作为整体单位学习)。

(2)《新牛津双解大辞典》将 idiom 翻译为"成语",即 a group of words established by usage as having a meaning not deducible from those of the individual words(整体意义不能从组成词的个体义推理出的定型词组)。

(3)《钱伯斯百科辞典》也将 idiom 翻译成"习语;成语;惯用语",即 an

---

① 李建军. 新编英汉翻译[M]. 上海:东华大学出版社,2004:120.

expression with a meaning which cannot be guessed at or derived from the meanings of the individual words which form it(整体意义无法从构成的词的个体意义推测或衍生出来的词语)。

(4)语言学家鲍林格(Bolinger)和希尔斯(Sears)于 1981 年提出，… groups of words with set meanings that cannot be calculated by adding up the separate meanings of the parts(无法通过将组成词的个体意义相加的方式推算出其固定意义的词组)。

(5)世界著名语言学家克里斯托(Crystal)指出，… a sequence of words which is semantically and often syntactically restricted, so that they function as a single unit. From a semantic viewpoint, the meanings of the individual words cannot be summed to produce the meaning of the "idiomatic" expression as a whole.（意义上受限制和句法上常受限制、作为单个语言单位使用的词组；从意义角度来说，不能将个体词的意义累加以获得"习语的"整体意义。）

以上几个定义虽然不完全相同，但却存在一个共同点，即均从语义的角度来界定习语。要确定某个短语、句子是否是习语，首先应注意它是否具有引申义或比喻义，有则是，没有就不是。

(二)汉语习语的定义

严格来说，汉语中并无与英语 idiom 对应的词汇。一直以来，人们将"成语"当作一个总括词，与英语 idiom 对应起来。例如，方绳辉(1943)将成语归纳为 22 种，包括谚语、俗语、古语、惯语、常言、典故、格言、引申、比喻、转喻等。张志公认为，成语有广义和狭义之分。广义上讲，凡是习惯上常常作为一个整体说的语言单位都可称作成语，包括：(1)各种固定格式(或固定词组)，如"三三两两"、"三五成群"、"七上八下"、"得心应手"等；(2)谚语、格言、俚语等。狭义地说，只有(1)才称作成语。因此有观点认为，广义上的成语与英语 idiom 一致。但在现实中，人们对成语的理解仅限于其狭义，因此它与英语 idiom 是不对等的。

事实上，真正与英语 idiom 对应的词是"熟语"。"熟语"这一概念出现于 20 世纪 50 年代下半叶，它是从俄语译借过来的术语。刘叔新认为，熟语除了包含上述六类，还包括成句子的俚语、专门用语、专名语、准同定语。周荐认为，熟语应该包括专门语和专门用语。新编《辞海》(1999)则将"熟语"定义为"语言中固定的词组或句子。使用时不能随意改变其组织，且要以其整体理解语义，包括成语、谚语、格言、惯用语、歇后语等。"由此可以看出，汉语熟语和英语习语最接近。

二、英汉习语分类对比

（一）按语法功能分

1. 英语习语的分类

从语法功能和结构成分来看，习语大致可以分成五种：动词性习语(idioms verbal in nature)、名词性习语(idioms nominal in nature)、形容词性习语(idioms adjectival in nature)、副词性习语(idioms adverbial in nature)以及谚语。下面我们分别对这四种分类进行介绍。

（1）名词性习语。例如：

lion's share 最大份额；最大好处

strange fish 怪人

hustle and bustle 熙熙攘攘

a storm in tea-cup 小题大做

（2）动词性习语。例如：

come thick and fast 大量出现

go to the dogs 每况愈下，前景不好

poke one's nose into 探问；干预

lose one's wool 发怒

（3）形容词性习语。例如：

as cool as a cucumber 泰然自若

on call 随时待命

free and easy 无拘束的

up in arms 枕戈待旦

（4）副词性词组。例如：

heart and soul 全心全意地；完全地

through thick and thin 同甘共苦

2. 汉语习语的分类

汉语习语通常按音节数目进行分类。根据音节数目的多少，汉语习语可分为四音节习语和非四音节习语。四音节习语如"龙腾虎跃"、"一心一意"等，非四音节习语包括三字习语（如"忘年交"）、五字习语（如"功到自然成"）、六字习语（如"百思不得其解"）、七字习语（如"心有灵犀一点通"）、八

字习语(如"知其不可为而为之")、九字习语(如"不以规矩不能成方圆")、十字习语(如"知其然而不知其所以然")等。

此外,汉语习语还可按结构搭配关系分类。根据习语内部结构搭配关系的不同,习语可分为修饰与平行两大类。其中,修饰关系包括主谓(如"苦尽甘来")、动宾(如"摧枯拉朽")、偏正(如"言外之意")、述补(如"应运而生")等,平行关系包括并列(如"水落石出")、承接(如"瓜熟蒂落")、目的(如"声东击西")、因果(如"水滴石穿")等。

(二)按定义范畴分

1. 成语

成语是语言词汇中一部分定型的词组或短句,具有丰富的社会、文化内涵,具有语义的整体性(semantic unity)、结构的稳定性(structural stability)和民族特色性(national character)等特征。例如:

with an eye for the main chance
瞅机会捞一把/搞好处
have eyes in the back of one's head
眼光敏锐,什么都能觉察到
keep a stiff upper lip
面对痛苦或困境而不动声色
pull the rug (out) from under sb's feet
突然停止帮助或支援
get back on the rails
恢复常轨、东山再起

汉语中也有大量的成语。汉语中的成语多出自古代经典或名著、历史故事或经过人们的口头流传下来,意思精辟,语言简炼。汉语成语以四字字格为主,如小题大做、孤掌难鸣、卧薪尝胆、道听途说、老马识途、雪中送炭等。当然,也有不是四字格的成语,如"三个臭皮匠,赛过诸葛亮"。

2. 俗语

俗语是语言词汇中为群众所创造,并在群众口中流传,具有口语性和通俗性的语言单位,是通俗并广为流行的定型的语句,简练而形象化,大多数是劳动人民创造出来的。英汉两种语言中都存在大量的俗语。例如:

to show one's cards 摊牌
round-table conference 圆桌会议

with the tail between the legs 夹着尾巴(逃跑)

偷鸡不着蚀把米

兵败如山倒

病急乱投医

吃软不吃硬

脚踩两只船

杀鸡给猴看

3. 谚语

所谓谚语,是指在群众中流传的固定语句,用简单通俗的话反映出深刻的哲理。一般来说,谚语都会集中说明一定的社会生活经验和做人的道理。谚语在英汉两种语言中都十分常见。例如:

He who hesitates is lost.

机不可失,时不再来。

Bitter pills may have blessed effects.

良药苦口利于病,忠言逆耳利于行。

East or West, home is best.

金窝银窝,不如自家草窝。

A merry heart makes a long life.

笑一笑,十年少。

路遥知马力,日久见人心。

落地的兄弟,生根的骨肉。

留得青山在,不怕没柴烧。

生平不做亏心事,夜半敲门心不惊。

4. 歇后语

歇后语是汉语特有的一种语言文化,它往往由两部分组成,前一部分类似于谜面,后一部分类似于谜底。使用歇后语的人通常只说前一部分,但听者明白其重点在于后一部分。例如:

哑巴吃扁食——心里有数儿。

帐子里放风筝——远不了。

擀面杖吹火——一窍不通。

吃着油条唱歌——油腔滑调。

旗杆上绑鸡毛——好大掸(胆)子。

后脑勺子长疮——自己看不见。

武大郎开店——高朋满座。

屁股上挂大锣——走到哪响到哪。

5. 粗俗语

粗俗语就是人们日常生活中所说的粗话、脏话,常常与人们所禁忌性、伦理道德和种族歧视等有关。粗俗语虽然粗野、庸俗,但是也是每一种语言必不可少的一个组成部分,是人们表达各种情感的常用手段。英语中有不少粗俗语。例如:

son of a bitch 杂种

Don't talk shit! 不要胡说八道!

Sod off! 滚开!

Oh,fuck! 哦,见鬼!

Damn it! 他妈的! 该死的!

You bloody fool! 你这个该死的蠢货!

汉语也有很多粗俗语,如"他妈的"、"娘的"、"他大爷的"、"王八蛋"。

6. 方言俚语

俚语是一种区别于标准语,只在一个地区或者一定范围使用的话语。英汉语言中都存在一定的俚语。

英语中的俚语通常是一些通俗俚语。通俗俚语并不十分粗俗,比较流行,包括戏谑调侃的话、轻蔑贬损的话、带有个别不雅字词的话或某些粗俗俚语的委婉说法。例如:

suck 差劲、糟糕透了

cool 酷,棒极了

take a dump 上大号、大便

lose one's bottle 失去勇气

cough up 不十分情愿地勉强交出

four letter words 脏字、淫秽词语

all mouth and no trousers 毫无正当理据的吹牛

汉语中的俚语多为方言或地方流行语,如"开瓢儿"(打破头),"撒丫子"(放开脚步跑),"侃大山"(长时间漫无边际地闲谈),"仨瓜俩枣"(一星半点的小东西、不值钱的零星物品),"麻利"(迅速、赶快;手脚敏捷),"拉倒"(到此为止;算了、作罢)等。

三、英汉习语特征对比

（一）固定性

习语是语言中不规则的、独立的、比较固定的语言因素，其形式和意义相对固定，不能随便改动，否则会出现词不达意或与原义大相径庭、甚至啼笑皆非的结果。

例如，英语中的 search for a needle in a haystack（大海捞针）不能改为 to search for a needle in the sea，as timid as a rabbit（胆小如鼠）不能改为 as timid as a rat。同样，汉语中的"七上八下"不能改为"八下七上"，"朝三暮四"不可改为"朝四暮三"等。

（二）民族性

习语"与人和人生活的环境密切相关"。[①]　不同的民族，其所处的地理环境、历史背景、经济生活、风俗习惯、宗教信仰、心理状态、价值观念等方面存在很大的差异，因此习语的表达形式也各不相同，具有鲜明的民族特色。

在英国近千年的历史中，从古代英语到现代英语发生了巨大的改变，同时通过吸收一些外来语，极大地促进了英语词汇的发展。在英语中，较古老的习语多源于伊索寓言、希腊神话、罗马神话或圣经故事，还有一些习语来自一些文学作品，或者 20 世纪中叶发生的历史事件。例如，the touch of Midas 点金术（希腊神话），to wear one's heart on one's sleeve 不掩饰自己的感情（莎士比亚《哈姆雷特》），Dunkirk evacuation 敦刻尔克撤退（第二次世界大战）等。

中国有着十分悠久的历史，文化源远流长，语言中出现了大量的习语。这些习语有的来自历史文献、语言故事、神话传说，有的则来自历史人物、历史事件。例如：

刻舟求剑（源自《吕氏春秋·察今》）

老骥伏枥（源自《步出夏门行》）

完璧归赵（与春秋战国时期秦赵相争有关）

四面楚歌（与楚汉相争有关）

毛遂自荐（与毛遂有关）

---

① 平洪，张国扬．英语习语与英美文化［M］．北京：外语教学与研究出版社，1999：13．

卧薪尝胆（与越王勾践有关）

这样的习语无不被打上了深深的民族烙印，如果脱离了民族历史，就让人觉得不知所云。

正是由于习语的民族性，很多英汉习语在翻译时难以做到完全对应。例如，汉语中的"袖手旁观"翻译过去就变成了 look on with one's folded arms；"无立锥之地"翻译过去变成 no room to swing a cat in。因此，在英汉习语互译时，要特别注意这一点。

（三）修辞性

(1)习语本身就是修辞手段的运用和体现，具有语言生动、形象、通俗、简练的特点。有时还可以借助于声音的节奏和韵律（声音的和谐与圆韵），使表达更加通顺流畅、生动，便于记忆。英汉语中有很多这样的习语。例如：

step by step（重复）

as timid as rabbit（比喻）

as red as a rose（头韵）

by hook or by crook（双声与尾韵）

Many men, many minds.（双声）

First come, first served.（对仗）

鬼头鬼脑（重复）

如鱼得水（比喻）

人多力量大，柴多火焰高。（对仗）

起早不慌，种早不忙。（韵脚）

聪明伶俐（双声）

(2)习语极富表达力，是语言中不可缺少的因素。作者可以把习语当作修辞手段来运用，以增强语言的活力。习语是经过长时间的使用而提炼出来的短语或短句，是语言中的核心和精华。通过使用习语，可增加语言的美感。

四、英汉习语来源对比

（一）英语习语的来源

1. 源自神话故事

在英语中，很多习语都与古希腊、古罗马的神话故事有关。例如，Scylla 与 Charybdis 在希腊神话中都是人名，前者是六头女妖的名字，后者是另一个女妖的名字,她们专门威胁过往的船只。同时它们又是地名,Scylla 指意大利西端墨西拿海峡上的大岩礁,而 Charybdis 则是 Scylla 对面的大旋涡。于是,"One falls into Scylla in seeking to avoid Charybdis."就表示"为避虎穴,落入狼窝"。

2. 源自宗教信仰

包括英语民族在内的西方国家大都信奉基督教,因此来源于基督教与《圣经》的英语习语不胜枚举。例如:

God helps those who help themselves.

天助自助者。

He that serves God for money will serve the devil for better wages.

为金钱而侍奉上帝的人会为更多的报酬而服侍魔鬼。

Whom God would ruin, he first deprives of reason.

上帝要毁灭谁,必先夺其理性。

take the name of God in vain

滥用上帝之名

3. 源自历史事件

许多英语习语是英国历史发展的见证。例如,sword of Damocles 来自这样一则古代希腊的历史事件:公元前 4 世纪在西西里岛上的统治者狄奥尼修斯一世有个亲信叫达摩克里斯,他十分羡慕帝王的豪华生活。为了教训这个人,狄奥尼修斯在一次宴会上让他坐在国王的宝座上,当他猛然抬头时发现头顶上有一把用头发悬着的宝剑,于是吓得战战兢兢,时刻提心吊胆。后来就用 sword of Damocles 这一成语来比喻临头的危险或情况的危急。

再如,英国与荷兰为了争夺海上霸主的地位而积怨颇深,于是英语中出现了许多对荷兰轻蔑贬低之词,如 Dutch concert(像荷兰醉汉一起乱唱乱叫一样吵吵嚷嚷;乱七八糟的合唱),Dutchman(掩盖或补救物品缺陷的措施;填补空洞的零件),beat the Dutch(干的事叫人莫名其妙;让人伤脑筋)等。

4. 源自社会习俗

英语习语源远流长,深深地扎根于人类生活的方方面面,因此英语中存在着大量与生活习俗相关的习语。例如:

All work and no play makes Jack a dull boy.(源于姓氏习俗)

只会用功不会玩耍,再聪明的孩子也要变傻。

Uncle Tom 听命于白人且逆来顺受的黑人(源于称谓习俗)

blow one's own horn 自我吹嘘,自吹自擂(源于称赞习俗)

take French leave 不辞而别,擅自缺席(源于拜访习俗)

5. 源自生活方式

每个民族的生活方式都会受到其生存条件、地理环境的影响。这些影响会在英语习语中留下些许痕迹。由于英国是岛国,人们多靠航海、捕鱼为生,以采煤和畜牧业为主业,再加上多雾、多雨的气候特点,因此英语中有很多习语与航海、捕鱼、畜牧、天气有关。例如:

all at sea 不知所措

hang in the wind 犹豫不决

like a fish out of water 处在陌生的环境中,不自在

lose one's wool 发怒、生气

as right as rain 十分正常

have not the foggiest(idea) 如坠五里云雾中

6. 源自人体器官

人体器官各司其职,与人们的生活密切相关。于是,与器官相关的词汇便被赋予了比喻用法与象征意义,出现了很多寓意丰富的习语。例如:

be neck and neck 竞争激烈

feast one's eyes on 一饱眼福

pull one's leg 捉弄,与……开玩笑

toe the line 听从……指挥

have a good stomach for 胃口好

from the bottom of one's heart 从心底里

in a fit of spleen 怒气冲冲

7. 源自文学作品

文学作品是英语习语的一个重要来源。《伊索寓言》(Aesop's Fables)、莎士比亚戏剧、欧洲各国的文学名篇等都为英语提供了丰富的习语。

例如,bell the cat(给猫的脖子上挂铃铛)是 to hang the bell about the cat's neck 的简化,来源于《伊索寓言》中的《老鼠会议》(The Mice in council)。一群老鼠开会讨论如何对付凶狠的猫。一只老鼠提出在猫的脖子上挂一个铃铛,这样,猫一走动铃就响,老鼠们听见铃响就可以有时间逃跑了。

这个建议得到了老鼠们的一致同意,但是,由于没有一只老鼠敢去给猫挂铃铛,它们的状况没有得到任何改善。后来,bell the cat 用来喻指遇到困难的问题,既需要有出谋划策的人,更需要有挺身而出的实干家。

再如,Shylock(夏洛克)与 a pound of flesh(一磅肉)出自莎士比亚的《威尼斯商人》。威尼斯商人安东尼奥(Antonio)因为反对高利放贷,与夏洛克结怨。后来,安东尼奥为帮助朋友巴萨尼奥(Bassanio)而不得不向夏洛克借贷。于是,夏洛克乘机报复,强迫对方签订了"逾期不还要割下一磅肉"的借约。当安东尼奥未能及时还债时,夏洛克将其告上法庭,并执意要割下安东尼奥的一磅肉。最后,巴萨尼奥的新婚妻子鲍西娅(Portia)帮助其摆脱困境,夏洛克的阴谋以失败告终。后来,人们就常用"夏洛克"比喻既贪婪又凶残的人。

(二)汉语习语的来源

1. 源自宗教信仰

在中国历史上,道教与佛教曾经深刻地影响着中国人的思想与生活。于是,汉语中出现了许多源于宗教的习语,如源于道教的"道高一尺,魔高一丈"、"悬壶济世"、"灵丹妙药"和源于佛教的"不看僧面看佛面"、"救人一命,胜造七级浮屠"、"闲时不烧香,临时抱佛脚"、"人争一口气,佛争一炷香"等。

2. 源自历史事件

汉语中的许多成语、谚语、俗语以及歇后语等都与一些历史事件有一定的关系。例如:成语"负荆请罪、卧薪尝胆、完璧归赵、孙庞斗智、破釜沉舟、四面楚歌、背水一战"等都与春秋战国时期发生的一些事件有关;成语"图穷匕见"来自秦朝壮士刺杀秦始皇的故事;成语"三顾茅庐"、"司马昭之人,路人皆知"以及歇后语"徐庶入曹营——一语不发","刘备卖草鞋——本行有货"等都来自三国演义中的一些历史事件。这些习语都在警示后人要吸取前人的教训,要正确认识客观事物的本质,采取恰当而必要的战略、方略、策略以及行为交际准则。

3. 源自辩证思想

中国人的思维自古就洋溢着朴素的辩证思想,于是中国的很多习语也闪烁着对立统一思想的光芒,如"月圆则缺,水满则溢"、"祸兮福所倚,福兮祸所伏"、"满招损,谦受益"等。

4. 源自伦理道德

受儒家思想影响,汉语很多习语都与中国传统的伦理道德有关,如"敬人者人恒敬之,欺人者人恒欺之"、"不孝有三,无后为大"、"少壮不努力,老大徒伤悲"、"天下兴亡,匹夫有责"等。

5. 源自生活方式

中国人讲究天人合一,主张按照天地规律来安排日常生活与重大事情,尤其注意在适当的时间做适当的事情。很多习语都是这种生活方式的真实写照,例如:

二十三,糖瓜儿粘;二十四,扫房子;二十五,糊窗户;二十六,炖炖肉;二十七,宰公鸡;二十八,把面儿发;二十九,蒸馒头;三十儿晚上熬一宵;大年初一扭一扭。

一九二九不出手,三九四九冰上走,五九六九河边看柳,七九河开,八九燕来,九九加一九,耕牛遍地走。

黎明即起,洒扫庭除,要内外整洁。既昏便息,关锁门户,必亲自检点。

头伏萝卜二伏菜,三伏种荞麦。

6. 源自社会现实

中国经历了两千多年的封建社会,于是汉语中出现了许多描写封建社会的黑暗以及人治代替法治、以强权代替公理、以钱财代替正义和残酷压迫劳动人民等社会状况的习语。例如,"顺我者昌,逆我者亡"揭示的是帝王或贼首毫无民主法制观念的独裁统治;"一人得道,鸡犬升天"反映了各类社会中都存在的违反公平原则与法制观念的裙带关系;"满嘴仁义道德,一肚男盗女娼"则是社会中各种伪君子的真实写照。类似的习语还有:

苛政猛于虎也

衙门八字朝南开,有理无钱莫进来

只许州官放火,不许百姓点灯

五、英汉习语翻译

(一)直译法

直译法是翻译的一个常用技巧,同样适用于英汉习语的互译中。直译的优点在于它能够极力保持英汉习语的原意、形象和语法结构。英汉习语

中有一部分字面意义和形象意义相同或近似、隐含意义相同的习语,这些习语就可以采用直译法翻译。例如:

Sphinx's riddle 斯芬克司之谜(比喻难解之谜)

Tower of ivory 象牙塔(比喻世外桃源)

All roads lead to Rome.

条条大路通罗马。

Blood is thicker than water.

血浓于水。

to strike the iron while it is hot 趁热打铁

in the same boat 同舟共济

The monk may run away, but the temple can't run away with him.

跑得了和尚,跑不了庙。

One who does not work hard in youth will grieve in vain in old age.

少壮不努力,老大徒伤悲。

(二)意译法

有些习语由于受到文化因素的影响,在翻译时无法保留源语的字面意义和形象意义,如果直译就会影响理解,这时就要改用意译。将原文的形象更换成另一个读者所熟悉的形象,从而传达出原文的语用目的,译出隐含的意义。例如:

red tape 官样文章;官僚作风

talk turkey 谈正经事;直率地讲

the heel of Achilles 致命的弱点

cost an arm and a leg 非常昂贵

like a fish out of water 很不自在

keep quiet 噤若寒蝉

narrow winding trail 羊肠小道

good weather for the crops 风调雨顺

suffer a double loss instead of making a gain 赔了夫人又折兵

make an example of a few to frighten all the rest 杀鸡给猴看

(三)直译＋意译

有些习语翻译,不便于采用上述方法,可以采用直译与意译结合的方法来进行处理,把原文中通过直译可以明确传达其意义的部分直译出来,而不便直译的部分则意译出来,这样既准确传达了原义,又符合译语的表达习惯，易于理解。例如：

Caution is the parent of safety.

谨慎为安全之本。

A little pot is soon hot.

壶小易热，量小易怒。

to wait for windfalls 守株待兔

brave the wind and dew 风餐露宿

（四）直译＋注释

有时，某些习语中带有浓厚的文化色彩，采用直译和意译效果都不理想，又无法套译，这时就可以采用直译＋注释的方法将原文的字面含义和其中的文化内涵都传递出来。例如：

All are not maidens that wear bare hair.

不戴帽子的未必都是少女。

注：西方风俗中成年妇女一般都带帽子，而少女则一般不戴。该习语告诫人们看事物不能只看外表。

他是老九的弟弟——老十（实）。

He's the younger brother of number 9, number 10.

注："Number 10——老十（laoshi）" in Chinese is homophonic with another Chinese word"老实（laoshi）"which means honest.

（五）套译法

由于英汉两种语言的差异和不同的民族文化背景，习语翻译中有时需要转换为译语读者所熟悉的形象进行翻译。这时我们采用的就是套译法，也就是用目的语中的同义习语去套译源语中的习语，尽管套译中的形象不同，但其喻义形似，使译文能与原文做到意义上的对等。例如：

kill goose that lays golden eggs 杀鸡取卵

go through fire and water 赴汤蹈火

spend money like water 挥金如土

While there is life, there is hope.

留得青山在，不怕没柴烧。

Give him an inch and he'll take an ell.

得寸进尺。

beard the lion 虎口拔牙／太岁头上动土

Talk of the devil and he is sure to appear.

说曹操,曹操到。

Even the cleverest housewife can't make bread without flour.

巧妇难为无米之炊。

第二节　英汉典故文化对比与翻译

一、典故的定义

无论是汉语典故还是英语典故,多为形象生动的故事浓缩而成,具有含蓄、洗炼、深邃的特点,因而受到中外文人的青睐,目的无非是要美化其言辞,锤炼其篇章。那么究竟什么是典故呢?

《汉英双语·现代汉语词典》将典故定义为"诗文里引用的古书中的故事或词句"。

《辞海》则将典故释义为:"诗文中引用的古代故事和有来历出处的词语。"①

Webster's New Collegiate Dictionary 将 allusion(典故)解释为 an implied or indirect reference, esp. when used in literature.

通过上述定义可以看出,典故就是人们语言使用中那些有历史出处的词语。它是人们在认识世界的过程中形成的一种语言形式,与特定的历史文化语境密切相关,体现了不同文化背景下人们的思想观念、价值取向、思维方式以及道德意识。

二、英汉典故结构对比

(一)英语典故的结构

英语典故往往具有灵活、自由的结构特点,句式可松可紧,可长可短,字数的伸缩范围极大,甚至有的典故只有一个词。例如:

Eden 伊甸园

Watergates 水门事件

Shylock 放高利贷者

---

① 转引自白靖宇.文化与翻译(修订版)[M].北京:中国社会科学出版社,2010:42.

而有的典故则很长，可以是几个字、十几个字，甚至完整的句子。例如：

hair by hair you will pull out the horse's tail 矢志不移，定能成功

the last supper 最后的晚餐

One boy is a boy, two boys half a boy, three boys no boy.

一个和尚有水吃，两个和尚挑水吃，三个和尚没水吃。

What one loses on the swings one gets back on the roundabouts.

失之东隅，收之桑榆。

另外，英语典故往往可以独立成句，这一点在莎士比亚的作品中表现得尤为明显。

(二)汉语典故的结构

与英语典故相比，汉语典故具有结构紧凑、用词精简的特点。其表现形式主要有以下两种。

(1)四字结构。典故演变为成语时，多采用四字结构，这种结构的典故十分常见，如"掩耳盗铃"、"守株待兔"、"画蛇添足"、"百步穿杨"等。

(2)对偶性短句。这种形式的汉语典故虽然没有四字结构的多，但也较为常见，如"鹬蚌相争、渔翁得利"、"皮之不存、毛将焉附"、"庆父不死，鲁难未已"等。

除上述两种形式外，汉语中偶尔也有二字或三字组成的情况，字数较多或单独成句的情况比较少见，如"不到长城非好汉"等。需要注意的是，汉语中有相当大一部分典故是名词性词组，它们在句子中可以作一定的句子成分。

三、英汉典故来源对比

(一)英语典故的来源

1. 源自神话传说

英语中的很多典故都出自神话传说。例如，(the)wheel of fortune(命运之轮)就出自古罗马传说。命运之神福尔图娜(Fortuna)手中有一金轮，此轮旋转一下便可指示出一个人的运气，又由于此轮停止的方位不同所显示的人的命运就不同，所以此典故也指命运的变化。

再如，墨丘利(Mercury)是宙斯和迈亚(Maia)的儿子，他行走如飞，多才多艺，掌握商业、交通、畜牧、竞技、演说。传说罗马人把无花果树上结出

的第一批果实送给墨丘利,后来 Mercury fig(墨丘利的无花果)被用来比喻"获得的第一批成果"。

2. 源自宗教信仰

基督教的经典著作《圣经》是英语的两大源流之一,因此英语中的很多典故都来自于《圣经》。例如,据《圣经·约翰福音》记载,托马斯是耶稣十二门徒之一,他不相信耶稣死后复活,并说他绝不相信,除非他亲眼看到耶稣手上的钉痕。于是,a doubting Thomas 喻指多疑的人。再如,据《圣经·旧约》中的"出埃及记"记载,摩西(Moses)将在埃及当奴隶的以色列人带出埃及,穿越沙漠,跨越红海,流落 40 年,在到达上帝"应许之地"迦南前去世。于是,Moses 喻指导师、引路人或民族英雄。来自《圣经》的典故还有很多。例如:

the lost sheep 迷途的羔羊
a wolf in sheep's clothing 披着羊皮的狼/貌善心恶的人
Satan 撒旦,恶魔
original sin 原罪
the Last Judgment 最后的审判
Tower of Babel 巴别塔

3. 源自寓言故事

寓言是用假托的故事或自然物的拟人手法来说明某个道理或教训的文学作品,常带有讽刺或劝诫的性质。英语中的很多典故都出自寓言故事,例如:

a wolf in sheep's clothing 披着羊皮的狼
(喻指"貌善心毒的人"、"口蜜腹剑的人")
borrowed plumes 借来的羽毛
(喻指"靠别人得来的声望")
sour grapes 酸葡萄
(喻指"假装瞧不起自己想得而得不到的东西")
don't count one's chickens before they are hatched
不要蛋尚未孵先数鸡
(喻指"不要过早盲目乐观")

4. 源自文学作品

英语中,有相当一部分典故出自一些著名作家的作品,如莎士比亚

(Shakespeare)、狄更斯(Dickens)等。例如,Romeo(罗密欧)是莎士比亚戏剧《罗密欧与朱丽叶》中的男主人公,指英俊、多情、潇洒,对女人有一套的青年。Cleopatra(克娄巴特拉)是莎士比亚戏剧《安东尼和克娄巴特拉》中的人物,指绝代佳人。再如,英语中《奥德赛》(*Odyssey*)与《伊利亚特》(*Iliad*)合称为希腊的两大史诗,相传为荷马所作。该诗描述了希腊神话英雄 Odysseus 在特洛伊战争中以"特洛伊木马"攻破特洛伊城后,在海上漂流 10 年,战胜独眼巨神,制服了女巫,经历了种种艰险,终于回到了自己的国家,夫妻团圆。后来,用 Odyssey 一词喻指"磨难重重的旅程"或"艰难的历程"。

5. 源自历史事件

英语中有很多来源是欧洲众多国家的历史事件的历史典故。例如,Pyrrhic victory(皮洛士的胜利)喻指得不偿失的胜利。这一典故来源于古希腊时期。伊比鲁斯(Epirus)的国王皮洛士(Pyrrhus)在公元前 281 年、279 年两次率重兵渡海征战意大利,在付出了巨大的代价后取得了胜利。再如,fiddle while Rome is burning(面对罗马火灾仍弹琴作乐)喻指大难临头却依然寻欢作乐,对大事漠不关心。公元 64 年,罗马帝国首都罗马遭遇大火,而当时的罗马皇帝尼禄(Nero)却依然无动于衷,坐在高高的城楼上一边弹奏乐器、哼唱歌曲,一边欣赏着眼前的火灾景象。又如,Gold Rush(淘金热)喻指做某事的热潮。这一典故原意是指美国历史上西部淘金时期的高峰期。

6. 源自体育运动

受各方面因素的影响,汉语中与体育运动相关的典故不多,而英语中与体育相关的典故却十分常见。这是因为在英美国家中体育运动相当发达,国民普遍都喜欢运动健身。因此,体育话题是他们经常挂在口头的话题。长此以往,便产生了大量与体育相关的术语,有些术语经过转义还被广泛运用于日常生活领域,久而久之就逐渐演变为了典故。例如,drop back and punt(凌空踢落地反弹球),这是橄榄球术语,被应用到生活领域中时是指放弃目前的策略而尝试采用其他办法。再如,the ball is in sb's court(该轮到某个球员击球了),这是网球比赛术语,喻指该轮到某人采取行动了。又如,strike out(三击不中而出局),喻指失败。其他类似的典故还有:

an armchair quarterback 坐在扶手椅上的指挥者

carry the ball 在某项行动或艰巨任务中承担最重要、最困难的职责

hit/strike below the belt 采取不正当手段攻击或兑付对方以获胜

to swallow the bait，hook，line and sinker 上钩；上当

play one's trump card 采取最有把握取胜的办法

7. 源自影视作品

电影的出现为人们带来了全新的娱乐方式，电影中的人物与故事情节成为人们津津乐道的话题。于是，英语中出现了很多源自影视作品的典故。

Mickey Mouse（米老鼠）是沃尔特·迪士尼动画片中最著名的角色，最早出现于动画片 Steamboat Willie（《威利号汽船》，1928）中。在现代英语中，Mickey Mouse 喻指初级的或微不足道的东西，表示轻视或不满的情绪。

Rambo（兰博）是电影 *The First Blood*（《第一滴血》）的主人公。Rambo 参加过越南战争，接受到特种兵训练，面对种种不公正待遇，他采取了以暴易暴的方式。Michael Sylvester Gardenzio Stallone（史泰龙）的表演使 Rambo 的形象更加高大、丰满。于是，Rambo 就成了智勇双全、大义凛然、意志刚强的代名词。

（二）汉语典故的来源

1. 源自神话传说

中国是四大文明古国之一，中华民族具有悠久的历史，其神话传说也是源远流长。《汉英双语·现代汉语词典》对于神话的解释是，"神话是关于神仙或神化的古代英雄的故事，是古代人民对自然现象和社会生活的一种天真的解释和美丽的向往。"汉语中有很多来源于神话故事的典故，如上面提到的"点铁成金"。"点铁成金"来源于古代神仙故事，说的是仙人可以用法术将铁（也有的说是"石"）变成金子，如《列仙传》就谈到许逊能点石成金。到后来，"点石成金"除了本意外，还引申出了比喻义，比喻把不好的诗文改好，如宋代黄庭坚的《豫章黄先生文集》（答洪驹父书）："古之能为文章者，真能陶冶万物，虽取古人之成言入于翰墨，如灵丹一粒，点铁成金也。"还有许多类似的来自典故的成语，如"精卫填海"、"夸父追日"、"愚公移山"等。

2. 源自宗教信仰

中华民族早在几千年前就以儒教和道教为自己的宗教信仰。印度佛教传入我国后，对汉族人民的宗教信仰产生了巨大影响，并成为汉族人民的主要宗教派别。因此，汉语中存在很多与佛教相关的典故。例如，"半路出家"喻指原本不从事某一工作，而是后来改行的。其中的"出家"本来是佛教用

语,指离开家庭,剃去须发,到人迹罕至的山林里修行。"半路出家"是指成年以后才离开家庭,去削发作和尚、尼姑,开始修行。该典故是相对于"自幼出家"而言。再如,"天网恢恢,疏而不漏"喻指作恶的人必定受到惩罚。根据《老子》里面记载:道家认为,天道像一个广阔的大网,作恶者无法逃出这个天网,必将受到天道的惩罚。

3. 源自历史故事

汉语中,出自历史故事的典故也十分常见。例如,"怒发冲冠"出自《史记·廉颇蔺相如列传》。据说赵国大臣蔺相如带和氏璧去秦国换十五座城,献璧时秦王拒不给城,"相如因持璧却立,倚柱,怒发冲冠"。"怒发冲冠"形容头发竖立,表示非常愤怒。再如,战国末期,燕国的太子丹派荆柯去刺杀秦王,并将秦国叛将樊于期的人头和燕国的地图这两样东西当作见面礼。荆柯将泡过毒液、准备行刺秦王的匕首藏于地图内。见到秦王后,随着地图的慢慢展开,匕首现了出来,荆柯拿起匕首向秦王刺去。虽然刺杀没有成功,但图穷匕首见的故事却流传了下来。从此以后,"图穷匕见"被用来喻指事情发展到最后时的真相大白。源于历史故事的典故还有"草木皆兵"、"卧薪尝胆"、"四面楚歌"、"闻鸡起舞"、"负荆请罪"、"口蜜腹剑"、"助纣为虐"等。

4. 源自寓言故事

汉语中来自寓言故事的典故也为数不少。例如,据《吕氏春秋·察今》记载,楚国一个人乘船过江时,腰间的宝剑不小心滑落江中。他在船弦上宝剑落水的地方刻了一个记号,等船靠岸后他便从刻记号的地方下水寻找,结果自然是无功而返。"刻舟求剑"用来喻指思想僵化,不会根据情况的变化进行调整。再如,据《韩非子·五蠹》记载,战国时宋国有一个农民在田间休息时看到一只兔子跑得太快,结果撞到树桩上死了,他便把那只兔子带回家当午饭。从此以后,他便放下手中的农具到田里等待,希望能再遇到撞死的兔子。他再也没能等到兔子,自己的庄稼也荒芜了。汉语中来自寓言的典故还有"叶公好龙"、"掩耳盗铃"、"削足适履"、"狐假虎威"、"含沙射影"等,这些典故至今仍带给我们艺术审美的愉悦和享受。

5. 源自古典文献

有一些汉语典故是从古典文献(包括史学、哲学、文学书籍与作品)中的经典名言名句里抽取、提炼、演化而来的,是人们为了方便使用而精炼概括出来的。例如,"锦囊妙计"、"过五关斩六将"出自罗贯中的《三国演义》;"梁

山好汉"出自《水浒传》;"罄竹难书"出自《吕氏春秋·明理》;"射人先射马,
擒贼先擒王"出自杜甫的《出塞九首·其六》;"兔死狗烹"出自《史记·越王
勾践世家》;"士为知己者死"出自《战国策·赵策一》;"名落孙山"出自宋代
范公偁《过庭录》;"皮之不存,毛将焉附"出自《左传·僖公十四年》等。

6. 源自风俗习惯

风俗习惯是社会上长期形成的风尚、礼节,是社会文化的重要组成部
分。汉语中的许多典故都与中国的社会礼仪、民间习俗、生活习惯有关。

例如,汉语中的"半斤八两",源自中国习惯于使用的"斤"这一计算单
位,以前一斤是 16 两,后来一斤是 10 两,因此这个成语表示一半对一半,彼
此差不多。

再如,"下马威"这一典故与中国的官场惯例有关。在中国的封建社会,
新官上任后为了显示自己的威风,常常会处罚一批官吏,以收到敲山震虎的
效果。于是,"下马威"用来喻指向对方示威。

又如,"各人自扫门前雪,休管他人瓦上霜"这一典故与中国人们的生活
习惯有关。在冬天下雪的时候,各家各户为了行走方便,各自清扫自己庭院
中或门前的积雪。现在用该典故指各自为政,只考虑自己的利益而不顾他
人或集体利益的行为。

其他的典故还有"日出而作,日落而息"、"民以食为天"、"三茶六礼"等。

四、英汉典故设喻方式对比

(一)以人物设喻

以人物设喻是指将特定时间或故事所涉及的人物作为喻体,来表达一
种特定的寓意。

例如,英语中有 a Herculean task(赫拉克勒斯的任务),这一典故取自
古希腊神话,赫拉克勒斯是主神宙斯之子,力大无比,故被称为大力神,所以
该典故用来喻指艰难的、常人难以完成的任务。

汉语中也有许多以人物设喻的典故。例如,"孟母三迁"原本说的是孟
子的母亲在孟子幼年时,十分重视居所邻居的选择,目的是为了给他选择良
好的教育环境来教育他,并因此曾三次迁居,后来被用来喻指选择良好的居
住和教育环境对于儿童教育的重要性。其他的以人物设喻的汉语典故还有
"成也萧何,败也萧何"、"姜太公钓鱼"、"王祥卧冰"等。

（二）以物品设喻

以物名设喻是指以特定事件、故事中所涉及的事物的名称为喻体来表达某种寓意或喻指。例如，Barbie doll（芭比娃娃）是借女童所喜爱的一种时髦、靓丽的盛装玩偶，来喻指注重仪表而无头脑的女子；英语的 Ark（方舟）喻指避难所，是以《圣经》所载上帝命令诺亚在洪水到来之际乘方舟逃生的传说来设喻。再如，汉语的"杯弓蛇影"喻指无端地疑神疑鬼、自己吓自己。这一典故是借墙上的弓映射在酒杯里使客人误以为是蛇的故事来设喻。

（三）以动植物设喻

以动植物设喻是指将特定的事件或故事所涉及的动植物作为喻体，用以表达一种特定的寓意。

例如，英语 scapegoat（替罪羊）源自《圣经》故事，讲的是大祭司亚伦将通过抽签抽出来的一只大公羊作为本民族的替罪羊放入旷野以带走本民族的一切罪过。现用来指代人受过或背黑锅的人。

汉语中，"鹬蚌相持，渔人得利"也是以动植物设喻的典型例子。讲的是一只蚌张开壳晒太阳，鹬去啄它，被蚌壳钳住了嘴，在两方相持不下时，渔翁来了，把两个都捉住了，后人用这一典故来喻指双方相互争执，却让第三方得了利。再如，"草木皆兵"，前秦苻坚领兵进攻东晋，进抵淝水流域，登寿春城瞭望，见晋军阵容严整，又远望八公山，把山上的草木都当作晋军而感到惊惧，后来被借来喻指惊慌之时的疑神疑鬼。类似的典故还有"狐死首丘"等。

（四）以地名设喻

以地名设喻，是指以特定事件、故事所涉及的地名为喻体来表达某种寓意或喻指。例如，英语典故 Dunkirk 喻指全面撤退、失败前的规避行为或面临困难险情。Dunkirk 是法国港市的名字，是第二次世界大战的"敦刻尔克大撤退"发生之地。再如，汉语典故"东山再起"喻指失势之后重新恢复地位、权势等。这一典故讲的是东晋谢安退职后在东山做隐士，后来又出山任要职的故事。

（五）以事件设喻

以事件设喻是指将特定的事件或故事作为喻体，用以表达一种特定的寓意或喻指。

例如,英语中的 the Last Supper 出自基督教故事:耶稣基督得知自己将被一门徒出卖之后,依然从容坚定,召集十二门徒共进最后的晚餐,同时当场宣布这一预言。后用该典故喻指遭人出卖。

汉语中也有很多以事件设喻的典故。例如,"负荆请罪"这一典故讲的是战国时期廉颇为自己的居功自傲、慢待蔺相如而向其负荆请罪,从而使将相复合。后用该典故指认错赔礼。

虽然英汉典故中都有以上设喻方式,但是英语典故最为常用的是以人设喻,而汉语典故最为常用的则是以事设喻。其深层次的原因与中西方不同的思维模式有关:在人与世界的关系上,中国人比较看重周边环境、客观事物,处事倾向于从他人出发、从环境着手;而西方人则更注重人类自身,处事倾向于从个人出发、从自己着手。

五、英汉典故翻译

(一)英语典故的翻译

1. 直译法

对于英语典故的翻译,采用直译法可以保留原有的形象特征,有利于体现源语典故的民族特色。例如:[①]

cold war 冷战

shuttle diplomacy 穿梭外交

a gentleman's agreement 君子协定

the Trojan horse 特洛伊木马

a barking dog never bites 吠犬不咬人

a cat has nine lives 猫有九命

a rolling stone gathers no moss 滚石不生苔

They were only crying crocodile tears at the old man's funeral because nobody had really liked him.

在老头子的葬礼上,他们只不过挤了几滴鳄鱼的眼泪,因为在他生前,没人真正喜欢他。

Mr. Vargas Llosa has asked the government "not to be the Trojan

---

①　王恩科,李昕,奉霞. 文化视角与翻译实践[M]. 北京:国防工业出版社,2007: 110.

horse that allow the idealism into Peru".

凡格斯·珞萨王请求政府"不要充当把理想主义的思潮引入秘鲁的特洛伊木马"。

2. 意译法

由于英汉文化的差异,有些典故在翻译时无法保留源语的字面意义和形象意义,不便采用直译,这时需要意译。用意译法翻译,可以将典故的文化内涵传递出来。例如:

It was another one of those Catch-22 situations, you're damned if you do and you're damned if you don't.

这真是又一个左右为难的尴尬局面,做也倒霉,不做也倒霉。

原文的典故来自美国小说《第 22 条军规》(*Catch*-22)。军规规定:飞行员如觉得自己神经不正常可以不执行飞行任务,但必须提出申请并经批准。显然,这条规则是矛盾的,因此 Catch-22 喻指"无法摆脱的困境或两难的境地"。如果不知道该典故的来源,是不能理解其喻义的,因此需要意译。

先生大名,如雷贯耳。小弟献丑,这是班门弄斧了。

(吴敬梓《儒林外史》)

Your great fame long since reached my ears like thunder. I am ashamed to display my incompetence before a connoisseur like yourself.

(Yang 译)

"班门弄斧"意为"在专家面前卖弄本领,不自量力"。这里将其意译为 display my incompetence before a connoisseur,符合该成语的实际含义,故而甚佳。

3. 套译法

尽管语言不同、文化不同,但人类对世界的认知却总是有着相同或相似之处,这就使英汉语言中存在部分意义、形象相同或相近的典故表达。对于这类典故,套译法是最佳的处理方法。例如:

Like father, like son.

有其父必有其子。

Walls have ears.

隔墙有耳。

Love me, love my dog.

爱屋及乌。

过河拆桥 kick down the ladder

火中取栗 pull sb's chestnuts out of the fire

画蛇添足 paint the lily

需要指出的是,典故不能随便套译。译者在翻译之前必须弄清典故的文化内涵、褒贬色彩,忽略这些望文生义地直接套译往往会导致误译。

(二)汉语典故的翻译

1. 直译法

这里的直译是指保留形象直译,即翻译汉语典故时,在保留原文人物、事件等原有形象的基础上,直接按照字面意思进行翻译。例如:

不入虎穴,焉得虎子。

How can you catch tiger cubs without entering the tiger's lair?

从意义上讲,英语中"No pains, no gains."或"Nothing ventured, nothing gained."与出自《后汉书·班固传》的汉语典故"不入虎穴,焉得虎子"没有多大区别。但是,如果用这两句英语谚语翻译这句中国典故,则完全失去了原文的形象和民族特色。因此,使用直译的方法翻译此例。不仅使译句形象生动,而且也容易被译语读者理解。

2. 意译法

典故的意译包括两种方式:改换形象意译和舍弃形象意译。

(1)改换形象意译

有些汉语典故在英语中没有相对应的形象,需要改变形象进行意译。例如:

"爹爹,依孩儿看,妹妹与司马相如既然这么做,已是破釜沉舟了。若是不认他们的婚事,任凭他们这样胡闹下去,爹爹难道一辈子就闷在家里不再出门?"

(徐飞《凤求凰》)

"Father, they've burned their bridges," pleaded Wenzhang. "If you don't consent to their marriage, they'll go on like this for ever. You can't spend the rest of your life too ashamed to leave the house!"

(Paul White 译)

在译文中,译者将破釜沉舟转变形象,意译成 burned their bridges,虽然喻体发生了改变,但是寓意是相同的,即"自断后路,背水一战"。

这姑娌俩,可真是针尖对麦芒了。

(周立波《暴风骤雨》第二部第九章)

These two women are like diamond cutting diamond.

（许孟雄 译）

这句话虽然喻体不同，两者的本质却是相同，讲妯娌两个人都很厉害，互不相让。

（2）舍弃形象意译

舍弃形象意译法就是，把原文中的人物等形象完全舍弃掉，纯粹采用意译法进行翻译的方法。例如：

后又附助着薛蟠图些银钱酒肉，一任薛蟠横行霸道，他不但不去管约，反"助纣为虐"讨好儿。

（曹雪芹《红楼梦》）

In return for money, drinks, he had lately given Xue Pan a free hand in his nefarious activities——had, indeed, not only refrained from interfering with him. but even "aided the tyrant in his tyranny."

（David Hawkes 译）

"助纣为虐"中的纣是一个暴君，后来这个词被用于泛指暴君和恶人，"助纣为虐"常被用指"帮助坏人做坏事"。这一典故习语的典故性现在已经基本上没有了，所以意译也能准确地译出原成语的意义，形式也像成语。

3. 加注法

加注法要求在翻译典故时，要在保留原文人物、事件等原有形象的基础上，用注释加以进一步说明。例如：

又见香菱这等一个才貌俱全的爱妾在室，越发添了"宋太祖灭南唐"之意，"卧榻之侧岂容他人酣睡"之心。

（曹雪芹《红楼梦》）

Moreover, the presence of such a charming and talented concubine as Xiangling had filled her with the same resolve as the First Emperor of Song when he decided to wipe out the Prince of Southern Tang, demanding, "How can I let another sleep alongside my bed?"

（杨宪益、戴乃迭 译）

把"宋太祖灭南唐"直译成英语之后，另外注明 the First Emperor of Song ：Zhao Kuangyin(927—976)，Southern Tang(937—975)，使读者清楚了解南唐所处的历史时期。

穷棒子闹翻身，是八仙过海，各显其能……

（周立波《暴风骤雨》）

The way we poor folks try to emancipate ourselves is just like way the

Eight Fairies crossed the sea each displaying his own talent…

（许孟雄 译）

把"八仙过海"直译成英语,然后另外注明 the eight immortals of Taoism in Chinese folklore 使人们知道了八仙是中国神话故事里的人物。

4. 释义法

有些汉语典故在翻译成英语时需要保留形象并进行释义。这种翻译方法适用于文化内涵深厚、丰富的典故。例如:

"三个臭皮匠,合成一个诸葛亮",这就是说,群众有伟大的创造力。

（毛泽东《组织起来》）

"Three cobblers with their wits combined equal Zhikeh Liang the master mind." In other words, the masses have great creative power.

（北京外文出版社 1965 年英文版）

"三个臭皮匠,合成一个诸葛亮"对中国人来说是一个很常见的说法,诸葛亮也是人们耳熟能详的历史人物。但是对于不了解诸葛亮为何许人的英语读者来说,如果直译成 Three cobbles make one Zhuge Liang,他们自然无法理解。如果把它译成 Two heads are better than one,就会将原文的形象全丢。译者在直译的框架中添加了 with their wits combined 和 the master mind 两个解释性词语,这样,译文既完全再现了原文信息,又表达得通顺晓畅。

参考文献

[1]闫文培.全球化语境下的中西文化及语言对比[M].北京:科学出版社,2007.

[2]李建军.文化翻译论[M].上海:复旦大学出版社,2010.

[3]李建军.新编英汉翻译[M].上海:东华大学出版社,2004.

[4]武锐.翻译理论探索[M].南京:东南大学出版社,2010.

[5]钟书能.英汉翻译技巧[M].北京:对外经济贸易大学出版社,2010.

[6]王恩科,李昕,奉霞.文化视角与翻译实践[M].北京:国防工业大学出版社,2007.

[7]白靖宇.文化与翻译(修订版)[M].北京:中国社会科学出版社,2010.

[8]兰萍.英汉文化互译教程[M].北京:中国人民大学出版社,2010.

[9]宿荣江.文化与翻译[M].北京:中国社会出版社,2009.

[10]魏海波.实用英语翻译[M].武汉:武汉理工大学出版社,2009.

[11]张维友.英汉语词汇对比研究[M].上海:上海外语教育出版社,2010.

[12]张春柏.英汉汉英翻译教程[M].北京:高等教育出版社,2003.

[13]蔡基刚.英汉词汇对比研究[M].上海:复旦大学出版社,2008.

[14]张全.全球化语境下的跨文化翻译研究[M].昆明:云南大学出版社,2010.

[15]黄勇.英汉语言文化比较[M].西安:西北工业大学出版社,2007.

[16]王春梅.简明英汉翻译实用教程[M].郑州:黄河水利出版社,2008.

[17]汪峰,丁丽君.实用英语翻译[M].北京:电子工业出版社,2005.

[18]黄成洲,刘丽芸.英汉翻译技巧[M].西安:西北工业大学出版社,2008.

[19]郝丽萍,李红丽.实用英汉翻译理论与实践[M].北京:机械工业出版社,2006.

[20]王武兴.英汉语言对比与翻译[M].北京:北京大学出版社,2003.

[21]杨丰宁.英汉语言比较与翻译[M].天津:天津大学出版社,2006.

[22]何远秀.英汉常用修辞格对比研究[M].成都:西南交通大学出版社,2011.

[23]吕煦.实用英语修辞[M].北京:清华大学出版社,2004.

[24]卢红梅.华夏文化与汉英翻译(第二部)[M].武汉:武汉大学出版社,2008.

[25]卢红梅.华夏文化与汉英翻译[M].武汉:武汉大学出版社,2006.

[26]汪德华.中国与英美国家习俗文化比较[M].杭州:浙江大学出版社,2011.

[27]殷莉,韩晓玲.英汉习语与民俗文化[M].北京:北京大学出版社,2007.

[28]闫传海,张梅娟.英汉词汇文化对比研究[M].西安:西安交通大学出版社,2008.

[29]包惠南,包昂.中国文化与汉英翻译[M].北京:外文出版社,2004.

[30]平洪,张国扬.英语习语与英美文化[M].北京:外语教学与研究出版社,1999.

[31]成昭伟,周丽红.英语语言文化导论[M].北京:国防工业出版社,2011.

[32]李华田.试论文化与翻译的三种关系[J].华中师范大学学报,1995,(6).

[33]何星亮.文化功能及其变迁[J].中南民族大学学报,2013,(5).

[34]许钧.翻译价值简论[J].外语与外语教学,2004,(1).

[35]杨仕章.略论翻译与文化的关系[J].解放军外国语学院学报,2001,(2).

[36]张墨.浅谈文化与翻译[J].辽宁广播电视大学学报,2006,(4).

[37]穆慧琳.文化差异对翻译的影响[J].中国西部科技,2009,(31).

[38]陈冬花.试论英汉文化差异对翻译的影响[J].河南大学学报(社会科学版),2005,(4).

[39]张捷.试论汉英文化差异对翻译的影响[J].吉林师范大学学报(社会科学版),2011,(3).

[40]魏家海.论翻译中的文化误读[J].同济大学学报,2001,(6).

[41]吴军超.文化误读与翻译[J].中州大学学报,2006,(10).

[42]郭勖.文化误读及其对翻译的影响[J].人文论坛,2008,(2).

[43]张明悦,曲永锋.文学翻译与文化误读[J].辽宁工业大学学报,2013,(3).

[44]曹建辉.跨文化视阈下《红楼梦》茶文化英译策略探讨[J].琼州学院学报,2010,(6).

[45]何凤玲.中西方酒文化比较[J].科教文汇,2014,(1).

[46]李彩青.中西方服饰文化差异[J].山西科技,2007,(6).

[47]曾庆佳.中西方茶文化比较浅析[J].吉林省教育学院学报,2008,(8).

[48]张得亚.东西民俗文化差异对建筑的影响[J].中外建筑,2009,(5)

[49]曲晓慧.酒文化之中西对比[J].山西广播电视大学学报,2010,(2).

[50]庄群.浅析中西服饰文化差异[J].今日财富,2011,(12).

[51]杨竹.英汉数字词文化内涵异同及翻译[J].毕节学院学报,2011,(6).

[52]李海琴.英汉植物词文化内涵的对比研究[J].科教文汇,2013,(6).

[53]李英.英汉植物词汇文化意义对比[J].延安职业技术学院学报,2009,(3).

[54]唐美华.英汉植物词汇文化内涵对比分析及其翻译策略[J].文教资料,2007,(1).

[55]杨震寰.英语文化植物词汇的特点及其翻译策略[J].时代文学,2012,(8).

[56]姜丹丹,翟慧姣.英汉姓名文化差异及其翻译[J].改革与开放,2011,(8).

[57]于静敏,张丽梅.试论英汉姓名的文化内涵及其翻译方法[J].作家杂志,2011,(6).

[58]杨晓军,廖莉莎.东西方地名文化比较及翻译策略[J].湘潭师范学院学报,1999,(5).

[59]李亚娣,包慧,胡一楠.中西方地名的取定及其文化承载[J].武警学院学报,2012,(7).